KB074213

역사교육 논의의 진전과 명암

역사교육 논의의 진전과 명암

양호환 지음

책과함께

머리말

이 책은 지난 2012년에 발간된 《역사교육의 입론과 구상》[1]의 후속편이다. 2012년의 단행본은 1992년부터 대학에서 학생들을 가르치면서 역사교육의 이론 체계를 수립하려는 차원에서 출발하여 연구의 시각과 대상을 넓혀가면서 발표한 논문을 모은 것이었다. 내용과 방법의 이분법적 분리를 넘어 가르치는 것의 지식 기반으로 교수내용지식의 개념과 의미를 소개했고, 역사서술과 역사적 사고에 대한 새로운 시각을 검토하여 교수학습상의 유의점을 제시했다. 역사서술의 형식과 역사인식의 도구로서 내러티브를 역사교육 연구의 주요 주제로 제기하기도 했다. 역사적 사고를 기능적으로 활용하는 문제에 대한 비판 개념으로서 역사화를 주장한 것에 이어 집단기억과 역사의식을 연관된 범주의 논의로 포착한 것도 성과였다.

이후 10년이 지났다. 그동안 국내 역사교육의 현실에 우여곡절이 많았다. 한국 근현대사 교과서의 이념 편향에 대한 비판으로 촉발된 논쟁은 급기야 국사 교과서 국정화라는 파국으로 이어졌다. 그것을 추진한 정권의 퇴장 이후 검정제가 복귀했지만 한국사 교과서 서술 내용은 정치적 논쟁의 주요 대상이자 수단으로 여전히 주목받고 있다. 교과서 편찬의 근거가 되는 역사교육과정도 관련 연구자와 교사를 포함하여 많은 사람의 관심을 끌고 있다. 이와 연관된 주제, 즉 역사교육에서 국가의 위상과 역할, 교육과정 개발 및 편성의 방법과 과정, 교과서 발행 체제와 내용 구성의 방식에 관한 많은 연구가 등장했다. 또한 교육과정 편성의 이론적 배경과 외국의 사례, 자국사와 세계사의 관계에 대한 논의도 다양하게 제시되었다. 더구나 역사교육 현장의 중요한 축인 전국역사교사모임에서도 연구 활동을 확대하여 교사가 주체적으로 현장의 문제를 이론화하는 작업을 벌여 많은 성과를 거두고 있다.

이제 역사교육은 초중등교육의 한 분야를 넘어서 역사학의 주요 연구주제로 인정받고 있을 뿐 아니라 교육 이외에 정치나 미디어 등 다방면의 이해당사자들이 참여하는 정치·사회·문화적 공론의 장이 되었다. 1980년대 중반 교과교육이라는 다소 생소한 명칭의 연구 분야에서 얼마 되지 않는 연구자들이 독자적인 연구 영역을 개척하고 체계화하려는 시론을 발표할 때와 비교하면 괄목할 만한 변화이자 발전이다. 필자도 본격적인 연구의 초창기부터 역사교육 연구의 양적 팽창과 질적 성장의 과정에 동참했던 것에 긍지를 가지고 있다. 다만 그동안 국내 연구의 주제와 방법, 동향을 살펴보면서 역사교육의 이론이 어떠한 역할을 해야 하는가에 대한 점검이 필요하다고 생각하게

역사교육 논의의 진전과 명암

되었다. 이미 전작에서 이론과 현장의 불필요한 이분법적 구도에 대한 문제점을 지적하면서 이론은 결국 비판이라는 견해를 밝힌 바 있다. 역사교육에서 이론의 역할은 현실 문제에 대한 처방을 제시하는 것이 아니라, 기존의 진단과 분석을 새롭게 바라보기 위해 필요한 것들이 무엇인가를 탐색하는 것, 대안의 개념 틀을 모색하고 이전과는 다른 질문을 던지는 것이다. 즉 역사를 잘 가르친다는 것의 의미를 계속 발굴하고 확장하는 것이다.

이 책은 이러한 시도의 결과이다. 역사교육에 대한 입론과 구상을 거쳐 그간 국내 역사교육 논의의 진전과 명암을 살펴본 것이다. 이 책에서는 지난 10년 동안 발표했던 논문들을 크게 두 가지 계통으로 나누어 정리했다. 첫 번째는 역사교육의 이론이 교육과정과 교실 현장에 어떤 영향을 미치고 있는가를 검토하는 작업이었다. 두 번째는 지난 단행본에서 제기했던 역사 텍스트를 독해하는 방식과 의미에 관한 문제의식을 심화하는 것이었다. 전자가 우리 역사교육 연구의 주요한 논점을 비판하는 차원이었다면, 후자는 국외의 관련 연구를 소개하면서 국내 연구가 향후 추진해야 할 연구의 주제와 방향을 제시하는 데 초점을 맞추었다. 단행본으로 묶으면서 학술지에 발표되었던 글의 오탈자와 사실관계의 오류를 바로잡고, 논리와 표현이 어색한 부분은 가다듬었다. 또한 논문 발표 당시 미처 생각하지 못했거나 이후 새롭게 논점으로 부각된 문제에 대한 언급을 추가했다.

1부(역사교육의 이론과 적용)의 첫 번째 논문은 발표 당시 역사교육과정 편성에서 가장 쟁점이 되었던 두 가지 문제, 즉 계열성 그리고 자국사와 세계사의 연계 방안에 대한 소신을 밝힌 것이다. '역사교육이론 적용의 공과'라는 제목이 말해주듯 이 두 문제에 관련한 연구성과가 어떻게 교육과정과 교과서 서술에 반영되고 있으며 이 과정에서 드러나는 문제가 무엇인지를 지적하면서, 변전하는 정치 상황에 따라 개정을 거듭하는 역사교육과정과 관련해서 역사교육의 이론이 해야 할 역할이 무엇인가를 살펴본 글이다.

이 글의 문제 제기를 다시 두 편의 글로 확장했다. '세계사 교육: 변화의 담론과 교과서 서술의 현실'에서는 2007 교육과정 개정에서 소개된 이른바 '새로운 세계사'를 세계사 교육의 취지와 방향으로 구현하는 데 따른 쟁점을 점검했다. 우리 세계사 교육에서 서구중심주의를 개선하고 극복하는 방안으로 지역과 문화의 교류와 상호접촉을 중시하는 지구사적 관점의 새로운 세계사가 세계사교육과정에 도입되면서 실질적으로 교과서의 서술이 어떻게 바뀌었는지를 분석했다. 대부분의 교과서는 교육과정에서 제시된 새로운 해석과 관점을 제대로 반영하여 주제를 구성하거나 서술을 체계화하는 면에서 적지 않은 문제점을 드러냈다. 교사나 학생에게 내용 파악이 더 힘들어진 것은 당연하다. 이 글은 교과서 서술과 교사의 준비 과정에 대한 고려 없이 '새로운 세계사'의 '새로운' 취지를 교육과정의 개정만으로 구현할 수 있는가, 그리고 이것이 세계사 교육의 현실을 개선할 수 있는 적절한 방식인가를 묻고 있다.

1부의 마지막 논문은 '계열성'에 관한 것이다. 이미 발표된 많은 논문들은 계열성을 교육과정 편성의 원리로 제시하고 있었다. 필자는 이러한 주장의 논리적 타당성과 경험적인 정당성이 빈약하다고 비판한 바 있다. 학교급별 내용 차별화가 계열성의 진정한 의미라 할 수 없으며, 이른바 계열화라는 방안 자체가 오히려 교육과정 구성과 교과서 서술에 폐해를 낳고 있다고 파악한 것이다. 이에 대한 본격적인 반박은 없었다. 그래도 여전히 계열성은 교육과정 개정 논의에 자주 등장하는 원리로 남아 있다. 왜 그런가라는 물음에서 출발하여 이 글에서는 계열성이라는 용어와 개념, 용례와 효용성을 꼼꼼히 검토했다. 계열성에 관한 논의의 관행에서 벗어나 교육 내용 선정에서 교사의 역할과 교육과정 구성의 핵심 주제와 방향성을 재정립할 수 있기를 기대한다.

2부(역사 텍스트 독해와 역사개념의 이해)의 첫 번째 논문은 유럽의 역사교육 연구자들이 편집을 맡아 영국 팔그레이브(Palgrave) 출판사에서 간행한 단행본[2]에 기고한 것이다. 영문으로 게재된 글을 박사과정의 박지원 양이 국문으로 번역했다. 우리나라 역사교육 연구의 쟁점과 동향을 역사 텍스트 독해를 중심으로 정리했다. 외국에 소개한 글이니만큼 국내의 정치적 상황과 사회문화적 특징을 논의의 배경으로 삼았다. 국정교과서 체제와 이를 거부했던 전국역사교사모임의 저항운동과 성과, 그리고 역사적 사고가 역사교육 연구의 중요 주제로 등장한 이후 연구성과를 평가했다. 이 글을 쓰면서 외국의 이론을 국내에 소개하고 적용한 것 이상으로 우리 고유의 '역사문화'에 대한 관심과 연구가 필요하다는 것을 더욱 절실하게 깨닫게 되었다. 우리 역사학과 역사서술의 전통과 내력에 관한 이해 없이 역사교육을 논의한다는 것이 때로는 양자의 '소격(疏隔)'[3]을 초래하고 있기 때문이다.

역사가처럼 읽기에서 촉발된 역사 텍스트 독해의 방식에 관한 문제 중 맥락화에 집중한 것이 두 번째 논문이다. 학생들이 왜 유독 맥락화를 수행하는 데 어려움을 겪고 있는가의 문제를 맥락에 관한 사학사, 지성사의 배경 아래 논구한 것이다. 자주 사용하는 용어로서 맥락과 맥락화가 가지고 있는 인식상의 모순적 현상, 즉 텍스트가 먼저인가 콘텍스트가 먼저인가 하는 물음을 맥락화를 촉진할 수 있는 학습의 방안으로 연결하여 텍스트 독해의 순환과 심화 과정을 제시했다. 이 글은 박사과정 천세빈 양이 관련 연구성과의 검토에서부터 학습 모델의 구상에 이르기까지 적극적으로 견해를 제시하여 공동 저자로 참여했다.

세 번째 논문은 학생들의 역사학습에서 텍스트 독해 방식을 습득하는 것만큼 중요한 요소라고 할 수 있는 역사개념에 대한 이해를 다루었다. 특히 실질 개념과 2차 개념의 의미와 학생의 이해 진전 양상을 둘러싼 논의를 소개하면서, 이 두 개념의 속성을 복합적으로 가지고 있는 '변화'를 역사학습에서 어떻게 다루어야 하는지를 검토했다. 역사학습에서는 흔히 두 가지 개념을 구별하지 않고 사용하는 경우가 흔하며, 따라서 학생들은 변화의 2차 개념적 특성을 파악하지 못한 채 변화란 단지 무엇인가가 바뀐 것, 더 나아진 것이라고 단순화하고 '역사적인 변화'란 무엇인가라는 더 중요한 문제를 간과하고 있음을 지적했다. 이 글은 20여 년 전 미래지향적 분위기가 팽배한 현대사회에서 변화를 인식하는 것이 왜 중요한가에 관해 썼던 시론을 전면 개작한 것이다. 변화의 속성과 시간개념에 관한 논의를 추가했고 변화 개념에 대한 이해를 바탕으로 과거로부터 이어진 현재에 대한 인식과 미래에 대한 전망을 학생 자신의 내러티브로 구성하는 것이 중요하다는 것을 강조했다.

역사교육을 공부할수록 더 생각할 만한 소재가 떠올라 이 분야가 더욱 흥미가 있다는 것을 깨달았다. 아직 이 분야의 연구 체계와 영역이 뚜렷하게 정해지지 않아 어디에서부터 연구를 시작해야 할지, 어떤 참고문헌을 읽어야 할지, 내 견해가 어떤 연구 계통에 닿아 있는 것인지 막연할 때도 있었지만 오히려 이러한 사정 때문에 시야를 넓혀 과거와 역사에 관해 가르친다는 것의 의미를 새롭게 보려는 시도가 가능했다고 믿는다. 다만 여전히 구상이 산만하여 논리 정연한 연구논문으로 더 많이 엮어내지 못한 것은 오로지 필자의 노력과 소양과 안목이 부족한 탓이다. 동료와 후학들이 전작과 이 책에서 모은 논문들을 탐색의 경험과 사례로 삼아 역사교육 연구를 더욱 풍성하게 하길 기대한다.

이 책에 실린 논문에 새로운 세대의 박사과정 제자들이 공동 저자와 역자로 참여한 것에 큰 보람을 느낀다. 천세빈, 박지원 양에게 고마움을 전한다. 천세빈 양은 이 책의 최종 교정에도 수고가 많았다. 그리고 많은 과제로 녹록지 않은 수업에서 적극적인 발제와 토론으로 내 관점과 견해를 점검하게 해준 서울대학교 사범대학 역사교육과 대학원생들에게도 감사의 마음이 깊다. 고맙게도 어려운 사정 속에서도 책과함께 류종필 대표께서 전작에 이어 이 책의 출판을 맡아주셨다. 인연을 소중하게 여기고 싶다. 또한 여러 가지 도움을 주신 편집부의 이정우 선생께 감사드린다.

2021년 9월 양호환

차례

역사교육의 이론과 적용

1장

역사교육이론 적용의 공과

1. 머리말

역사교육의 이론은 학문의 체계성을 갖추기 위해서도 필요하지만 그 본질적인 존립의 근거와 의미는 역시 역사교육의 현실과 현상을 개선하고 분석하는 데 있다. 그리 길지 않은 우리나라 역사교육 연구의 초기부터 이론과 현장의 관계에 관심이 많았고 이렇게 상정된 역사교육 이론의 역할에 대해서는 별다른 이견이 없었다. 다만 이때 '이론'이라는 용어를 사용하는 것이 적절한지, 혹은 그 이론을 현장에 적용한다는 의미가 무엇인지에 대해 본격적으로 논의가 이루어지지는 않았다.

이제 이 문제는 새로운 상황 속에서 검토되어야 할 단계에 이르렀다. 그 이유는 첫째, 여러 연구자의 역사교육이론이 최근에 잦았던 역사교육과정과 정책 변화에 직·간접적으로 영향을 끼쳤기 때문이다.

이때 이론은 역사교육의 의미·가치·방법에 대한 관점·견해·원칙·학설 등을 포함하는 넓은 개념이다. 둘째, 최근 들어 역사교육의 연구 범위가 가장 현실적인 역사교육의 현안이라 할 수 있는 교과서와 교실 수업의 영역으로까지 확장되어, 연구의 주제와 주체, 활용의 의미와 방법을 새롭게 바라볼 필요가 발생했기 때문이다. 이러한 배경을 고려하여, 이 글에서는 역사교육 분야에서 이론의 역할이 어떻게 변화했는지, 가장 시급히 검토해야 할 이론 적용의 분야와 사례는 무엇인지, 그리고 왜 그러한 검토가 시급한지 등의 문제를 다루고자 한다. 다만 다양한 역사교육이론 중에서도 최근 연구가 활발한 분야, 예를 들면 교수내용지식, 내러티브, 역사적 사고 등에 관해서는 개별적으로 연구의 성과와 의미, 현장 적용의 방안에 대한 평가가 축적되어왔으므로, 이 글에서는 이를 포괄적으로 검토하는 대신 교실 수업 이론과 현장의 관계, 그리고 교육과정 구성에 관한 학설의 제기와 적용에 관한 문제에 논의의 초점을 두고자 한다.

2. 다시 돌아보는 이론과 현장

먼저 역사교육의 연구와 현장에서 이론의 의미와 역할이 무엇인지를 다시 한번 생각해보기로 하자. 수년 전 공저로 낸 《역사교육의 이론》의 머리말에서 나는 '이론'이라고 하는 용어가 다양한 의미로 사용되고 있음을 소개하며, 기성의 여타 학문과 달리 역사교육은 연구의 대상과 영역, 방법을 새롭게 모색해야 하는 처지이기 때문에 역사교육의 이론이 다루는 범주와 분야를 명백히 규정하기 어려운 상태라고 했다. 덧붙여 여러 연구자가 착안한 주제와 문제 인식은 시각을 달리 하며 개진되고 있기 때문에 이론이라는 이름으로 역사교육의 연구 분야를 성급히 확정하는 것은 관련 연구의 활성화와 연구 결과의 소통을 위해 바람직하지 않을 수 있다고도 했다. 이 점에서 이 책에서는 '이론'이라는 용어를 온전한 체제를 갖춘 원리라기보다는 하나의 가설 또는 지향이라는 의미로 사용했음을 밝혔다.[1] 역사교육의 논리적 근거와 타당성을 뒷받침할 가설적인 이론 체계를 마련하는 일이 필요하다는 뜻이었다.

이에 관해 가설 혹은 지향으로서의 이론이라는 말이 의미하는 바를 정확히 이해할 수 없다는 비판이 제기되었다. 즉, 이 단행본이 역사교육을 실제 학문 체계로 다루는 역사교육 관련자들이 참고해야 할 지침으로서 역할을 한다고 가정할 때, 과연 그러한 이론이 무엇이며 그것이 교육 현장에 어떠한 기능을 할 수 있을까라는 질문에 명확한 답을 제시하지 못한다는 것이었다.[2]

이 단행본이 이러한 점에서 부족한 부분이 있는 것은 사실이다. 그리고 위의 비판에서 지적한 대로, "역사와 교육을 모두 놓친" 이러한 역사교육론보다는 내용학이 뒷받침된 역사교육의 이론("역사가들이 사료를 대하면서 역사를 재구성하듯이 역사교육학자들도 마찬가지 작업을 해야 한다는 의미")과, "'내용학 전공자'(원문 그대로)와 연계 속에서 역사교육에 관한 새로운 이론적 지침서가 나올 수 있기"[3]를 필자 역시 기대한다. 그것은 필자가 이렇게 내용학이 뒷받침된 유형의 역사교육론을 지향하고 이에 동의한다기보다는 그렇게 구상한 역사교육론이 어떤 모습이며 현장 교사 또는 역사교육 관련자들이 어떤 방식으로 그러한 이론을 '지침'으로 삼을 수 있을지, 그리고 그 이론이 교육 현장에서 어떠한 '기능'을 할 수 있는지가 자못 궁금하기 때문이다.

역사교육의 연구나 실천의 국면에서 이론은 실증과학에서 사용되는 것과 동일한 의미로 이해되기 어렵다. 실증과학에서의 이론은 어떤 조건에 따르는 특정한 결과를 오류 없이 예측하고 설명하는, 상호 관련된 진술의 체계적인 조합이라는 의미를 지니지만, 역사교육에서의 이론은 학생들이 배워야 할 것이 무엇인가에 관한 일반적인 믿음이나 생각 등 어떤 의도된 행위를 안내하는 데 사용되는 아이디어 차원에서 논의하는 것이 적절하다.[4] 역사교육 연구의 큰 주제는 학교에서 가르치는 교과의 성격과 그것에 대한 학생들의 이해방식에 관한 아이디어, 교사와 학생의 역사의식과 역사적 사고력 등 계량적·실증적 연구가 어려운 주제가 대부분이기 때문이다.

역사교육 분야에서 이론을 연구하고 제시하는 것의 의미는 어떤 행동이나 조건의 변화를 요구하고 그에 따른 결과를 예측하는 것보다, 의도된 교육 행위에 대한 다양한 구상을 제시하고 이를 체계화하는 데서 찾을 수 있다. 역사교육 분야에서 새로운 연구 경향 또는 이론을 제시하고 이를 구체적이고 명확한 지침으로 삼아 직접적으로 적용하는 것은 매우 어려운 일일 뿐만 아니라, 반드시 바람직한 결과를 가져온다고 단언할 수도 없다. 다만 역사교육 분야에서도 이론이 '보이지 않는 손'처럼 정책과 현실에 영향을 미치는 것은 당연하다. 그리고 이런 의미에서 이론의 역할은 현실 문제에 대한 진단과 인식, 개혁의 여부와 방법에 관해서 정치적일 수밖에 없다.[5]

1부 역사교육의 이론과 적용

10여 년 전 나는 현장의 중요성에 대한 강조와 이론의 실천성 빈약에 대한 비판 속에서 이론과 현장이 대체로 갈등의 관계로 설정되고 있음에 주목하고, 이러한 갈등이야말로 매우 강력하게 남아 있는 역사교육 논의의 과장된 이분법이라고 지적한 바 있다.[6] 이러한 이분법은 소위 현장과 이론의 논의 주체를 전자는 교사, 후자는 연구자로 분리·구별하는 속성을 포함하고 있다. 문제는 이러한 양분법이 불필요한 대립과 갈등을 부르고 논의의 구도를 왜곡하고 있다는 점이다.

　　논의 주체를 양분하기에 앞서 규명해야 할 것은 현장적이라는 말의 의미와, 현장에 도움이 되는 이론의 실체가 과연 무엇인가 하는 점이다. 오늘날 이론과 현장의 이분법적 담론은 이론과 현장과의 직접적인 관련성을 교과교육 분야 존립의 전제로 여긴 나머지, 어떤 이론이 얼마나 현장적인가 하는 것만을 잣대로 삼아 이론 연구의 가치와 유용성을 평가하고 있다. 이때 현장적인 것이 과연 어떤 것인가 하는 문제는 깊이 논의되지 않는다. 또한 현장적인 정도를 판단하는 주체가 누구인지도 구체적으로 드러내지 않은 채, 상대방의 이론을 비판하는 근거로서 '현장 적합성'을 편의에 따라 활용하기도 한다.[7]

　　보통 역사교육의 현장이라고 하는 학교 역사수업의 현상은, 수업을 연구주제로 삼아 논의하지 않으면, 즉 이론화(theorize)되지 않으면 문제 영역 혹은 대상으로서 포착될 수 없다. 즉 현장은 '이론'을 통해 그 문제점을 드러낼 수 있으며 역사교육이론은 바로 이러한 현상을 문제화하는 소통의 국면 혹은 학문적 논의의 영역이다. 그러므로 특히 교육 분야에서 이론과 현장은 구분되어야 할 별도의 영역이 아니라 교사나 연구자 양자가 하는 일에서 각자 문제를 제기하고 서로를 성찰의 대상으로 삼아 보완하는 동전의 양면과 같은 관계라고 할 수 있다.

혹자가 구태여 양자를 구분하여 이론이 현장에 도움을 주지 못한 다고 지적할 때, 이를 해결하기 위해 필요한 작업은 현장에서 필요로 하는 도움이 무엇이며 그것이 어떻게 제공될 수 있는가를 밝히는 것 이다. 이때 유의할 점은 지극히 현장적일 것이라 확신하며 진행한 연 구라고 할지라도, 실제로는 현장과 매우 동떨어진 경우가 적지 않게 발견된다는 점이다. 예를 들어 매우 현장적인 연구라고 알려져 있는 교수학습 모형이나 방법에 관한 이론은 실제로 벌어지는 수업에 대한 직접적인 처방과 같이 인식되는 경향이 있으나, 이것이 말 그대로 수 업에 대한 '처방'이라고 한다면 이는 현장에 도움이 되기보다는 수업 에 또 다른 구속과 제한으로 작용할 위험성을 갖고 있다. 현장에 수업 의 절차와 방법을 제공하는 이론 연구는 수업에 도움이 되는 측면보 다는 교사의 역할에 대한 간섭이며 침해로 작용할 여지가 더 많기 때 문이다. 즉 제공된 수업 모형에 따라 수업을 하라는 것은 가르치는 사 람이 구상·판단·결정해야 할 부분을 포기하게 할 수도 있다.[8]

역사가가 관점과 해석을 통해서 역사지식을 만들어내는 것과 마찬 가지로 역사 교사는 가르칠 내용을 재구성한다. 즉 교사도 역사 지식 을 만들어내는 존재이다. 역사지식의 생성에서 관점과 해석이 중요 하다고 한다면 그것은 역사가만이 아니라 교사에게도 해당하는 말이 다.[9] 교사의 재구성을 거칠 필요가 없는 완제품으로서 이론을 제공하 는 것이 반드시 바람직하지만은 않다는 뜻이다. 이러한 이론은 한두 번의 수업 실험으로 끝날 뿐, 지속적인 적용은 이루어지기 어렵다.

　　　　　　　　　　　　1부 역사교육의 이론과 적용

다시 말해 이론이 제공하는 것은 비판의 정신이다. 포스트모더니즘이 역사 연구의 가장 기본적인 전제와 가정을 문제화했듯이 이론의 역할은 이미 인정된 결론과 그 전제 조건들을 의심하는 것이다. 자신의 시각과 독해를 새로운 방식으로 되돌아보면서 연구자는 다른 질문을 제기하고, 그 질문의 의미를 새롭게 파악한다. 이것이 이론화(theorize)이다. 이론은 탈맥락화된 원리와 기준이 아니라 새로운 의미의 발견과 확장을 위한 도구이다.

나는 이러한 문제 제기에 관해 직접적인 논평이나 비판을 받지는 못했다. 다만 그동안 10년 넘게 현장에 도움이 되는 이론 혹은 연구가 어떻게 진행되고 있는가를 스스로 탐문한 결과, 이전에 비해 달라진 점을 발견할 수 있었다.

첫째, 역사수업에 관해 현장에 도움이 되는 이론을 연구자에게 구하기보다는 교사 스스로의 실천 사례를 공유하려는 경향이 활성화되었다. 이러한 현상은 과거에 역사교육 연구자들을 향해 어느 교사가 "이제 현장 교사가 무엇을 갈구하는지 그것을 해결하기 위해 노력해 주셔야 합니다. (…) 순수 사학이 아닌 역사교육을 위한 방법과 대안을 제시하여 우리로 하여금 그것을 실천하게 하는 이론을 제공해주시기 바랍니다"[10]라고 요구했던 것에 비추어 보면 상당한 변화라 할 수 있다. 특히 전국역사교사모임이 발간한 대안교과서(《살아있는 역사 교과서》 시리즈)가 성공을 거두었던 사실과, 전국역사교사모임의 교사들이 정기적인 회보(《역사교육》)를 발간하고 특집을 기획하면서 역사학적 전문성과 교육적 관점, 특정 주제의 수업에 대한 정보를 다각적으로 제공하고 있는 것은 큰 성과라 할 수 있다. 이 회보에서는 '민주주의의 역사를 어떻게 가르칠 것인가', '한국 근현대사를 어떻게 가르칠 것인가' 등 다채로운 연구주제를 다룬 바 있다.[11] 이러한 전국역사교사모임의 성과로 대안교과서의 의미가 재평가될 수 있었고 이는 '교과서는 교사의 수만큼 많아야 한다'는 인식으로 이어져 현장수업에서 활용할 수 있는 배움책도 선보이게 되었다.[12]

창립 25주년에 이르는 전국역사교사모임의 활동 상황은 이제 역사교사 스스로 수업에 적용할 수 있는 역사교육이론을 제안하는 단계로 발전했다. 아울러 논의의 범주 역시 더욱 확대되어 우리 역사교육이 추구해야 할 가치와 "현재 한국 사회의 쟁점 담론에 대한 교육 실천 방향을 논의하고 소외되었던 역사 주체를 되살릴 수 있는" 학습내용 구성의 가능성을 탐색하고자 했다. 이는 기존의 역사교육론과는 차별성 있는 현장 역사교육론이다.

전국역사교사모임에서 진행해온 활동에 대해 한 가지 제안하고 싶은 것이 있다면, 다양한 수업 실천 사례의 공유와 함께 '가르칠 궁리에 대한 반성'도 진척되었으면 하는 것이다.[13] 물론 실천 사례를 공유하기 위해서는 교사의 수업에 대한 반성이 선행되어야 하므로 지금까지 이러한 작업이 전혀 없었다고는 할 수 없겠으나, 이를 보다 선명하게 하여 수업의 계획과 실행에 대한 교사의 생각을 객관화한다면 연구자로서 교사의 역할도 촉진될 수 있다고 생각하기 때문이다.

실천 사례나 수업자료의 공유도 중요하지만 연구자로서 교사의 역할이 중요한 이유는 그것이 더 나은 수업을 하기 위한 자질과 능력을 키워주기 때문이다. 단지 연구자 자격을 얻고 연구성과와 결과물을 내는 것이 중요한 것이 아니라, 이런 연구를 통해 교사는 스스로 하

　　　　　　　　1부 역사교육의 이론과 적용

는 일에 대해 성찰의 기회를 가질 수 있고 교사의 전문적인 능력 함양(empowerment)을 촉진할 수 있다. 앞으로 교사 자신의 수업에서 개선해야 할 부분을 설정하고 그것을 실제 행동에 옮겨 나타나는 변화를 성찰하는 행위 연구(action research)와, 직무 수행에 관련된 교사 자신에 대한 이해나 전문성 계발을 위한 자기 연구(self study)가 일반화되어, 교사와 연구자가 공동으로 참여하는 연구가 더욱 활성화될 수 있기를 기대한다.[14] 아울러 이러한 연구를 실행하기 위한 연구방법론에 대해서도 관심을 가져주기를 바란다. 흔히 연구 결과물이 중요할 뿐 그 방법론은 부수적인 것으로 간주되는 경향이 있으나, 방법론은 노력 없이 저절로 습득될 수 없을뿐더러 분석 수단으로서만 필요한 것도 아니다. 연구주제와 대상, 연구 절차에 대한 인식론적 이해와 윤리성 판단을 위한 방법론에 대한 고민은 연구 과정의 필수 요소라고 할 수 있다.

두 번째로 나타난 변화는 교사가 아닌 연구자들에게서 주로 나타난 현상이다. 역사교육이론 연구 가운데 애초부터 교육과정이나 교과서의 내용, 교사 교육 등 현장과 직접 관련이 있는 분야에 대한 연구가 늘어났고, 현재 사회적 이슈가 되고 있는 특정 사안에 대해 제언하는 형식의 연구 역시 양적으로 크게 증가했다. 이러한 연구는 특정 사안(예: 교육과정이나 교과서의 내용 편제 방식 등)에 대해 기존의 잘못된 점을 지적하고, 이에 대한 구체적인 해결 방안을 모색할 필요가 있음을 강조함으로써 연구의 의의를 확보했다.

기존 교육과정과 교과서에 불만이 많았던 대부분의 역사 교사와 연구자들은 교과서에 대한 여러 가지 비판(학교급 간의 계열성이 뚜렷하지 않음, 분량이 과다함, 재미가 없고, 내용이 어려워 학생의 수준에 맞지 않음, 특정 국가에 분량이 편중되어 있음, 소외된 국가에 관한 내용이 소략함, 한국사와 세계사 서술 간의 연계성이 떨어짐 등)에 적극적으로 동의했고, 해결 방안을 제시하는 것을 환영했다.

이러한 연구 경향 가운데 가장 주목할 만한 주제는 계열성 확보 방안에 관한 연구와 국사와 세계사를 연계하는 목적 및 방안에 관한 연구다. 이 두 가지 주제에 관한 연구의 결과는 이미 교육과정과 교과서에 상당 부분 반영되어 현재 역사교육의 현장에 적용되고 있다. 이제 계열성 확보의 필요성은 교육과정 개정의 대의명분으로서 확고한 위치를 차지한 느낌이다. 그리고 학생들의 통합적인 역사의식을 키워주기 위해 세계사와 한국사를 별개로 분리하여 서술하기보다 양자를 융합하여 서술할 필요가 있다는 주장 역시 설득력을 얻어 교과서 단원 구성과 서술 내용에 변화를 불러왔다.

이처럼 이론이 교육과정의 편제에 막대한 영향을 끼치고 있는 현실은 과연 바람직한가? 새로운 개념·원리·이론의 소개와 도입이 빚어낸 현재의 교육과정과 교과서 체제를 시급히 점검할 필요가 있다는 것이 내 생각이다. 세계사 내용 구성의 관점 변화와 그 적용의 효과에 대해서도 수업 현실의 측면에서 다시 검토해보아야 한다. 늦은 감이 있기는 하지만 지금의 교육과정과 교과서의 문제점을 충분히 이론 적용의 측면에서 검토하고 인식하지 못한다면, 앞으로 또다시 이론이 섣부르게 제시되고 그것이 교과서라는 옷을 입고 나타나, 그렇지 않아도 위기에 몰린 역사교육 현장에 새로운 난국을 초래할 수도 있기 때문이다.

1부 역사교육의 이론과 적용

3. 이론 적용의 난맥: 계열성 적용의 사례

지금까지 여러 차례의 교육과정 개정에서 계열성의 확보는 반드시 관철되어야 할 전제로 간주되어왔다. 이에 따라 3차 개정(1973년 공포) 때부터 초등학교—인물사·생활사, 중학교—정치사 위주의 통사, 고등학교—사회경제사 부분이 보강된 문화사로 서술하는 방식이 점차 자리를 잡아갔다. 하지만 우리나라에서 사용되는 계열성이라는 용어의 유래와 의미가 명확한 것은 아니다.

현재 사용되는 용례로 보자면 계열성이라는 용어의 출처는 타일러(R. Tyler)가 제시한 학습경험을 조직하는 세 가지 원칙, 즉 계속성(continuity), 계열성(sequence), 통합성(integration)에서 비롯된 것이라 할 수 있다. 계속성은 교육과정의 주요 요소를 종적으로 반복하는 것을 말하며, 계열성은 계속성과 관련되지만 이것을 진전시켜 학습경험을 단순 반복하는 것이 아니라 심화하고 확대하는 것을 뜻한다. 통합성은 횡적으로 학습경험을 상호 관련시키는 것이다.[15]

우리나라 역사교육과정 논의에서 계열성은 학교급별로 내용을 차별화해야 한다는 점에 집중하고 있다.[16] 1974년에 중·고등학교의 국사교육이 범위와 깊이만 약간 달리한 채 비슷한 내용을 거의 같은 방식으로 반복하고 있다는 비판이 제기된 이후, 학교급 간의 계열화는 무엇보다 중요한 실천과제로 대두되었다. 그런데 이때 계열성은 타일러가 주장한 계열성 개념과는 차이가 있다. 타일러는 예를 들어 독해기능(reading skills) 혹은 에너지의 개념을 교육과정에서 반복하되 이를 익히기 위한 학습경험을 심화하고 확대할 필요가 있다고 말했다.

반면에 역사교육에서 계열성 혹은 계열화는 교과서 편제 방식을 가시적으로 다르게 하기 위해 주제별 접근이나 분야사별 서술 등의 방식을 도입하는 방안을 뜻한다.

특히 7차 교육과정이 '교육과정의 계열화' 요구에 충실히 부응한 교육과정이라는 것은 익히 알려진 사실이다. 10여 년간 지속된 7차 교육과정에서 중학교와 고등학교 '국사' 교과서는 어떻게 하면 학생들이 우리나라의 역사를 이해하기 쉽게 서술할 것인가의 문제보다, 어떻게 하면 확실하게 '서로 다른' 교과서로 보일 수 있을까라는 문제를 중점에 두고 고민한 결과물이라 할 수 있다.

이에 따라 중학교는 정치사 위주의 통사로, 고등학교는 분야사로 편제되어, 이전보다 확실히 서로 다른 교과서의 모습을 갖추기는 했다. 그러나 이로 인해 발생한 부작용은 심각했다. 정치사 위주의 서술은 아직 역사에 대한 체계적인 지식이 없는 중학생에게는 난해한 것이었다. 정치적 사건이 사회, 경제, 문화적으로 어떠한 영향을 끼쳤는가에 대한 설명이 배제되었으므로 역사를 이해하기보다는 정치적 사건을 단순히 암기하도록 만들었고, 정치적 사건을 지나치게 자세히 서술하여 사건 주도자의 이름과 사건 발생 지역까지도 일일이 외워야 하는 부담을 주게 되었다. 고등학교 교과서의 경우 정치, 경제, 사회, 문화로 나누어 고대부터 현대까지를 네 차례 반복하게 됨에 따라 곳곳에서 서로 확연히 연계된 내용이 이산(離散)되거나 유사한 사실이 중복되어 언급되는 현상이 나타났으며, 여러 차례 시간의 순서가 역행함으로 인해 학생들이 혼란을 겪는 경우도 많았다.[17]

7차 교육과정에서 '계열성'의 강조가 빚은 상황은 2007 개정 교육과정에서도 크게 바뀌지 않았다. 내용의 차별성 확보를 위한 논의는 계속해서 이어졌고, 그 결과 중학교는 한국사와 세계사의 통사를 모두 다루는 '역사', 고등학교에서는 근현대사 위주의 '한국사'와, 교류 중심의 '세계사', 관계사 중심의 '동아시아사' 과목이 탄생하게 되었다.

2007 교육과정에서 가장 주목할 만한 것은 중학교 '역사' 교과목의 탄생이다.[18] 이는 오랫동안 지속적으로 제기되었던 '한국사와 세계사의 융합'에 대한 요구를 반영한 결과물이라고 할 수 있다. 사실 한국사와 세계사를 연계하거나 융합하여 서술해야 한다는 요구가 새로운 것은 아니다. 6차 교육과정에서도 국사 교과서의 대단원 앞에 4~5쪽 분량의 세계사 시대 개관이 포함되었고 세계사 교과서에서도 중국, 일본사와 함께 한국의 역사도 시대별로 간단하게 다루었다. 이러한 편제는 7차 교육과정에서도 그대로 이어져서, 고등학교 '국사' 교과의 매 대단원 앞에 세계사 시대 개관을 넣으면서 당시의 세계 정황을 한눈에 볼 수 있는 연표와 지도로 소개했고, 세계사에서도 역시 일본사와 함께 우리나라의 역사를 1~2쪽 분량으로 약술하는 방식을 취했다. 문제는 이러한 노력에도 불구하고 다루는 정도가 소략하고 내용이 '융합'되지 않아 한국사와 세계사의 내용이 겉돌고 있다는 비판이 계속해서 제기되었다는 점이다.

2007 개정 교육과정에서는 이러한 비판을 완전히 불식시키기 위해 '역사'를 사회과에서 분리하면서 '한국사'와 '세계사'의 내용을 한 권의 교과서에 합쳐놓았다. 단원 목차의 구성으로 보자면 선사시대 뒤에 세계 4대 문명을, 그 뒤에 한국의 청동기시대(고조선), 그 뒤로 조선 전기, 7단원부터 서양은 그리스, 동양은 춘추전국시대, 상권 마지

막 단원인 9단원에서 서양은 절대왕정, 동양은 명·청 후반까지 다루었다. 그리고 하권에서는 1~4단원에서 조선 후기부터 근현대까지, 5~7단원에서는 세계사의 산업혁명·시민혁명부터 2차 세계대전 이후까지의 세계가 펼쳐진다. 이것이 한국사와 세계사의 융합이 아니라 기형적인 병렬에 불과하다는 것은 누가 보아도 명백했다.

그러나 2009 교육과정에서도 이러한 체제는 거의 그대로 계승되었고, 상·하권에서 다루는 시기만 조금 바뀐 정도였다. 당시 이에 관한 논의 과정에서 상권과 하권 모두 한국사와 세계사가 병합된 형태가 교사와 학생들에게는 실제로 불편할 수 있으므로 차라리 한국사 한 권, 세계사 한 권으로 만들자는 의견도 있었으나, '한국사와 세계사를 융합하여 써야 한다는 학계의 의견이 많아서' 결국 한 권의 책에 일부는 한국사, 일부는 세계사를 다루는 방식이 채택되었다고 한다. 그리고 이러한 견해는 고등학교 '한국사'에도 관철되어 고등학교 한국사의 대단원마다 첫 중단원은 모두 당시 중국과 일본 등 한국 주변 국가들과 관련된 국제정세를 다루는 내용으로 구성되었다.

이렇게 한국사와 세계사를 같은 책 혹은 같은 단원 속에 포함하게 된 것은 학계에서 한국사와 세계사를 통합하여 쓰자는 논의를 교육과정 개정 차원에서 수용했기 때문이다. 그리고 이런 입장에서는 '융합'의 의미가 단순한 '병렬'과는 다르다고 강조한다. 이전의 교과서는 단순히 한국사와 세계사를 병렬하는 데 그쳤을 뿐이라는 것이다.

지금까지 교과서가 한국사와 세계사를 병렬하는 데 그쳤음은 사실이다. 그런데 이렇게 한국사와 세계사를 그토록 '융합'해서 써야 한다는 논의가 있었음에도 불구하고 굳이 '병렬'에 그치게 된 데에는 그만한 배경과 이유가 있다. 과연 과거의 사건 자체가 융합되어 있지 않은 데 이를 '융합'하여 쓴다는 것이 가능한 일일까? 예를 들어 신라의 역사와 고대 게르만족의 역사를 융합하여 쓸 수 있을까? 기본적으로 역사는 과거에 있었던 사건과 '사실'을 써야 하는 교과목이다. 없었던 사실을 만들어서 쓸 수는 없다. 예를 들어 '임진왜란'과 같이 다른 나라와 전쟁을 했다거나, 고려시대에 이슬람 상인들이 내왕했던 사건의 경우 우리 역사와 더불어 전쟁 혹은 교류 당사국의 관련 역사를 포함하는 것이 적절하다. 이러한 주제는 과거에도 이미 '한국사와 세계사가 융합된' 방식으로 서술되기도 했다. 역사는 '과거에 일어났던 사실'을 서술하는 교과이기 때문에 당연한 일이다. 그런데 이처럼 '사실' 자체가 다른 나라와 융합되어 있지 않은 경우, 같은 시기의 다른 나라 사정을 우리 역사와 '융합'하여 쓰는 것이 매우 어려운 일일 뿐 아니라 적절하지도 않다.

많은 연구자가 국사와 세계사를 단순히 병렬시키는 것에 대해 비판을 가하지만, 역사적 사실 자체가 서로 상관없이 병렬되어 있기 때문에 병렬적인 편제를 했던 것이지, 서로 융합되어 있는 사건과 사실을 의도적으로 단원을 분리하여 서술한 적은 없었다. 새로운 증거와 유물이 발굴되거나, 이전과는 다른 관점과 해석에 의해 사건의 관련성이 밝혀지지 않은 상태에서,[19] 융합되지 않은 사건이나 사실을 융합해서 쓸 수는 없다. 그리고 설령 새로운 연구성과로 우리나라의 고대사와 서양 게르만족의 역사가 융합될 수 있는 단서가 발굴된다고 하더라도, 그러한 사실을 학생들이 굳이 배워야 한다고 판단하는 것은 별개의 문제다.

한국사와 세계사가 융합된 사실을 무리하게 부각하는 경우 문제는 더욱 심각해질 수도 있다. 2007 개정 교육과정의 고등학교 세계사에서는 '교류'의 역사가 매우 강조되었다. 더불어 '지구사'라는 개념이 소개되면서 지금까지 소외되어왔던 국가의 역사에 주목해야 한다는 시각이 제기되었고, 세계사를 서유럽과 중국 중심으로 서술하는 것도 시정해야 한다는 주장이 확산되었다. 그 결과, 개정된 고등학교 세계사 교과서에서는 교류에 크게 이바지했던 서아시아의 역사와 인도·동남아시아의 역사가 상당한 비중을 차지하게 되었다. 또한 어떠한 경로를 따라 어떤 물건이나 사상이 오고 갔는지를 강조하게 되었으며, 멀리 떨어진 곳에서 발견된 그릇이나 금화, 해저에 가라앉은 무역선에서 나온 유물 등의 사진이 교과서 곳곳에 실리기도 했다.

여기에 그동안 소외되었다고 할 수 있는 아프리카나 아메리카, 동남아시아의 역사에 대한 서술 내용도 증가했는데, 주로 번영했던 왕조의 이름, 무역 항로나 무역이 이루어진 권역, 주요 교역 품목을 중심으로 언급하다 보니, 낯선 사실이 연이어 등장해 이에 대한 학습의 부담이 더욱 커졌다. 2012 개정 교육과정에서는 고등학교 교과서에서 '오세아니아의 역사'까지 추가되어, 해당 분야에 대한 전문 지식이 없는 집필자들은 대부분 백과사전류의 서적에 서술된 내용을 참고해야 했다고 한다.[20]

고등학교 '한국사' 역시 세계사와 한국사의 융합이라는 학계의 주장을 수용하고자 노력한 결과, 대단원마다 맨 앞의 중단원이 세계사 단원으로 구성되었다. 이 과정에서 세계사 부분의 서술 가운데 뒤의 한국사 부분의 서술 내용과 상이하거나 혹은 중복되는 사실과 용어들이 곳곳에 나타나는 혼란을 초래하게 되었다. 또 중학교 역사와 차별화하는 방안으로 고등학교 한국사를 근현대사 위주로 구성하기로 했다가, 전근대 단원이 지나치게 소략해졌다는 비판이 일자 검정 후 짧은 기간 안에 전근대사 단원을 추가하도록 지시하여 교과서 전체의 편제를 조정하는 일도 있었다. 하지만 교과서 서술의 비중은 여전히 근현대사에 편중되어 있어 교사들은 수업시간에 전근대사를 어느 정도 수준으로 다루어야 하는지, 수능에서는 어느 정도의 비중과 난이도로 출제될 것인지 불명확한 상황이다.

내용의 차별성 실현 때문에 어려움을 겪은 교과로는 '동아시아사'를 빼놓을 수 없다. '동아시아사'는 '세계사'에서 다루는 한국, 중국, 일본, 동남아시아 역사와 차별된 내용으로 구성되어야 한다는 강박과 중국중심주의에서 탈피해야 한다는 학계의 주장을 반영하기 위해 일본사와 베트남의 역사를 상세하게 다루면서 이를 '대외관계사' 위주로 서술하여, 학생은 물론 교사들에게도 생소하고 어려운 내용을 포함하게 되었다.

지금까지 한국사와 세계사 등 역사교과에 대한 가장 주요한 비판은 '암기의 부담'이 너무 크다는 것이었다. 따라서 내용 분량의 축소야말로 교육과정 개정에서 최우선 과제로 부각되었다. 그런데 아이러니하게도 7차를 비롯하여 2007, 2009, 2011 개정을 거치면서, 중학교와 고등학교 교과서 모두 그 분량이 많이 증가했고, 특히 중학교에서는 과거 고등학교 수준의 한국사와 세계사를 짧은 시간 안에 소화해야 하는 과중한 부담을 안게 되었다. 그리고 고등학교 세계사에서는 다루는 국가의 수가 대폭 늘었으며, 국가별로도 이전보다 더 심화된 내용이 포함되었다. 동아시아사는 세계사보다 더욱 심화된 수준으로 동아시아의 역사를 서술하고 있고, 한국사는 전근대사와 근현대사, 세계사와 한국사가 그 분량과 서술 수준이 상이한 상태로 불균형하게 융합(?)되어 있는 형편이다. 결론적으로 역사교과에서 학생들의 암기 부담은 줄어들기는커녕 오히려 커졌다고 볼 수 있다.

최근에 교육과정 개정에 명시적·묵시적으로 반영된 계열성의 원리와 관련된 사항은 다음과 같다.

첫째, 중·고등학교 간의 계열성 확보를 위해, 한국사는 전 시대를 포괄하는 통사 체제로 하되, 고등학교는 근현대사 중심으로 구성하여 중학교의 한국사 서술과 차별성을 두어야 한다.

둘째, 한국사와 세계사 간의 연계성을 강화한다.

셋째, 세계사는 서구중심주의를 극복하는 방안으로 상호교류를 중심으로 구성하면서 되도록 특정 지역에 편중된 서술을 지양하고, 모든 시대와 모든 지역을 균형 있게 다룬다.

넷째, 동아시아사는 중국중심주의에서 탈피하여 동남아시아 지역까지 포괄하고 세계사와 중복되지 않도록 대외관계사 중심으로 구성한다.

이상의 사항을 적용하면서 여기에 학습 부담의 경감을 위한 내용 축소, 학생의 흥미를 제고하는 서술 등의 요구사항까지 감안하여 교과서를 쓰는 것은 결코 쉬운 일이 아니다.

교과서 집필자는 학계의 연구 업적도 충분하지 않은 분야와 주제를 서술해야 하는 어려움과, 이전 교과서에 실린 내용 중 이미 중요한 사실로 자리 잡은 내용은 모두 포괄하여 서술해야 하는 난국에 처했고, 교실에서는 낯선 국가들에 대한 새로운 내용이 늘어나 오히려 학습 부담이 가중되었다. 수능에서 학생들이 역사과목을 잘 선택하지 않는 이유도 이러한 상황에서 비롯된 것이라 할 수 있다. 그러다 보니 수능에서 배제되는 교과목, 특히 세계사와 동아시아사는 학교 교육과정에서도 소외되는 형편에 처하게 되어 이제는 고등학교 역사 교사의 수요까지도 현저히 감소했다.

2011년에 정부가 고등학교에서 한국사를 교육과정상 필수로 한 것 자체는 위축되어가던 학교 역사교육을 강화하기 위한 기회였음은 부인할 수 없다.[21] 그러나 당시 교육과정 개정의 결과, 학교 현장에서 역사교육의 상황, 특히 학생들의 역사과목 선택 추세는 개선되기는커녕 오히려 악화되었다는 이야기를 듣는 경우가 많다. 근본적인 이유는 국·영·수 중심으로 기울어진 수능체제하에서 선택과목 가운데 하나로서 역사가 타 과목과 경쟁해야 하는 상황과 집중이수제 실시로 시험 범위가 폭증하게 되는 등, 역사과목 운영상에 각종 파행이 빚어진 것이 주요 원인이다.[22]

그러나 계열성 확보라는 차원에서 추진되고 시행된 현재와 같은 역사교과의 편제와 교과서 서술의 체제도 학생들이 역사과목을 과거보다 더욱 선호하지 않게 된 배경이 되었다는 사실도 인정해야 한다. 수능에서 학생들이 역사를 선택하게 하기 위한 방안으로서라도, 그리고 학생들에게 이해의 어려움을 덜어주고 학습 분량을 줄여주기 위해서라도, 현재와 같은 교육과정과 교과서 편제는 시정되어야만 한다.

아무리 학생들에게 바람직한 역사의식을 길러줄 수 있는 교육과정이나 교과서라 할지라도, 아무도 선택하여 배우지 않는다면 소용이 없다. 이러한 교육과정은 그 내용의 완성도나 이론적 근거와는 상관없이, 결국 학생들의 역사학습 기회와 의욕을 위축시켰다는 비난을 받을 것이다. 비록 계열성의 원칙이 이론적 정합성과 타당성을 가지고 있다고 하더라도 이것을 어떻게 교육과정의 편성 근거로 활용할 것인지, 그것을 적용하여 교과서를 서술하는 것이 가능한지, 그렇다면 그 서술의 실제 모습은 어떠한지, 그리고 이러한 서술 내용을 가르치고 배우는 교사와 학생은 이를 어떻게 평가하는지 등 사전에 확인하고 점검해야 할 사항이 많다.

계열성의 원칙 그 자체는 이론적으로 합리적이다. 그러나 교육과정 구성의 원리 자체가 지나친 기술적 합리성에 매몰되어 있다는 타일러의 비판이 제기된 지도 40년이 넘었다. 그 비판의 핵심은 목표의 설정, 교육 내용의 선정과 조직, 평가에 이르는 단계와 순환에서 가치와 적절성에 대한 판단이 이러한 원리에 의해 자동적으로 도출되지 않는다는 것이었다.[23] 이러한 비판은 계열성의 원리에도 마찬가지로 적용될 수 있다. 단적으로 말하면 교육 내용의 특성, 즉 역사라는 교과의 본질과 특성에 대한 판단 없이 무리하게 이론적인 원칙을 적용하여 교과의 본질을 훼손하는 것은 적절하지 않다.

당연한 말이지만 우리에게 필요한 것은 역사교과에 적합하고 실현 가능한, 그리고 역사를 배우는 학생들에게 도움이 되는 역사교육이론 연구이다. 단순히 기존의 교과서를 비판하고 이를 해결해야 한다고 주장하며 새로운 방안을 창안하고 제시하는 데 급급하다 보면 실제 학생들의 역사학습에 큰 지장을 초래할 수 있다. 새로운 이론 모색은 언제나 필요하다. 하지만 충분한 사전준비 없이 떠오른 아이디어를 교육과정의 구성이나 교과서의 서술 내용으로 적용하자고 하는 것은 무모한 처사이다. 더구나 그렇게 해본 결과 무시할 수 없는 문제점이 드러났다면 이 이론의 문제점을 다시 살피고 적용상의 부작용을 고려하며 파행을 피하는 것이 순리이다.

물론 위에서 지적한 교과서 서술 내용의 혼란과 부작용이 빚어진 책임이 연구자에게만 있는 것은 아니다. 궁극적으로 교육과정을 고시하고 교과서 집필 지침을 마련하고 검정을 실시하는 것은 교과부의 관할이다. 그리고 특히 최근 역사교육과정 개편은 단시일 내에 속도전의 방식으로 처리되어 연구자의 견해가 충분히 반영되기 어려운 사정도 있었다. 또한 그들의 견해가 전체적인 맥락에 대한 고려 없이 부분적으로나 편의적으로 차용되는 경우도 있었을 것이다.

그러나 이러한 과정에서 대학과 학교 현장의 연구자와 교사가 전문가로서 참여하고 있다면 최소한 계열성의 원리를 근거로 하여 교육과정을 편성하는 것, 혹은 새로운 관점에 입각하여 세계사 내용을 구성하는 것에 아직 검증하지 못한 문제점이 있으며 이를 뒷받침할 연구 결과가 미비하다는 점을 지적하는 것도 그들의 책무이다.

교육과정과 교과서를 이론과 학설의 시험 대상으로 삼는 것은 교육적으로나 윤리적으로나 매우 부담스러운 일이다. 신중한 검토 없이 이론과 학설을 적용한다면 이를 다시 원점으로 되돌릴 수는 없고, 문제점이 드러날 경우 폐해를 시정하기 위해서 더욱 복잡한 절차를 거쳐야 하기 때문이다.

4. 맺음말

주제별 서술이 학생들의 흥미를 더욱 자극할 수 있다거나, 계열성을 확보해야 한다는 견해, 그리고 유럽 중심, 중국 부중심의 서술에 대한 비판, 교류의 역사에 대한 강조나 지구사적 시각에 대한 소개, 한국사와 세계사의 융합에 대한 주장 등은 7차를 비롯하여 2007, 2009, 2011 개정 교육과정이 만들어지는 과정에서 가설로서든 원칙으로서든 이론적으로 영향을 미쳤다. 이를 반영하고자 하는 노력이, 혹은 제대로 반영하지 못한 결과가 새로운 교육과정과 교과서로 나타나게 되었음은 부정할 수 없는 현실이다. 그러나 현재 교사와 학생이 겪는 수업 현실의 어려움과 수능에서 역사교과가 처한 상황을 바탕으로 평가하자면 이러한 시도가 성공했다고 보기는 어렵다.

역사를 가르치고 배우는 수업 과정에서 발생하고 있는 여러 가지 문제점, 그리고 수능은 물론 교육과정상에서 학생들이 역사과목을 잘 선택하지 않으려는 상황은 역사교육의 현 실정이자 개선해야 할 당면 과제이다. 이것은 곧 역사학의 위기와도 관련된다. 결국 역사에 흥미를 느끼고 공부하는 사람이 역사를 대학에서 전공하고 역사를 다시 가르치는 것 아닌가? 역사교육을 강화하기 위한 방안과 대책이 오히려 이렇게 부정적인 결과를 초래하고 있다는 것은 심각한 문제이다. 역사교육은 결국 학생에게 바람직한 역사이해란 무엇인가, 그것을 가르치기 위한 교육과정은 어떻게 편성되어야 하는가, 그 내용과 방법은 무엇인가의 문제로 귀결된다. 이를 위한 통로와 수단으로 교육과정과 교과서 그리고 그것을 수업에서 구체화하는 교사가 있다. 이 과정에서 역사교육 연구자는 교육과정 구성에 이론적인 원칙을 제시하고 그것이 교과서와 교사를 통해 가르칠 내용으로 구체화되기를 기대한다. 하지만 역사교육 연구자의 이러한 역할은 매우 신중하게 수행되어야 한다. 역사교육이론의 역할은 교사와 학생 간의 역사수업 내용을 교육과정 개정을 통해 최상위에서 결정하고 통제하는 데 있지 않다. 연구자의 이론이나 시각을 교과서에 반영하는 것 자체가 역사교육이론 연구의 목적이 되어서는 안 된다는 뜻이다. 지금까지 제기되었던 교육과정과 교과서 편제에 관한 새로운 주장은 이미 적용의 단계를 거쳐 그 결과를 보여주고 있다. 이제는 그 결과에 대한 비판을 수용하고 나타난 문제점을 분석함으로써 이론의 본연이 무엇인가를 다시 성찰할 때이다.

2장

세계사 교육: 변화의 담론과 교과서 서술의 현실

1. 머리말

세계사 교육이 위기에 처했다거나 상황이 더 악화되었다는 지적은 새롭지 않다. 위기에 대한 처방이 필요한 것은 당연하다. 우리나라와 같이 교육과정이 중요한 역할을 하는 교육 현실에서 처방의 대상과 방법은 교육과정의 개정이다. 하지만 이러한 논리에 오류가 없는 것은 아니다. 예를 들어 어떤 조직을 관리하고 경영하는 데 문제가 있으면 흔히 새로운 리더십이 필요하다는 주장이 설득력을 얻는다. 이렇게 리더십이 강조되는 상황에서 훌륭한 리더가 등장하기도 하지만 정말로 필요한 것이 리더십이었는지, 그것이 실제로 효과적이었는지를 판단하기는 쉽지 않다. 그리고 성공적인 리더십의 효과는 상황과 시기에 따라 그 평가가 바뀔 수밖에 없다. 위기에 처한 세계사 교육을 활성화하기 위해 실제로 필요한 것이 세계사교육과정의 개정인지 혹은 그것을 뒷받침하기 위한 새로운 개념과 이론—예를 들면 지구사의 시각, 혹은 교류와 접촉을 구성 원리로 하는 세계사—을 도입하거나 적용하는 것인지는 확인할 수 없다. 현실적으로 대학수학능력시험 사회탐구 영역의 선택과목 체제를 바꾸는 것이 세계사 교육을 활성화하기 위한 가장 확실한 방법이라는 것도 하나의 예상일 뿐이다. 이러한 방법이 세계사 교육 '활성화'에 가장 효과적일 수는 있겠지만 이것이 세계사 교과 내용 구성의 개선과는 무관하다는 비판은 피해갈 수 없다.

우리나라 세계사 교육이 당면한 과제는 무엇일까? 과연 세계사 교육을 강화해야 하는 이유가 무엇일까? 기존의 논의를 정리하자면 다음 몇 가지를 지적할 수 있다. ① 세계화의 시대에 적응하기 위해 자국사 인식에 대한 개방성과 타자성에 대한 이해를 확대해야 한다. ② 학생들이 세계사를 어려워하고 수능에서 선택과목 채택률도 저조하다. 학생들에게 이해하기 편한 구성과 내용을 제공하여 세계사 과목의 위상과 입지를 강화해야 한다. ③ 서구중심주의 비판을 포함한 최근의 새로운 세계사 이론이 도입되거나 반영되지 않아서 학생들에게 새로운 시대 환경에 적합한 세계사 인식을 학습시키기 어렵다.

세계사 교육의 위기나 교육과정 개정의 실패를 인정할 것인가, 그리고 그것을 어떻게 판단할 것인가에 대해서는 견해의 차이가 있다. 김한종은 2015 개정 역사교육과정 개발진이 2007 개정과 2009 개정에서 세계사 교육의 시도는 '참담한 실패'로 돌아갔다고 한 것에 관해 그 실패의 원인을 명확하게 제시하지 않았다고 하면서, 학생들의 세계사 기피는 2007 개정 이전부터 일어났던 현상이라고 지적한 바 있

1부 역사교육의 이론과 적용

다.[1] 그리고 교류와 상호작용을 중심으로 하는 내용 구성 방식을 택하고 문화권 대신 지역세계를 도입한 2007 개정과 2009 개정이 바른 흐름이었다고 주장한다.[2] 다만 이 흐름이 세계사 교육을 위기에서 구하고 활성화했는지 그렇지 않은지에 대해서는 말하고 있지 않다. 그의 2015 세계사교육과정 비판은 2007 개정의 바탕이 되었던 새로운 세계사 이론이 포기되었다는 것에 있다. 그에 따르면 지역사 단위의 세계사 내용 구성이라는 2015 개정 교육과정의 구성 논리는 세계사교육과정의 이론과 어긋난다. 세계 여러 지역이 독자적인 문화권을 형성하는 과정을 다룬다는 내용 구성 방향은 전근대의 세계 역시 독자적인 문화권의 형성이 아니라 교류와 상호작용에 의해 발전했다는 '세계사 이론'과 배치되는 것으로 '세계사교육과정 이론'과는 아예 다른 논리를 도입한 것이다.[3] 그렇다면 여기서 말하는 '세계사 이론', 혹은 '세계사교육과정 이론'이란 무엇일까? 아마 어떤 방식으로든 세계사 교육에 관계하는 논자는 바로 지구사, 서구중심주의의 극복, 문화와 접촉의 상호작용 등을 떠올리는 데 어려움이 없을 것이다. 이러한 것을 두루 포괄하는 이른바 '새로운 세계사'[4]가 바로 답인 것이다. 위에서 언급한 위기담론 가운데 ③이 가장 중요한 문제이며 ②는 부수효과 혹은 지속 현상이라는 것이다. 사실 위에서 언급한 위기담론 세 가지는 서로 원인과 결과로 상호작용하는 측면이 있어서 그중에 무엇이 가장 중요한 문제인가를 가늠하기 쉽지 않다. 또한 문제의 포착과 개선에 관한 장기적 관점을 선택할 것인가 아니면 시급한 대책을 우선 마련할 것인가, 그리고 자국사와의 관계를 어떻게 구상할 것인가에 따라 중요성의 우선순위는 바뀔 수밖에 없을 것이다.

이 글의 취지는 이러한 논란 중의 하나인 소위 위기담론 ③을 검증하고자 하는 것이다. 즉 새로운 세계사가 추구하는 것은 무엇이며, 이를 달성하기 위한 교육과정 구성의 이론적인 적합성을 검토하고 새로운 세계사가 지향하고 있는 바가 어떻게 현행 교과서 서술에 반영되고 있는가를 살펴보고자 한다. 이를 확인하기 위해 새로운 세계사의 관점과 방향이 도입된 2007 교육과정 개정 이전과 이후의 교과서를 시기적으로 살펴보되 동일한 교육과정이 적용되던 시기에 같이 발행된 다른 교과서와의 횡적인 비교도 겸하는 작업이 필요할 것이다.[5] 이 글이 분석 대상으로 하는 2009, 2011 개정 교과서는 새로운 2015 교육과정이 시행됨에 따라 더는 사용되지 않을 것이다. 곧 쓰이지 않을 교과서를 분석하는 이유는 그간의 교육과정 개정에 비해 가장 변화가 컸던 최근 10여 년간의 세계사교육과정이 실제로 교과서에 어떻게 반영/서술되어 있는가를 분석하기 위해서이다. 이것을 통해 교육과정의 개정이 실제 교과서 서술의 변화로 이어졌는지, 어떤 주제와 부분에 대한 변화가 두드러졌는지, 그리고 크게 바뀐 점이 없다면 그 이유는 무엇인지를 검토할 것이다.[6]

이러한 작업은 지금까지 세계사교육과정과 그 자체에 대한 분석을 위주로 한 연구가 간과하고 있는 지점을 탐색하기 위한 것이기도 하다. 교육과정을 자주 그리고 자꾸 바꾸었다면 잦은 개정에 따른 문제점과 결과는 어떠한지를 검토하는 작업이 필요함에도 불구하고, 현재까지 교과서의 실제 서술을 시기별로 그리고 검정 교과서 전체를 대상으로 한 연구는 드물다. 즉 교육과정의 취지와 구성, 그리고 실제 교과서 서술과의 관련성을 통합적으로 분석해볼 필요가 있다. 만

1부 역사교육의 이론과 적용

약 교육과정이 추구하고 관철하려는 세계사 교과서의 내용과 편제가 실제 교과서의 서술로 이어지지 않는다면 이때 이 교육과정의 소임은 무엇일까? 세계사 교육의 내용과 현상을 교육과정의 변화만으로 피상적으로 살피는 수다한 연구는 실제 교육 현장은 고사하고 그곳에서 쓰이고 있는 교과서가 어떤 상태인가를 염두에 두고 있는 것일까? 그리고 이러한 교육과정의 구현 과정이나 결과를 평가하거나 검토하지 않은 채 다시 교육과정을 고치는 것이 바람직할까? 이 연구는 이러한 질문에 대한 답을 통해 교육과정 개정에서 우선적으로 고려해야 할 점이 교과서 서술로의 구현 가능성과 적합성이라는 것을 지적하고, 현재 우리나라에서 세계사 관련 주제의 연구성과가 어떻게 교과서 서술로 이어지고 있는가에 대해 관심과 문제의식을 촉구하고자 한다. 더불어 향후 세계사 교육의 개선을 위한 자료를 확보하여 더욱 실질적인 교육과정 구성에서 고려해야 할 요소를 제시하려고 한다.

사실 교육과정 개정에서 세계사는 한국사와 비교하면 그다지 큰 관심을 끌지 못했다. 그리고 한국사만큼 현실정치를 대신하는 국가정체성 논란과 이념 갈등, 식민지 과거청산과 맞물린 민감한 이해의 충돌과 논쟁은 나타나지 않는다. 그럼에도 전체 교육과정 개정이나 사회과 교육과정 개정에 따라 세계사교육과정도 개정을 거듭했다. 빈번한 교육과정 개정 논의를 통해 세계사 교육에 관한 국내외의 연구 경향과 성과를 신속히 반영할 수 있는 기회가 마련되었다고 할 수도 있다. 반면에 이것은 세계사교육과정에 관한 논의 과정 자체가 한국사에 비해 국가·사회적으로 큰 관심을 끌지 못했던 현실을 말해주는 것이기도 하다. 세계사 교육에 관심을 가진 학자들도 있지만, 최근과 같이 교육과정이 빈번하게 바뀌는 상황에서는 일부를 제외하고는 교육과정 개정의 절차와 내용, 그리고 문제점과 개선 방향을 지속적으로 추적하고 검토하는 경우는 드물다. 그럴 만한 시간 여유가 없었던 것도 사실이다. 교육과정의 잦은 개편이 가져온 문제점은 이뿐만이 아니다. 무엇보다도 교육과정 개정의 방향과 근본 취지가 교과서 서술에 제대로 반영되고 있는지를 판단하고 새롭게 나타난 문제점을 파악하지도 못한 채 교육과정을 다시 바꾸어야 하는 상황에 처하다 보니 실제로 새로운 교육과정에 따라 만들어진 교과서 서술에 대한 세밀한 검토도 이루어지지 않고 이를 개선하기 위한 방안도 자리 잡지 못하고 있다. 그러다 보니 이전 교육과정 개정의 공과가 다수의 학생이나 교사를 대상으로 한 경험적인 연구나 신중한 논의를 통해 적절히 평가되지 않은 채 단순히 이전 교육과정의 구조를 그대로 유지하면서 내용요소 혹은 성취기준의 추가나 삭제만이 반복되어왔던 것이다.

2. 새로운 세계사의 이론과 적용의 난항

새로운 세계사는 세계사 교육의 방향과 목표가 새로워져야 함을 표방한다. 문제는 이러한 새로움을 세계사 교과서의 내용으로 구체화하는 작업이 미진하다는 점이다. 대개 일반적으로 새로운 이론이 현실의 문제를 지적하고 차차로 그 이론이 추구하거나 주장하는 바가 구체화되는 것은 당연한 현상이라고도 할 수 있다. 이러한 과정에는 물론 그 이론의 타당성과 적용의 현실성에 대한 검증도 포함된다. 세계사 교육에서도 이러한 검증과 논쟁의 과정은 필수적이다. 그런데 이론이 새로움을 추구한다는 것이 방향이고 목표일 때, 더구나 이것이 선진적인 외국의 연구동향을 따르는 추세라고 할 때, 검증의 과정은 쉽게 '선진'과 '새로움'의 담론이 갖는 권력의 그늘에 가려지게 된다. 그동안 위축일로에 놓여 있던 세계사 교육을 활성화하기 위해 무엇인가를 바꾸어야 하는데, 그 방향으로 자주 제시되는 것은 외국의 이론이며 연구성과이다. 그러나 국내의 연구 기반과 경향, 적용의 맥락이 외국과 다른 것이 현실이라면 이러한 대책은 근본적인 문제점이 있을 수밖에 없다.

해방 후 우리나라 세계사 교육 관련자들은 일본의 사례를 참고하고 새로운 서구 이론을 혼합하여 교육과정을 여러 차례 바꾸었으나, 이에 대한 적절한 검토와 추후 보완작업 없이 새로운 시도만을 반복하고 있다. 해방 후 급속히 교육과정과 교과서를 마련해야 하는 형편에서, 특히 국내의 기반 연구가 빈약한 상황에서 다른 나라의 사례를 참고하는 것을 무조건 비난할 수는 없다. 실제로 교수요목기에는 이웃 나라 역사와 먼 나라 역사라는 과목을 편제하고 당시의 국내외 정세에 따라 세계사적 안목의 필요성을 지적한 것은 참신하다고 평가할 만하다.[7] 그러나 6·25전쟁 이후 2차 교육과정 개정부터는 개정의 배경과 근거가 확실하지 않은 상태에서 개정 작업이 이루어지기도 했다는 사실을 부인하기 어렵다. 특히 2차 교육과정에서 국사와 세계사를 혼합 편성했던 것은 당시 일본의 추세를 모방했을 가능성이 크다. 실제로 2차 교육과정 개정에서 세계사와 국사를 통합한 것에 관하여 국내 관련 연구가 이론적 바탕을 제공했다고 보기는 어렵다. 권오현은 이것이 일본의 중학교 사회의 역사적 분야의 내용 구성과 유사한 방식이라고 보고 있다.[8] 마찬가지로 4차 교육과정에 문화권의 개념을 도입한 것이나 2007 개정 이후 '지역세계'라는 용어를 소개한 것은 비슷한 시기의 일본 세계사 교육의 추세를 참고했을 가능성이 있다.

권오현은 한국의 세계사 교육은 내용 구성이나 교과서 기술 등에서 일본의 영향을 많이 받았다고 지적하고 있다.[9] 우리 세계사의 구성에서도 주요 개념으로 활용되었던 '문화권'이란 용어가 일본에서 세계사 학습지도요령에 등장한 것은 1960년판부터이고 이에 따라 세계사를 구성한 것이 1970년판부터이다. 일본에서 전후 세계사 연구의 선구적 역할을 했다고 평가받는 우에하라 센로쿠(上原專祿)는 랑케식의 유럽중심 사관을 비판하면서 복수의 이질적인 다양한 지역이 상호 관련을 맺는 다원적 세계사를 구상했다. 이런 발상은 다양하고 복잡하게 전개된 세계사를 문화적 통합성을 가진 몇 개의 문화권으로 묶어 학습하여 학생들의 이해를 돕고, 종래의 유럽중심적 사관과 중국사 치중의 문제점을 극복하면서 세계사에서 일본의 위치를 보다 명확하게 인식시키기 위한 것이었다. 이러한 그의 세계사 인식론은 1960년대에 들어 '지역세계'의 복합적 구성체로서 세계를 인식하고자 하는 13지역 구분론으로 이어진다.[10] 우에하라 센로쿠가 아시아로부터의 세계사를 지향한 것과 세계사와 일본사의 통일적 파악을 내세운 것은 당시 일본 역사학계의 주류인 마르크스주의 역사학의 발전단계론을 대신하여 세계사 교육과 연구에 관한 핵심 원리로 수용되었다.[11]

한편 1990년대에는 네트워크의 개념을 도입하여 문화권 간의 상호 접촉과 교류, 그에 따른 문화의 변용을 중시하는 변화가 일어나 지역

1부 역사교육의 이론과 적용

세계라는 개념이 새로이 관심을 끌게 된다. 현재의 시점에서 문화적 공통성을 갖는 지역을 대상으로 하는 문화권 개념으로는 각 지역세계가 상호 관련 속에서 역동적으로 발전했던 세계사의 전개 과정을 제대로 그려내기 어렵다는 것과 과거 당시의 세계사적 인식을 중시하여 현재는 그렇지 않지만 과거에 중요한 역할을 했던 지역을 재조명해야한다는 취지로 지역세계라는 새로운 개념이 내용 구성의 방법으로 등장하게 되었다.[12]

문제는 우리나라 세계사교육과정 개정에서 자국사와 세계사의 융합, 내용 구성 방식으로서의 문화권, 지역세계라고 하는 개념이 우리 세계사 교육의 실정에 어떻게 접합되고 적용될 수 있는가에 대한 검토 없이 곧바로 도입되어 활용되었다는 것이다. 특히 새로운 세계사에 관한 논의가 등장하면서 '지역세계'를 새로운 단원 구성의 방식과 단위로 도입했으나 이것이 과연 어떤 의미인가에 관해 명확한 개념 정의나 설명을 찾기 어렵다. 그나마 교학사와 금성출판사 교과서가 '지역세계'라는 용어를 간단히 언급하고 있다. 교학사 책은 '지구상의 일정 지역을 가리키는 용어로, 하나의 지역세계는 특정한 자연환경을 지니고 있고, 유사하거나 공통적인 문화를 가지고 있다'[13]라고 밝히고 있으며, 금성출판사 책은 '인간이 오랜 시간을 통해 환경에 적응하고 문화를 발전시킨 결과, 세계 각 지역에서는 공통된 생활양식과 문화에 토대를 둔 지역세계가 형성되었고, 각 지역세계는 세계사를 구성하는 기본적인 공간단위가 되었다'[14]라고 서술하고 있다. 이러한 의미의 지역세계는 위에서 언급한 일본의 지역세계 개념과는 사뭇 다르다. 일본 교과서에서 지역세계가 각 지역이라는 공간적 개념과 변화의 연속, 변용이라는 시간적 개념이 더불어 작동하는 역동성을 보여주기 위해 활용되었다면, 우리나라 교과서에서는 공통된 생활양식이나 문화를 가진 공간적 의미로 정리되어 있다. 사실 2007 개정 이후 우리 세계사교육과정은 '지역'이라는 통시대적인 개념을 부분적으로 전근대 세계사 전체에 도입하면서도 '근대와 국가 형성'이라는 주제에 관해서는 이전의 방식을 답습하여 서양(근대) 국민국가의 형성이라는 단원을 여전히 유지하고 있다. 각 지역세계가 겪은 변화의 양상을 동시대적으로 추출하는 일본의 방식을 편의적으로 채용하여 결국은 각 지역(세계)이 서구(의 근대)라는 거대한 추세로 합류되는 모습을 보이고 있다.

일본의 경우 자국사와 세계사의 통합을 적극적으로 추진하고 있는 가운데 현재는 '세계사A'(근현대 위주)를 고등학교에서 필수로 가르치고 있고, 선택과목인 '세계사B'(전근대＋근현대 통사)는 지역세계라는 개념을 중심으로 단원을 구성하고 있다. 이것은 근대 이전부터 일본이 세계사의 전개 과정에 한 축으로서 참여했다는 사실과 각 지역세계가 나름대로 이룩한 독자적인 체계와 내부의 관계망을 유지하면서 발전해왔다는 점을 강조함으로써 유럽 문명에 대해 차별성과 독자성을 확보하려는 것과 관련이 있다. 일본은 각 지역세계에 대한 체계적인 연구가 다수 축적되어 있고, 교과서 서술의 경험도 풍부하다. 우리나라 세계사교육과정에서 이 개념을 참고할 수는 있다. 하지만 우리나라의 관련 연구성과가 아직 과소한 지역도 있다는 점을 감안할 때 세계사에 대한 일본의 시각과 그러한 시각을 형성하게 된 맥락은 간과한 채 '지역세계'라는 용어를 사용하고 그 확대 과정을 전근대 시기

1부 역사교육의 이론과 적용

의 발전 과정으로 인식하도록 내용 체계를 구성하는 것은 문제가 있다. 같은 맥락에서 권오현은 직설적으로 다음과 같이 지적한다.

> 일본의 독자적인 발명품이라 할 수 있는 문화권적 구성 방식은 1981년 개정된 제4차 교육과정부터 고등학교 세계사의 구성 방법으로 도입하였으며 (…) 2007년 2월에 개정된 교육과정의 경우는 중학교는 문화권, 고등학교는 지역세계라는 개념을 활용해 세계사를 구성하고 있다. (…) 일본인의 관점에서 만들어진 세계사 인식을 엄밀한 검토 없이 무비판적으로 수용하고 있는 어이없는 실정을 비판하지 않을 수 없다.[15]

새로운 세계사의 또 다른 키워드는 서구중심주의의 극복과 그 방법으로서의 지구화, 지구사였다. '지역세계'라는 개념이 '상호관련성'을 강조하는 새로운 세계사의 주요 구성요소로 등장한 즈음 우리 학계에서 서구중심주의에 대한 비판이 더욱 활발해지고 그것을 극복하기 위한 하나의 방법으로서 '지구사'(글로벌 히스토리)의 이론과 개념이 도입되고 연구성과도 소개되었다. 국내의 연구자 가운데 일부도 지구사가 우리나라 세계사 교과서 서술을 개선하는 방향이 되어야 한다고 역설했다.[16] '달에서 보는 관점'이 거론되기도 했다. 최근에도 '역사들의 전 지구적 전환'이 세계사 교육의 지향점과 맞물려 논의되고 있다.[17] 교육과정과 교과서에서도 지구사에서 강조하는 상호교류와 상호의존성이 구성의 원리로 채용되었다. 사실 지역세계의 개념이 지구사와 어떻게 조응하는가 하는 것도 단순한 문제가 아니다. 지역세계를 세계사 전개의 주요 개념으로 삼을 때 지역 내(intra-region)와 지역

간(inter-region)의 두 양상을 모두 다룬다는 함의가 있는 것이고, 이 두 양상을 시기별 변화까지 살펴가며 교과서 서술로 구체화하는 것은 간단한 작업이 아니다. 과연 우리 중등학교 세계사는 이러한 '지구사'를 도입하여 어떠한 변화를 추구했던 것인가?

서구중심주의를 극복 또는 해체해야 한다는 주장의 요점은 서구 우세의 기점을 지연시키는 것, 유럽의 근대가 보편성의 경로가 아니라는 것, 지역세계의 다양한 교류와 상호작용이 그 이전부터 활성화되어 있었다는 것, 지역을 '반구(Hemisphere)'로 확대할 수 있다는 것, 이러한 상호성을 '문화적 접촉' 또는 교류의 개념으로 포착하는 것이라고 할 수 있다. 지구사는 이러한 시도를 촉진하는 강력한 발견법적 개념으로 등장했다. 우리 학계에서 서구중심주의가 큰 이슈로 제기되면서 그 연원과 개념 그리고 쟁점에 관해서는 비교적 활발한 논의가 진행된 바 있다. 다만 그것을 어떻게 극복하는가에 관해서는 아직 방법도 작업의 순위도 논란거리로 남아 있다. 특히 세계사 교육에 관해 서구중심주의를 어떻게 극복, 해체해야 하는가는 이러한 학계의 연구성과에 따라 진행되는 2차 작업으로서의 성격을 갖기 때문에 학계의 연구가 진척되는 상황과 이를 학생들에게 가르치는 교과서에 적용할 때 어떠한 점을 감안해야 하는지에 대한 연구가 반드시 필요했다고 할 수 있다. 그러나 2007 개정에서는 '지역세계'라는 개념을 교과서에 도입하는 것과 동시에 교류와 상호작용의 관점에서 몇 가지 주제와 내용을 과감하게 포함했으며 몇몇 주제는 그 논리적 근거를 명확하게 설명하지 않은 채 배제하기도 했다.

2007 개정의 경우 세계적 교역망 형성의 도입이 전자의 예라면 신

항로 개척, 르네상스와 종교개혁의 배제는 후자에 해당한다. 2011 개정에서는 '근대'라는 용어 자체를 단원명에서 삭제하기도 했다. 하지만 르네상스를 내용요소에서 생략하는 것과 르네상스는 근대의 기점이 아니라 서양 중세의 말기적 현상, 혹은 근대로의 과도기적 현상으로 보아야 한다고 가르치는 것은 다른 문제이다. 바꿔 말해 르네상스를 서양 근대의 기점으로 삼는 것은 서구중심적 역사인식이므로 교육과정 내용 구성요소에서 배제해야 한다는 논리는 성립하지 않는다. 또한 후술하듯이 교육과정(문서 또는 성취기준)에서 제외했다고 해도 실제 교과서 서술에서 르네상스가 사라지는 것도 아니다. 르네상스를 서구의 근대를 특징짓는 사건으로 이해해서는 안 된다는 의도를 단순히 성취기준에서 해당 용어를 노출하지 않는 것으로 관철하려고 하는 것은 적절하지도 적극적이지도 않다. 송요후가 지적했듯이 내용 없이 방향으로만 세계사를 서술할 수는 없으며 서구중심주의를 극복한다고 하여 연구성과 이외의 방식으로 서구를 무시할 수는 없다.[18] 마찬가지로 전통적인 고대, 중세, 근대의 시대구분 방식을 폐기하거나, 근대와 얽혀 있는 '서구'를 해체하려는 많은 시도에도 불구하고 '탑처럼 솟아 있는 유럽의 근세 및 근대 이야기의 윤곽을 무시'하거나, '역사발전의 독특하고 중요한 경로를 상정하는 서구'를 세계사 서술의 기본 개념에서 배제한다고 해서 이에 대한 대안으로서의 지구사적 서술이 마련된 것은 아니다.[19]

지구적 관점에서의 상호관련성을 우리 세계사 교육에 도입하는 것에 대해서는 아직 검토해야 할 점이 많이 남아 있다. 연구 단계에서 이루어지는 새로운 시도와 그것을 교육 현장에 접목하는 것은 동시에 진행될 수 있는 성질의 것이 아니기 때문이다. 그러나 이와는 다른 관점에서 지구사의 연구성과를 교육과정에 도입하는 작업을 적극적으로 추진해왔던 강선주는 간지역적 접근이 고등학교 세계사의 내용을 구성하는 데 유용한 틀이 될 수 있다고 주장한다. 상호관련성을 중심 원리로 세계사의 주제를 선정하고 내용을 구성하면 서구중심적 시각을 축소하는 데 도움을 주고, 모든 지역의 대부분의 사건을 다루어야 하는 망라적 접근의 부담에서 벗어날 수 있을 뿐 아니라 지역을 달리해 일어난 사건의 관련성과 인과성을 이해하여 변화의 큰 흐름을 파악할 수 있고 인류 전체가 겪었던 공통적인 경험을 중심으로 인류사의 전개를 포착할 수 있다는 것이다.[20]

한편 강선주는 간지역적 접근에서 외부적 요인을 강조함에 따라 지역이나 국가의 내재적 발전에 대한 이해가 소홀해지는 것에 대해서 "간지역적 접근이 비교사적 접근이나 문화권적 접근에 의해 보완되는 방식으로 채택될 때, 지역적인 관점과 인류 전체의 관점이 균형을 이루는 시각에서 세계사의 내용이 구성될 수 있다"[21]라고 부언하고 있다. 이 제언의 타당성과 설득력을 그대로 수용한다고 해도, 여기서 말하는 '보완'과 '균형'을 교과서에 구현해내는 것은 간단한 작업이 아니다. 그가 다른 글에서 '고등학교 심화선택과목 또는 대학의 교양 역사강좌'로 적합하다고 제안하는 '문화적 접촉과 교류의 역사'가 이러한 작업의 실마리가 될 수 있는 것인지 아니면 이 둘은 수준을 달리하여 설정되는 과목으로 별 관련이 없는 것인지는 확실하지 않다. 다만 "접촉과 교류의 역사가 '잘 구성되어 잘 실행되면' 과거는 물론 현재의 세계를 분석하는 준거로서 집단 간, 지역 간 상호작용의 역사적 역할과 상호작용의 큰 양상에 대해 이해할 수 있는 기회를 제공할 것이다"[22]라는 언급이 두 과목에 모두 해당한다고 가정할 때 '잘 구성되어 잘 실행되면'이라는 조건을 달성하기란 여전히 만만하지 않다.

지구사와 관련하여 이러한 구체성과 실천성만 문제가 되는 것은 아니다. 국내에 소개된 지구사 이론이 대부분 지구사적 접근의 필요성과 당위, 그리고 지구사적 관점에 따른 새로운 획기와 지역 간의 교류 양상을 강조하고 있지만, 지구사가 실제 역사학의 범주에 포함될 수 있는가에 대해 의문의 시각도 있다. 파멜라 카일 크로슬리(Pamela Kyle Crossley)는 "독창적 지식을 생산하기 위한 기초 훈련과 책무라는 측면에서 볼 때 역사가와 지구사가 사이에는 공통점이 거의 없다. 지구적 맥락에서는 증거가 산출되지 않기 때문에, 지구사를 연구하기 위해서는 가야 할 곳이나 사용해야 할 방법이 없다. (…) 즉 지구사는 역사의 분야 중 연구사 또는 역사서술에 대한 연구와 매우 비슷하다. 지구사는 하나의 학문이라기보다는 사고 방법이자 서술 방법"[23]이라고 말한다. 또한 제리 벤틀리(Jerry Bentley)가 제시한 간문화적 접촉[24]과 만남의 경험이 진정 지구사적인가 하는 문제에 관해, '문화'와 그 정의는 '근대' 또는 '문명', '발전'이라는 개념들과 마찬가지로 객관적이지 않다고 지적하면서 '만약 문화를 정의할 수 없다면, 특정 시기에 한 문화가 다른 문화와 만나게 되는 것을 어떻게 알 수 있는가?'라고 묻고 있다. 크로슬리는 다른 형식의 역사에서와 마찬가지로 지구사가는 "실제의 '사건'에 대해 연구하는 작업에서 그 사건의 요소들을 재구성하는 작업으로 돌아가는 문제에 대해 고민"해야 한다고 주장한다. 현재 지구사가는 통찰력과 창의력으로 보편적 과거를 이해하기 위해 서로 뒤엉킨 다양한 정보를 의미 있는 서사로 구성하고 정리하는, 끝이 보이지 않는 모험의 과정에 있다는 것이다.[25]

로스 던(Ross E. Dunn)은 세계사 교육 논의의 두 무대(arena)를 소개하면서 미국 세계사 교육의 쟁점과 과제를 진단하고 있다.[26] 그에 따르면 무대 A에는 전체로서의 지구, 변화하는 물리적 자연적 환경 속에 인류의 역사를 지향하는 연구자들이 있다. 이들은 인간사회의 상호작용의 역사 그리고 문명을 가로지르고 뛰어넘는 변화의 유형과 세계를 배경으로 하는 사회 연구에 관심을 집중한다. 새로운 세계사를 옹호하는 이 그룹에는 윌리엄 맥닐(William H. McNeil), 마셜 호지슨(Marshall G. Hodgson), 제리 벤틀리 같은 학자들이 포진하고 있다. 무대 B에서는 교육자와 정책입안자들이 사회과 교육과정과 역사교육과정 표준을 둘러싼 정치적 논쟁을 주로 펼치고 있다. 미국의 성취를 강조하기 위해 서구의 우세와 그것의 전파를 중시하자는 서구 유산 우월주의자와 문화적 다양성을 옹호하고 배타적인 국가주의를 비판하는 다문화주의자가 격렬하게 대립하고 있다. 무대 B에 있는 이 두 그룹은 무대 A에서 벌어지는 논쟁과 논의 성과에 별 관심을 두지 않고 서로를 비난하는 데 관심을 쏟고 있다. 던은 무엇보다도 두 무대 사이의 소통이 원활하지 않은 것이 문제라고 지적한다.[27]

우리나라에서 세계사 교육에 관한 논쟁도 던이 진단한 무대 B와 유사한 측면이 있다. 단 우리나라의 논자들 대부분이 서구의 우세와 그것의 전파를 우선하자고 주장하는 것은 아니다. 한국의 연구자들은 서구중심주의를 극복하기는 해야 하지만 이는 우리 학계의 연구성과와 그 축적이 전제되어야 가능하며 명분으로만 서구중심주의를 극복하는 것은 또 다른 서구중심주의로 이어질 수 있다고 지적한다.[28] 또한 무대 B와 같이 서구중심주의 자체에 대한 찬반의 논쟁이 아니라 서구중심주의를 극복하는 방법에 대한 논쟁이 교육과정 개정을 둘러싸고 벌어지고 있다고 해야 할 것이다. 더구나 우리의 경우 던이 말한 무대 A의 논의 진행 상황을 소개하고 요약하는 연구자들은 있지만, 전체로서의 세계사, 인류의 세계사를 본격적으로 연구하는 전공자는 드물다. 우리의 경우는 두 무대 사이의 소통이 원활하지 않은 것이 아니라, 미국의 무대 A와 B에서 논의가 충분히 진행되어 합의나 결론을 도출해내기도 전에 우리의 교육과정 논의에 이입/반영되었고 최근 이런 상황에 대한 논쟁이 뒤따르고 있는 상황이라고 할 수 있다. 그렇다고 우리의 사정이 미국보다 낫다고 할 수는 없다. 무대 A의 연구주제와 내용을 우리의 문제의식으로 주체화, 토착화하지 않은 채로 우리의 A가 아닌 미국 혹은 유럽의 A를 우리의 B에서 논의하고 있는 부조화의 상태에 있기 때문이다.

3. 세계사 교과서 서술의 변화[29]

2007년에 세계사교육과정을 개정한 이후 서구의 근대 시기에 해당하는 교과서 서술에서 가장 관심을 끄는 부분은 근대의 기점과 근대성의 의미, 세계적 교역망의 형성과 발전 그리고 비서구 지역에 관한 서술의 관점과 분량이라 할 수 있다. 이런 의미에서 2009 교육과정에서 르네상스와 종교개혁을 내용요소에서 제외한 것은 과감한 조치였다. 이전까지 두 사건은 신항로의 개척과 함께 서구의 근대 그리고 진정한 의미의 세계사가 성립되는 계기로 당연시되었다. 그런데 새로운 세계사는 르네상스를 근대의 기점으로 보는 해석을 부인했다. 하지만 교육과정의 이러한 변화에도 불구하고 2009 개정 시기 교과서는 르네상스에 관한 서술을 포함하고 있다. 이 시기의 세계사 교과서는 르네상스를 근대 단원이 아닌 근대 이전 시기 단원에 배치하고 있는데, 서술의 관점은 출판사별로 차이가 있다. 르네상스를 중세 후기 또는 근대 이행기의 현상으로 서술한 교과서가 있는가 하면, 여전히 '근대 의식의 각성'이라는 소단원으로 르네상스를 근대의 기점으로 유지한 교과서도 있다. 이것은 2009 개정의 의도가 부분적으로 반영된 결과로 볼 수도 있다. 근대의 기점을 르네상스가 아니라 과학혁명과 계몽사상으로 대치한 교과서도 있기 때문이다. 2011 개정에서 르네상스는 성취기준에 다시 포함되었지만 더는 근대의 기점이나 근대 의식과 연관되어 서술되지는 않는다. 그러나 위에서 언급한 것과 같이 르네상스를 교육과정의 내용요소에서 제외하는 것이 적절한 방안이었는가에 대해서는 의문의 여지가 많다. 르네상스에 대한 해석과는 별도로 교과서가 계속 르네상스에 관한 서술을 포함시킨 것도 이에 대한 반증이라 할 수 있다. 르네상스가 반드시 근대의 기점이 아니라고 해도 르네상스에 대한 서술을 생략하고서는 이후의 유럽사를 설명하기 곤란했던 것이다. 또한 근대의 기점이 과학혁명과 계몽사상으로 대체되었다고 해서 근대에 관한 서구중심주의적 해석이 극복되었다고 보기도 어렵다.

신항로 개척도 그 용어에서부터 역사적 의미에 대한 해석에 이르기까지 많은 변화가 있었던 주제이다. 유럽의 팽창 혹은 세계사 형성의 계기적 사건으로 인정되던 신항로 개척의 의의는 세계적 교역망의 형성이라는 범주에서 재해석되었다. 2009 개정 교육과정에서 유럽은 하나의 지역세계로서 자리하며, 신항로 개척 이전에 이미 형성되어 발전하던 유라시아 교역망이 중요하게 다뤄진다. 신항로 개척으로 인해 대서양 교역이 활발해지면서 결과적으로 아메리카, 아프리카, 유럽 그리고 아시아의 교역이 상호 연결되어 하나의 교역망으로 통합된 것으로 파악된다. 이전에는 분리 서술되었던 동·서양의 역사를 하나의 주제 아래 다뤄 동시대 각 지역의 역사 전개를 동등한 위치에서 조망함으로써 서양의 예외적 발전이라는 측면도 축소했다. 또한 새로운 해상 세력의 등장과 새로운 교역망 형성에 따른 유럽의 사회경제적 변화, 그들이 침탈했던 라틴아메리카의 저항과 피해를 비교적 균형 있게 언급하고 있는 점도 주목할 만하다. 하지만 세계적 교역망의 형성이 소단원으로 편성되어 주로 교역에 치중하면서 각 지역 내부의 발전에서 함께 서술되었던 대외교류와 경제사 부분이 별도로 분리된 모습도 발견된다. 또한 '교역'에 관한 서술은 주로 물품의 종류와 이동 경로에 관한 것이 대부분이다.

새로운 교육과정에서 신항로 개척의 의미를 축소한 것이 세계 경제의 판도에서 서구의 우세가 드러나는 시기가 15~16세기가 아닌 비교적 최근의 시기라는 점을 지적하려는 의도에서 비롯된 것이라면 문제가 더욱 심각하다. 프랑크(A. Frank)를 위시한 소위 캘리포니아학파의 주장에 따르면, 세계적 교역망에 뒤늦게 참여한 유럽이 중국을 앞지르는 시점은 중국이 유지하던 은 유입의 대외무역 구조가 처음으로 순유출로 역전되는 시기인 1820년대이다. 하지만 2009, 2011 교과서에서 세계적 교역망의 형성 혹은 통합을 다루는 단원에서는 그 시기를 15세기 전후로 설정하고 있어 세계적 교역망 형성(혹은 통합) 과정의 기간과 의미에 대해 혼란을 초래하고 있다. 또한 형성과 통합을 이어지는 과정으로 서술하여 초기 세계적 교역망의 형성에서 열세에 있던 유럽이 아메리카에서 약탈한 은을 수단으로 무역을 주도하면서 통합의 주체로 다시 회귀하고 이런 내용은 유럽의 근대 단원과 연계되어 결국 유럽의 근대적 발전을 뒷받침하는 논리로 작용하고 있다. 더구나 이 부분에 대한 교과서 서술이 대부분 2~3쪽 내외로 한정되어 있어서 기존의 여러 교역망에 대서양 교역망이 합쳐지는 과정과 의미, 배경 등을 이해하는 것은 학생은 물론 교사에게도 힘겨운 작업으로 보인다.

대부분의 교과서는 유럽에서 국왕 중심의 집권적 국가를 건설하기 위한 노력이 해외 팽창과 함께 진행된 16~18세기까지의 시기를 절대주의 시대 혹은 절대왕정 시대로 서술하고 있다. 절대주의를 근대 국가의 기원으로 설정하여 유럽에서 봉건 질서가 해체되고 시민혁명을 통해 근대국민국가로 발전한다는 중간 단계로 파악하고 있는 것이다. 교육과정의 변화에도 불구하고 중세의 봉건적 질서에서 과도기적 성격의 절대주의 시대를 거쳐 이중 혁명을 통해 국민국가로 발전하는 유럽 근대국가의 형성 과정은 대부분의 교과서에서 큰 변화 없이 유지되고 있다. 2009 교육과정에서는 '절대주의'가 내용요소뿐 아니라 내용 서술 기준에도 명시되지 않았음을 고려하면 이러한 서술 기조는 매우 견고하다고 평가할 수 있다. 다만 신항로 개척의 결과 중 하나인 상업혁명과 이를 바탕으로 한 절대주의의 중상주의 정책을 연결하고 이것을 유라시아 교역망과 대서양 교역망이 통합되는 계기로 파악하게 하려는 시도는 이전과 다르다.

한편 절대주의는 서유럽은 물론 동유럽 내에서도 각기 다른 모습을 띠고 있으나 교과서는 이를 서유럽의 전형성과 동유럽의 후진성으로 정형화하고 있다. 또한 동유럽 내에서도 프로이센의 상대적 선진성과 러시아의 후진성이 대조되어 서술되는 경우가 많다. 이것은 일종의 목적론적 서술로서 서구의 시장경제, 자본주의, 의회민주주의의 성립이 역사발전의 정해진 도달점인 것으로 상정하고 그렇지 않은 사례로서 동유럽의 역사, 그중에서도 러시아 지역의 역사를 실패와 좌절의 역사 또는 결핍과 정체의 역사로 설명하고 있는 셈이다.

서구 근대사회의 성립과 근대성의 가장 핵심적인 사건인 시민혁명은 세계사 교육에서 매우 중요하게 다루어지는 주제이다. 그러나 정작 교과서의 내용에 관해서는 심도 있는 검토를 바탕으로 한 새로운 서술 방안이 제시되지 않았다. 우리 서양사학계의 혁명사 연구가 상당히 진척되었음에도 불구하고 교과서는 관련 논의와 연구성과를 제대로 반영하지 못하고 있다. 무엇보다도 '시민'과 '시민혁명'이라는 개념에 관한 설명이 모호하거나 생략되어 있다. 교육과정에서는 시민혁명으로 근대 시민 사회가 본격적으로 형성되었다거나(7차) 혹은 시민혁명과 국민국가 형성 과정을 파악한다(2011 교육과정)고 언급하고 있는 정도이다. 6차 교육과정 이후 영국혁명, 미국 독립혁명, 프랑스혁명을 시민혁명이라는 범주에서 함께 취급하는 점도 변함이 없다. 2009 교육과정에서는 시민혁명의 지역적 범주를 유럽뿐만이 아니라

"남북아메리카"로 규정하여 "유럽, 남북아메리카의 시민혁명과 국민 국가 형성 과정을 비교한다"라고 했지만, 라틴아메리카의 혁명은 시 민혁명의 영향을 받아 발생한 '민족주의의 발흥'이라는 주제에서 다 루어지고 있어서 어떤 내용이 비교되고 있는 것인지 확실하지 않다. 결국 시민혁명에 관해서는 7차 교육과정기 이래 문서상으로는 그 중 요성이 감소하는 것처럼 보이지만, 이를 통해서 '새로운 국민국가와 시민계급이 유럽 사회에 출현하게 되었고 시민계급이 산업화의 결실 을 향유하면서 19세기 유럽 시민 사회의 발전에 중추적인 역할을 담 당하였다'라는 해석과 서술 기조는 고수되고 있다.

교과서에 따라 영국혁명의 내전적인 성격을 제시하거나 아예 '시 민'이라는 표현을 배제하여 혁명 전야의 모습을 서술한 경우도 있다. 소외되었던 여성과 소수민족에 대한 언급이 교과서별로 나타나기도 한다. 그러나 이는 저자의 관심이나 전공에 따른 해당 교과서의 개별 적인 특징으로 보인다. 교과서의 시민혁명에 관한 보수적인 서술 기 조는 수정주의의 비판에도 불구하고 국내 학계에서 전통적인 부르주 아 혁명론의 위상이 유지되고 있다는 것과 관련이 있다. 대부분의 교 과서는 해방 후 민석홍을 비롯한 서양사 연구의 개척자들이 산업혁명 과 함께 시민혁명을 서유럽의 근대화 과정의 결정적 계기로 해석한 것을 수용하고 있다.

2009, 2011 교육과정은 모두 기존의 산업혁명 서술이 서구중심주 의적이며, 특히 영국을 우선시한다는 비판을 의식하여 새로운 변화 를 시도하고 있다. 2009 교육과정에서 '자본주의'와 '산업혁명'이라 는 용어를 제외한 것은 이러한 시도의 선언이라고도 할 수 있다. 이전

교육과정에서 신항로 개척과 자본주의의 발달, 산업혁명을 유기적으로 연결하는 시각에서 벗어나 '산업화'라는 거대한 역사적 분기에 수반되는 사회적·경제적 변화를 포착하는 데 더 큰 비중을 두고 있다. 실제로 산업혁명으로 인해 나타난 사회 문제와 이것을 해결하기 위한 노력에 관한 서술이 증가했다. 그리고 유럽 전반의 경제적 발전과 산업혁명의 발생이 연속적이고 누적적인 발전에 따른 필연적 결과라는 인식을 축소하고 산업혁명을 영국 위주로 보는 관점과 서술을 희석한 것도 같은 맥락이라고 할 수 있다. 2009, 2011 교과서에서 부분적으로 영국에서 산업혁명이 발생한 외부적 요인을 언급하거나 산업화가 영국을 포함한 유럽 여러 지역에서 점진적으로 진행되었음을 알리려는 시도가 있었으나, 전반적으로는 산업혁명에 대한 전통적인 서술 방식을 고수하고 있다. 여전히 영국의 내재적 발전에 근거한 영국 중심의 산업혁명을 부각하고 있는데, 이는 '서양사개론'[30]의 서술과 유사한 것으로 교육과정의 변화와 별 상관없이 유지되고 있다.

2009 교육과정에서 눈에 띄는 변화는 비유럽 지역에 대한 관심이 증가했다는 점이다. 실제 교과서 서술을 살펴보면 2011 교과서까지 아메리카와 아프리카 부분에서 서술하는 시기와 지역 범위 면에서는 큰 변화가 없었으나 이 지역에서 명멸했던 왕국과 이들 왕국에 대한 서술 분량은 점진적으로 증가했다. 특히 근대적 개혁 및 독립을 위한 노력과 관련된 분량이 크게 늘었다. 그리고 2011 개정 교과서부터 아메리카, 아프리카, 오세아니아의 고대 부분이 대단원 내에 독립된 중단원으로 분리되어 이전보다 비중 있게 다루어졌다. 그러나 이러한 서술 분량의 증가가 유럽중심주의를 극복하는 방안이 될 수 있을지는

의문이다. 2009, 2011 개정 교과서에서 아메리카와 아프리카의 역사를 서술하는 공통적인 흐름이 있는데 그것은 초기 문명의 발생에서부터 시작하여 교류의 시작, 침탈, 독립 그리고 또 다른 침탈로 이어진다. 교육과정과 교과서별로 강조점과 서술 분량의 차이는 있지만 이러한 서술의 흐름에는 큰 변화가 없이 유럽 혹은 강대국의 역사와의 관련성이라는 틀에서 서술되고 있다. 이러한 서술 기조에서 탈피하여 우리의 세계사에서 이 지역의 역사를 그 자체로 존중하여 서술하는 방식이 무엇인지에 관한 궁리가 필요한 부분이다.

이상에서 살펴본 바와 같이 주제별로 교과서 서술을 분석해보았을 때 2009, 2011 세계사 교과서가 새로운 교육과정 개정으로 그 내용 구성 면에서 변화를 보인 것은 분명하다. 특히 서구의 근대에 관해서는 그 기점을 과학혁명으로 하여 17세기로 한 것이라든가 2011 개정에서는 단원명에서 근대라는 용어를 제외하여 서구의 근대가 보편적 역사발전의 경로임을 부인한 것도 서구중심주의를 극복하려는 시도로서 주목할 만하다. 하지만 이러한 가시적 성과와는 별개로 또 다른 문제점들도 나타나고 있다. 우선 르네상스와 종교개혁을 배제하고 신항로 개척의 의미를 축소한 결과로 교과서는 과학혁명을 근대의 시작으로 보는 방법을 선택했지만 이를 뒷받침할 수 있는 학설적 근거가 명백한 것은 아니고 그 의미와 영향에 관해서는 많은 논쟁이 있다.

그리고 '근대'라는 용어를 배제하는 것의 의미가 근대가 서구적인 것, 자본주의적인 것이라는 의미를 해체하겠다는 것인지 아니면 다양한 근대성이 있을 수 있다는 것인지 분명하지 않다. 만약 근대라는 말이 서구 역사의 한 단계를 가리키는 것, 즉 특정한 시대 유럽의 현상을 한정적인 용법으로 표현하는 단어가 아니라 보편적인 역사발전의 단계로서 유럽은 이 단어가 포섭하는 지역의 하나라고 보는 것이 새로운 단원명의 취지라면 근대 유럽, 근대 아시아, 근대 이슬람과 같이 다양한 '근대들'을 역사적 개념과 현상으로 설명해야 하는 과제를 남겨둔 것이다.

세계사 교과서에서 서구의 근대에 등장하는 여러 세력의 부침을 '공정'하게 서술해야 한다는 것은 누구나 당연하게 받아들이는 전제이다. 그리고 새로운 세계사가 내건 서구중심주의의 극복이나 상호교류에 대한 관심도 이러한 공정한 서술을 위한 노력의 하나라고 할 수 있다. 신항로 개척과 식민지 개발에 관해 이전에 영웅적인 모험담 대신에 잔인하기 짝이 없는 침략과 착취도 자행되었다는 사실을 교과서 서술에 포함하는 것은 이러한 의미의 공정함에 기여한다고 할 수 있다. 그러나 이렇게 서구의 근대화 과정에서 폭력과 억압의 희생을 치렀던 비유럽 지역의 대부분은 여전히 세계사의 변방에 머물러 있다. 더구나 비서구 세력들이 많은 곤경을 겪었음을 밝히는 것만으로 그들의 역사가 정당화되지도 보상되지도 않는다. 즉 서구의 역사와 대등한 위치에서 평가받게 된 것은 아니다. 예를 들어 신항로 개척 이후 서구 세력에 침탈당했던 대부분의 비서구 지역이 이들에 의해 손쉽게 유린당할 수밖에 없을 정도로 역사발전이 뒤떨어졌다는 시각은 설득력이 있을까? 지역 간의 상호교류를 강조하며 서구중심주의를 극복하겠다고 하는 서술은 남아메리카의 은이 유럽으로 유출된 것과 아프리카인들이 노예로 남아메리카에 가게 된 것이 교류의 확대에 의한 세계사의 발전이라고 보는 것인가? 아니면 이것을 '문화 복합 과정'

의 현상, 혹은 '다층적이고 복합적인 세계화 과정'의 일부로 해석하려는 것인가? 이러한 서술 속에서 남아메리카와 아프리카 역사의 주체들이 나름대로 그들이 처한 환경에 적응하면서 의미 있는 역사발전을 이룩해온 과정을 학생들에게 이해시킬 수 있을까? 지금 우리가 가르치고 있는 세계사 교과서는 과연 어떠한 시각과 지향을 보여주고 있는 것일까?

2009, 2011 교육과정 개정에 의한 교과서 서술의 변화가 새로운 세계사가 추구하는 궁극적인 지향(서구중심주의의 극복)을 공유한 결과인지, 아니면 교과서 집필에 참여한 저자가 자신의 전공과 관련된 국내외 학계의 성과를 반영하고 이전 세계사 교과서 서술의 문제점을 보완한 것에 따른 결과인지를 말하기는 어렵다. 물론 이 두 가지 요인이 함께 작용했을 가능성이 있다. 하지만 결과적으로 보면 교육과정의 개정에도 불구하고 교과서 서술의 전반적인 구성과 흐름은 그대로 유지되고 있다. 르네상스, 종교개혁, 신항로 개척, 절대왕정과 같은 주제를 제외하고 산업혁명 대신 산업화로 용어를 바꾸어도 교과서는 여전히 이전과 유사한 개념과 내용으로 이러한 사건과 현상을 서술하고 있다. 비유하자면 문패는 바뀌었지만 실제 사는 사람과 살림살이는 별로 바뀐 것이 없는 그런 상황인 것이다.

관련 연구 분야에서 새로운 성과가 나오고, 이것을 반영하고 참고해야 교과서의 서술을 실질적으로 바꿀 수 있는 것은 당연하다. 교육과정의 개정을 통해 세계사에 관한 새로운 연구 경향과 관점을 교과서 서술에 반영하도록 유인 혹은 강제하더라도, 대단원 또는 중단원의 편제나 명칭의 변화, 혹은 (상호교류의 강화, 비서구 지역에 대한 내용 확충의 경우) 그동안 교과서에 실리지 못했던 사실의 발굴 이상의 효과를 기대하기 어려울 수도 있다. 교육과정이 바뀌어 유럽 역사의 중요 사건과 개념을 새롭게 조망하라는 요구에도 불구하고 서술의 기본 구성과 줄거리가 크게 달라지지 않은 이유 중의 하나는 이것을 대체할 만한 관점과 방향을 준비하지 못한 채로 교과서 체제와 가장 유사성이 많은 개론서의 관련 내용을 계속해서 참고하고 있기 때문이다.

특히 민석홍(1925~2001)의 《서양사개론》은 세계사 교과서 서술에 활용하기 적당한 구성과 체제, 서술 전개를 담고 있다. 민석홍 교수는 《서양사개론》 1판(1984)[31] 출간 이후 많은 고등학교에서 채택한 5차, 6차 교육과정 교학사 고등학교 세계사 교과서(1990/1996)[32]의 저자로 참여한 바 있으며, 이러한 경험이 《서양사개론》 2판(1997)[33]에도 반영되었을 가능성이 크다. 이 책은 또한 현재까지 임용고사 대비 서양사 분야의 필독서로 인기를 얻고 있다. 상세한 내용이 추가되어 있긴 해도 목차와 장절 구성은 기본적으로 교과서의 서양사 내용 구성과 흡사하다. 특히 르네상스, 대항해 시대, 종교개혁을 근대문화의 태동으로 파악하고 절대왕정-시민혁명-산업혁명-자유주의의 발전 순서로 유럽 역사의 흐름을 설정한 것은 교과서 서술에서도 유사하게 활용되는 서술 구조이다. 결국 우리 학계의 연구성과가 산출되고 그것이 교과서 저술에 참고가 될 수 있을 정도로 전파되고 수용되지 않으면 관련 내용에 대한 서술 기조를 바꾸는 것은 교육과정 성취기준의 문구를 수정하는 작업만으로 한계를 가질 수밖에 없다.

현재의 검정제도 역시 교과서 서술의 변화 가능성을 방해하는 요인이다. 출판사로서는 검정에 합격하는 것이 궁극의 목표인데, 중요한 학습내용을 누락하거나 기존의 친숙한 내용을 아직 광범위하게 인정받지 못하는 새로운 해석으로 대체하는 것은 심사 과정에서 심각한 감점 요인이 될 수 있다. 학습 부담 경감을 이유로 단원을 축소하거나 통합할 경우 교과서 출판사와 저자들은 선택이나 배제의 기준이 모호한 내용요소들은 간략하게라도 서술하여 검정 심사에 대비하는 경우가 많다. 이렇게 되면 축약된 서술 분량 안에 내용요소를 과다하게 포함하게 되어 교과서 서술의 흐름을 파악할 수 있는 스토리라인을 갖출 수 없을 뿐 아니라, 중심 주제와 사건에 관한 일관적인 설명과 묘사도 어렵게 되어 사실상 추상적인 용어의 나열로 교과서를 채우게 된다. 출판사는 이전 교과서나 다른 교과서에 수록된 사항을 간단하게라도 포함하는 것이 그 채택률 면에서 안전하다고 판단한다. 이른바 출판사 간의 상호 참조로 인해 교과서 간 서술 내용의 유사성이 증가할수록 새로운 해석과 관점이 포함될 가능성은 축소된다.

4. 무엇을, 누구를 위한 세계사인가?

세계사를 학습해야 하는 취지를 크게 다문화, 타자에 대한 이해와 현실세계에 대한 인식과 판단의 필요성이라는 두 가지 방향에서 생각해 볼 수 있다. 그리고 이 두 가지는 서로 대립적이지도 배타적이지도 않다. 또한 세계사가 포함하는 내용과 주제가 다양하기 때문에 정해진 목표와 취지에 따라 학습의 의미를 고정하는 것은 적절하지 않을 수 있다. 단, 전체적인 방향에서는 세계사의 큰 줄기와 흐름에서 빚어진

1부 역사교육의 이론과 적용

오늘날의 상황과 문제점에 대한 인식에 우선순위를 두어야 한다. 그러기 위해서는 '21세기 세계의 변화를 담아내면서, 동시에 한국의 현실 인식이 반영될 수 있도록 세계사의 내용 선정 기준을 정하고, 선정된 내용을 구성하는 것'[34]이 필요하다. 즉 현대세계에 대한 이해, 무엇보다도 서구의 경제적 우세와 세계적인 패권은 언제부터 어떻게 시작되었는가, 그리고 이러한 현상은 계속 지속될 것인가라는 질문을 던질 수 있어야 한다. 지역 간의 상호교류와 문화적 접촉이 경제 성장에 따른 국력의 차이보다 더 중요하다고 할 수는 없다. 아무리 지구화, 세계화가 진행된다 하더라도 근대 세계 경제는 자본=네이션=스테이트라는 삼위일체의 시스템에 바탕을 둔 선진자본주의가 주도하고 있다.[35] 특히 우리나라가 강대국들의 각축 속에 민족과 국가의 자존을 모색했지만 일제의 강점을 겪고 냉전 초기에 민족상잔의 비극을 경험한 것, 이를 극복하고 민주주의의 발전과 경제 성장을 이룩한 원인과 배경을 제대로 이해하기 위해서는 19세기 이후 서구의 팽창에서 촉발된 전 세계적인 변화의 주요 흐름을 파악하는 것이 무엇보다도 중요하다. 이러한 이유로 세계사에서 근현대 부분에 대한 강조가 요구된다고 할 수 있다. 기점에 대한 논란이 있어도 근대 이후 서구의 우세를 부인하거나 부정할 수는 없다. 서구의 우세를 인정한다는 것이 서구를 숭상한다거나 유럽중심주의적 시각으로 치부될 수는 없다. 서구의 우세는 언제 어떻게 왜 시작되었는가의 문제를 세계사 학습의 주요 문제로 삼지 않고서는 학생들에게 현재 세계가 당면한 여러 문제, 즉 환경, 세계화, 빈부 격차, 인구 이동(이민) 등을 이해시킬 수 없다.

또한 서구중심주의를 극복하는 방법으로 서구=보편이라는 등식을 부인한다고 해서 보편이라는 개념 자체를 거부하거나 부정적으로 바라볼 필요도 없다. 인간이 추구해온 가치의 확장에서 보면 지역과 문화의 다양성만이 최고의 가치는 아니다. 수전 벅모스(Susan Buck-Morss)는 만인이 평등해지는 인류 보편사의 전개를 논구하던 헤겔(Hegel)이 아이티에서 벌어진 흑인 노예의 반란을 모를 리 없는데도 이를 언급하지 않았음을 지적하면서 '인류의 보편성은 뚜렷이 구별된 다수의 문화들을 공평하게 다룸으로써 사람들이 집단적인 문화 정체성을 매개로 하여 간접적으로 인류의 일부로 인식되도록 하기보다는, 문화적 파열 지점의 역사적 사건 속에서 출현한다'라고 말한다. '자신의 문화가 무리한 압력을 받아 붕괴될 지경에 이른 사람들이 문화적 한계를 뛰어넘는 인류의 가치를 표현하게 되는 것은 역사의 불연속성 속에서'라는 것이다.[36] 벅모스는 여기서 너무나 자주 거론되는 문화의 일방성, 혹은 사회, 계급, 경제 등 이전의 역사서술과 분석의 주요 범주를 모호하게 감싸버리는 지나친, 게다가 서구적인, 포괄성을 지적하고 있다.

그에 따르면 피부색이나 인종에 상관없이 모든 시민을 "흑인"으로 선포한 1804년의 아이티 헌법은 상징적으로 인종과 민족을 초월하여 자유와 시민권을 전혀 새로운 차원으로 확장했다. 이것은 민족 정체성 혹은 이에 따른 특수한 사건으로 치부될 예외적 현상이 아니다.[37] 이런 의미에서 생도맹그 노예들의 세계사적 공헌은 기존의 유럽 계몽주의 사상을 훌쩍 뛰어넘어 한발 더 나아간 것이다.

아이티는 빈곤 국가로서 세계 경제에 의존했던 초기의 경험에서,

1부 역사교육의 이론과 적용

서구의 종족학살 정책에 맞섰던 초기의 투쟁에서, 그리고 탈식민적 상황 속에서 사회적 엘리트들의 위계적 형성에서 실로 근대사의 전위에 서 있다. 아이티의 경험은 그것 또한 근대적 현상이었던 것이 아니라 최초의 근대적 현상이었다. 아이티의 국가 창건자들은 해방 노예들을 대농장 노동과 수출품 생산에 다시 투입하고자 민족주의적 단합의 담론을 이데올로기적으로 이용했으며, 이는 오늘날에도 시대에 뒤졌다고 하기 어려운 아주 근대적인 정치 전략이다.[38]

서구에서 벌어지고 진행되어온 것들이 보편이며 정상이라는 것을 부인하거나 반박하는 방법은 다양성, 즉 세계의 다른 곳에서도 발전, 근대화라고 부를 만한 것이 있었다는 식으로 주장하는 것이 아니라 오히려 다른 곳에서 벌어진 것들이 훨씬 더 강력하게 인류의 보편적 가치와 그에 따른 갈등을 현실로서 예고하고 있었다는 것, 그런데 이런 사건들이 침묵당하거나 서구 보편의 한 변종이나 부산물로 취급당하고 있다는 것을 지적하는 것이다. 보편성이란 누구에게만 배타적으로 전유되는 것이 아닌 인류 전체의 것이다.

세계사라는 개념을 위해 세계사 교과목이 있는 것은 아니다. 중요한 것은 학생들이 우리가 처한 현실을 세계적 맥락에서 역사적으로 보는 시각을 갖추는 것이다. '두 세계사'에서 무대 A에서의 '인류의 세계사'를 추구하고 이런 노력이 무대 B에서 더욱 활발하게 논의되어 세계사 교육에 반영되기를 바랐던 던은 16세기부터 20세기 사이에 벌어진 세계 경제와 군사력 중심의 이동을 우리가 살고 있는 현 세계를 이해하는 데 아주 결정적으로 중요한 주제라고 보았다.

무대 A의 연구자들이 근대 세계 경제의 탄생과 발달에 관해 문명별로 세계사를 서술하거나 유럽중심으로 역사를 서술했을 때 잘 보지 못했던, 보다 큰 역사적 흐름을 드러내주는 수업자료를 개발하는 데 공헌한 것처럼,[39] 우리나라에서 새로운 세계사를 지향한 학자들도 내용 구성의 원리나 방식만이 아니라 전 세계를 탐구의 영역으로 삼으면서도 우리의 시각과 문제의식이 담긴 '큰 질문(Big Question)'을 제시한다면 더 많은 호응을 얻을 수 있을 것이다. 이런 주제를 다루기에 지역별 통사의 방식을 택한 2015 세계사교육과정은 적절하지 않을 수 있다. 그렇다고 2009, 2011 교육과정과 교과서가 이 주제에 접근하는 데 크게 공헌했다고 평가하기도 어려울 것이다. 우리나라에서는 세계사 교육에 관심을 가지고 있는 학자들이 이러한 질문, 학습 자료와 방법을 개발하는 일에 더 분발해야 하는 상황이다. 교육과정 개정도 이를 촉진하기 위한 방안으로 신중하게 논의해야 할 것이다. 새로운 세계사는 이러한 과정을 거쳐 학생들이 배울 내용으로 구체화되어야 한다.

새로운 세계사가 지향하는 세계사 교육은 교육과정과 교과서만으로 이루어질 수 있는 것은 아니다. 세계사처럼 범위와 영역이 광범위하고 다양한 경우 교사가 관련된 모든 지식을 고정불변의 진리로 학생들에게 전달하는 것은 불가능하며 바람직하지도 않다. 왜냐하면 학생들이 세계사에 흥미를 갖고 인물과 사건과 개념을 탐구할 수 있도록 하는 것이 세계사 교육의 주요 목표이기 때문이다. 끝나지 않는 이야기로 세계의 역사가 연결되어 있다는 것을 알고 다양한 텍스트를 통해 이것을 확인할 수 있도록 안내한다는 면에서 보면 자국사와 세계사 학습은 조금은 차별화된 수업 방식을 필요로 한다.

흔히 역사가처럼 읽게 하는 학습을 고안하는 경우 해당 사건에 관한 다양한 사료를 준비하여 학생들에게 그것을 비판적으로 읽게 하는 경우가 많다. 그런데 이는 학습의 상황일 뿐 실제 학생들이 (그리고 이들이 성인이 되어) 현실에서 어떤 현상과 사건을 대할 경우 역사가와 같은 시각과 방법으로 관련 자료를 비판적으로 검토하기는 쉽지 않다. 그보다는 학생들에게 신문이나 뉴스의 보도를 그대로 믿을 수는 없으며 어떤 현상과 사건에는 역사적 맥락과 배경을 스스로 탐색하는 것이 필요하다는 점을 깨닫게 해야 한다. 역사학습은 바로 이러한 탐색을 위한 실행(practice)의 과정이다. 세계사 학습에서 중시해야 할 오늘날의 세계 현실에 대해서도 이러한 방향의 인식이 필요하다. 세계사 수업에서 교사는 오늘날 세계 곳곳에서 벌어지는 무수한 사건과 현상에 관해 어떻게 그 의미와 중요성을 판단할 수 있는가, 그리고 이에 대한 미디어의 보도와 정보를 어떻게 판별하여 독해할 수 있는가의 문제를 수업의 소재 또는 내용과 관련하여 제기할 필요가 있다.

현재의 사건과 이슈의 '근원과 경로(roots and routes)'를 생각해보게 하는 것[40]은 역사수업에서 배운 것을 학생들의 시민의식과 각성으로 전이시키는 작업이다. 이러한 작업이 성공적으로 이루어지기 위해서는 생각의 기회를 제공할 교사의 인식과 문제 제기가 어떻게 이루어지는가 하는 것이 관건이다. 교과서의 내용만으로 세계사 교육의 중요성을 한정지을 것이 아니라 학생들의 현실 인식에 역사지식을 활용할 수 있게끔 교사의 수업 구성을 돕는 방식으로 교과서를 구성하고 교과서 이외의 경로를 통해 교사들이 활용할 수 있는 자료를 제공하는 방안을 보다 활발하게 논의하고 모색해야 한다. 그리고 역사상의 사건을 일회성의 에피소드로 이해하는 것이 아니라 '개념적 주제(conceptual theme)'를 학습하여 현실에 대한 이해로 소환해야 한다. 노예제라는 개념을 활용하여 이민자의 담보노동(bonded labor),[41] 인신매매와 성노예, 임금노동 같은 현실의 문제를 생각하게 하는 것이 그 사례이다. 이런 학습이 필요한 이유는, 현실은 계속 변화하고 있고 새로운 사건은 끊임없이 발생하고 있기 때문이다.

학교에서 세계사를 가르치는 목적 중 하나는 현실 인식에 대한 배경과 맥락을 제공하는 것이다. 한 연구에 따르면 고등학생들은 뉴스에 보도된 사건을 이해하기 위해 일종의 배경 내러티브(background narrative)의 도움을 받아 과거와 현재를 대조하고 현재의 상황을 이해하기 위한 맥락을 마련한다. 그리고 학습경험에 따라 학생들은 상이한 배경 내러티브를 활용하여 동일한 사건에 대한 사실을 다르게 표현한다.[42] 이 연구가 시사하는 바와 같이 학생들에게 역사를 배우는 의미를 깨닫게 할 수 있는 적극적인 방법 중 하나는 현재의 사건을 이해하기 위해 자신들이 배운 역사를 활용하도록 격려하고 이를 통해 다시 역사에 흥미를 갖게 하는 것이다. 그런데 세계사를 이런 방식으로 배우지 않는다면 어떻게 학생들이 세계 곳곳에서 벌어지는 사건에 관해 활용할 수 있는 배경 내러티브를 불러낼 수 있겠는가?

혹자는 세계사 교육의 중심을 중학교 수준에 두어야 한다고 주장하기도 한다. 고등학교에서 세계사는 선택과목으로 소수의 문과 학생들만이 수강하는 데다 대학에 가지 않는 학생들을 고려한다면 의무교육의 최종 단계인 중학교가 사실상 세계사를 배울 수 있는 마지막 기회라는 것이다.[43] 더구나 고등학교 세계사 교육의 쟁점 중 하나가 수

1부 역사교육의 이론과 적용

능에서 선택률이 저조하다는 것인데 수능을 염두에 둔 교육과정과 교과서가 오히려 '역사교육을 황폐화'하고 있으므로[44] 중학교 세계사가 논의의 중심이 되어야 한다는 것이다. 그러나 이러한 생각은 세계사 교육이 황폐해진 현실을 수용하는 데 초점을 맞춘 것이고, 실제로 중학교 학생들이 세계사를 학습하는 데 어느 정도의 어려움을 겪고 있는지에 대한 고려는 없었던 것으로 보인다. 즉 세계사 교육을 공급자의 입장에서 공급하는 데에만 관심이 있고, 수요자가 이를 실질적으로 받아들일 수 있는지에 대해서는 도외시했다고 볼 수 있다. 세계사를 가르치는 목적을 오늘날 세계 현실에 대한 이해에 둔다고 할 때, 사회 현상에 대한 이해와 시공간 감각에서 보다 성숙하고 종합적인 파악이 가능한 고등학교 수준에 세계사 교육의 중점이 두어져야 한다. 따라서 고등학교 학생들이 세계사를 배우고 공부하게 하려면 현실적으로 수능에서 세계사를 더 많이 선택할 수 있는 조건과 계기를 마련할 필요가 있다.

강선주는 현재와의 관련성 속에서 세계사를 가르치기 위해 세계화/지구화를 내용 선정의 준거로 설정할 필요가 있다고 말한다. 그것은 '과거 세계화의 과정이나 결과를 분석하게 하는 것이고 과거의 그것이 현재와 어떻게 다른지, 무엇이 특별한지 등을 생각'하게 하는 것이다. 이어서 그는 학생들이 오늘날의 세계를 역사적 과정으로 보면서 새로운 세계로의 변화를 모색할 수 있도록 하고, 또 '그들의 정체성을 역사적으로 성찰해볼 수 있게 하기 위해서도, 세계화·지역화의 과정, 접촉과 상호작용이 복잡하게 만드는 정체성의 문제 등에 대해 탐구해볼 기회를 주어야 한다'라고 강조한다.[45] 이러한 정체성의 탐구는 다양한 수준과 방식으로 중학교뿐 아니라 고등학교에서 더욱 심도 있게 다루어져야 할 학습 주제라 하겠다. 다만 교육과정 논의에서 중학교 역사에 포함된 세계사 내용과 고등학교 세계사 그리고 동아시아사 간에 내용 구성과 범위에 관해 지금보다 더욱 긴밀한 협의가 필요하다. 이 과정에서 세계사의 내용을 중학교와 고등학교에 걸쳐 구성한다는 전제 아래, 중학교 수준에서 가르쳐야 할 세계사의 줄거리와 핵심 내용을 선별하는 작업이 진행되어야 한다. 특히 중학교에서 한국사와 세계사가 '역사'과목으로 통합된 2007년의 개정 이후, 세계사의 학습내용에 관한 중학교와 고등학교의 연계성과 배분은 매우 중요한 문제임에도 불구하고 아직 충분히 논의되지 않았다. 2015교육과정 개정에서도 이 문제는 개선되지 못했으며 이전의 과목 편제를 그대로 답습했다. 앞으로 더욱 논의를 확대할 필요가 있는 부분이다.

5. 맺음말

새로운 세계사를 추구하는 세계사 교육 전문가들은 좀처럼 개선되지 않는 교과서 서술의 한계를 교육과정 개정을 통해 돌파하는 것이 우리 세계사 교육의 문제점을 효율적으로 해결하는 방안이라고 여겼을 것이다. 이러한 발상과 시도를 존중하기 위해서라도 교육과정 개정이 실제 교과서 서술에 어떻게 작용하고 있는가를 검토할 필요가 있다. 대략적인 방향과 단원의 구성만을 제시한 교육과정만으로 학생들에게 세계사를 가르칠 수는 없고, 결국은 교과서가 개정의 취지를 어떻

1부 역사교육의 이론과 적용

게 반영하고 있는가를 살펴보아야만 그 공과를 평가할 수 있기 때문이다. 그러나 이에 덧붙여 이렇게 서술된 교과서의 내용이 교수학습 상황에서 어떻게 활용될 것인가 하는 점도 반드시 고려해야 한다. 교육과정 개정은 하나의 방편일 뿐이지 이것으로 세계사 교육의 현실을 당장에 그리고 전면적으로 개선할 수 있다고 기대하는 것은 무모하다. 우리의 연구 기반은 아직 빈약하고 그것을 적용해야 할 현실은 여전히 척박하다.

세계사 혹은 관련 분야의 연구와 현실의 세계사 교육 간에는 시차와 거리가 있을 수밖에 없다. 세계사 연구의 최신 동향과 쟁점을 세계사교육과정과 교과서 내용으로 수용하기 위해서는 반드시 거쳐야 할 여러 가지 과정과 요건이 있다는 뜻이다. 최신의 연구성과가 교과서 서술에 반영 또는 전달되는 과정에는 반드시 관련 내용이 학생에게 가르칠 내용으로 적절한가에 대한 공인의 과정이 있어야 하고, 교육과정의 개정, 교과서 서술과 검정은 그 절차의 일부이다. 특히 새로운 세계사와 같이 외국, 주로 서구 학자들의 연구가 주류를 이루고 있다면 관련 내용을 주체화하고 토착화하는 과정, 즉 우리 세계사 교육의 내용으로 전환하기 위한 학계와 관련 연구자의 수용 과정이 있어야 한다. 과연 새로운 세계사, 지구사라는 명칭과 개념으로 새롭게 소개된 주제와 내용에 대한 연구가 얼마나 우리 학계의 연구성과와 역사인식으로 수용되었는가, 그리고 이것을 우리의 세계사 수업 내용으로 전환하는 데 필요한 것은 무엇인가라는 질문이 제기되는 것은 당연하다. 이에 관한 최근의 논쟁은 이러한 상황을 진단하고 드러난 문제점을 검토하는 공론화의 과정이라 볼 수 있다.

이와 관련하여 세계사 교과서의 서술을 실질적으로 개선하기 위해서는 오히려 교육과정의 구속력을 축소하는 방안도 논의할 필요가 있다. 즉 교과서 저자와 출판사의 재량으로 교과서 서술의 방향과 방법을 선택하는 것이다. 이렇게 되면 교과서 집필에 참여하는 연구자나 교사는 미리 정해진 단원의 구성과 집필 지침에 구애받지 않고 세계사 교육의 새로운 경향과 연구성과를 그들이 적합하다고 생각하는 서술 방식으로 담아낼 수 있을 것이다. 예를 들어 새로운 세계사 이론을 추구하는 저자의 관점과 해석이 방해받지 않고 표명될 수도 있고, 또는 이와 다르게 연대기 서술이든 지역권 서술이든 세계사 상의 사건을 설명하기 쉬운 스토리라인으로 구성하는 교과서도 등장할 수 있을 것이다. 이렇게 방식과 구성이 다른 교과서들이 발행된다면 학계 전문가도 이 교과서들을 비교하여 평가할 수 있고 현장에서도 교사의 판단에 따라 적합한 교과서를 선택할 수 있을 것이다. 물론 이 경우 대학수학능력시험 문항 출제에 혼란이 있을 것이라는 비판이 나올 수 있다. 발행되는 세계사 교과서가 저마다 다른 방식으로 구성되고 서술되면, 문항 출제의 공통 근거를 찾는 데 어려움이 있을 수 있다. 하지만 현행 교육과정처럼 단원의 명칭과 순서, 구성의 방향을 모두 제시하는 것에서 벗어나, 예를 들면 고등학생 수준에서 필수적으로 알아야 할 내용요소를 추출하여 제시하고 검정 과정에서 교과서 서술에 이러한 내용요소가 반영되었는지를 체크하는 방법으로 이러한 문제를 해결할 수 있다. 이렇게 할 경우 교육과정에서 제시한 내용요소는 수능에서 학생들이 공부해야 할 세계사의 주요 사건과 개념을 안내하는 효과도 있을 것이다.

1부 역사교육의 이론과 적용

교육과정 개발에서 총론 위주의 개발 방식이 부르는 폐해에 대해 많은 비판이 있었다. 각과의 특수한 내용 영역 체계와 구성, 교수학습을 포함한 전달 방식을 고려하지 않아 발생하는 문제가 심각하기 때문이다. 이와 유사한 현상이 세계사교육과정과 교과서 서술의 관계에서도 나타나고 있다. 이 글에서 지적한 사항들은 바로 그러한 괴리에 관한 것이다. 따라서 교육과정 개정에서 각 교과의 특수성과 그것에 기반을 둔 내용 구성, 그리고 다른 교과와의 다양성과 조화가 존중되기를 바라는 것처럼, 세계사교육과정에 관해서도 교과서를 서술할 때 당면하게 되는 구성과 내용상의 중요 이슈를 저자의 관점과 해석에 따라 다양한 방식으로 접근할 수 있도록 상향식의 논의 구조를 마련할 필요가 있다.

　또한 새로운 세계사, 세계사교육과정에 관한 논의가 학계 외부로도 확산되었으면 한다. 주변에서 심심치 않게 실제 학교에서 세계사교육이 빈약하다는 말에 놀라며 오늘날과 같은 세계화의 시대에 필요한 것이야말로 세계사 교육이라고 말하는 사람을 만나게 된다. 이처럼 강력히 세계사 교육의 중요성을 강조하지는 않더라도 세계사를 학교에서 가르칠 필요가 없다고 말하는 사람은 많지 않을 것이다. 그들이 생각하는 세계사 교육의 필요성은 전 세계 곳곳에서 벌어지고 있는 사건과 소식에 대해 대강이라도 그 역사적 배경을 알고 있었으면 하는 바람, 혹은 해외여행을 하거나 외국인을 만나게 되었을 때 그들과 소통하면서 그 지역 혹은 나라가 어떻게 해서 현재 상황에 이르게 되었는가에 대한 관심 등에서 나올 것이다. 세계사 교육 당사자에게 일반 시민이 알고 싶어 하는 세계사는 무엇인가라는 질문은, 학생들에게 어떻게 하면 더 많은 세계사 교육의 기회를 제공할 수 있을까라는 질문과 근본적으로 다르지 않다. 이러한 관점에서 우리가 학생들에게 가르치고자 하는 세계사의 주제와 내용을 생각하는 것이 일반시민의 관심과 기대에 다가서는 것이고 세계사 교육의 외연을 확장하는 방안이다.

3장

'계열성' 논의의 쟁점과 변질

1. 머리말

계열성에 대한 논의가 진척되는 것 같지만 실은 늘 답보상태이다. 하지만 현실에서는 교육과정 개정 때마다 계열성 확보가 빠지지 않는 요구 조건이자 전제로 작용하고 있다. 새로운 교육과정에서도 학습내용 편성의 원칙이나 방향으로서 계열성의 위상은 여전히 견고하다. 이는 2015 개정 역사교육과정에서도 변함없이 나타나는 현상이다.[1] 학교급별로 내용을 차별화해야 한다는 주장은 계속되고 있으며, 이러한 내용 차별화를 여전히 역사과목의 '계열화'라고 부르고 있기도 하다.[2]

이것은 최근 국내외 역사교육의 연구동향에 비추어보아도 —적어도 이론적으로는 —이해하기 어려운 현상이다. 최근의 연구 추세에서 역사학습내용 선정의 준거가 되는 것은 역사학의 절차와 방법이며, 이를 어떻게 학습에 적용할 수 있는가에 대한 논의가 주류를 이루고 있다. 그런데 계열성이란 내용 조직에 대한 교육학의 일반론적인 원리로, 역사교육의 특정적인 인식 절차와 방법과는 거리가 있다. 이러한 성격을 가진 계열성의 개념 혹은 원리를 적용하여 역사 내용의 학습 절차를 모색하려는 것 자체가 근본적인 문제라 할 수 있다. 즉 역사특정적인 내용과 방법을 학습내용 조직의 일반원리로 재단하려는 시도는 적절하지 않다. 주로 측정과 평가를 위한 교육학 일반론의 적용은 독자적인 학습 과정과 내용 위주의 교과특정성을 구현하는 데 많은 문제점을 불러일으키기 마련이다. 특히 역사의 학문적 특성이나 영역특정적 인식의 방법을 강조한다면 이러한 부조화는 더욱 심각하게 드러날 수밖에 없다.

나는 이미 계열성의 논의가 이론적 근거와 실증적 효과가 부족하고 빈약하다고 밝힌 바 있다.[3] 이후 기존 계열성 논의의 한계와 변질에 대한 실증적인 연구가 이어졌음에도 불구하고,[4] 계열성을 교육과정 논의에서 지속적으로 활용하는 이유는 무엇일까? 학교급별 학습내용의 차별화를 허물 수 없는 전제로 삼을 경우, 현재 거론되는 계열성의 원리 외에 마땅한 대안이 없기 때문일 것이다. 그러나 마땅한 대안이 없어 이 원리를 계속 활용할 수밖에 없다고 하기에는 기존의 계열성 논의는 적지 않은 부작용을 낳고 있다. 단지 개념의 본질과 원리에 대한 이해가 부적절하다는 것을 넘어, 교육과정에 뒤따르는 교과서 서술과 교과서를 사용하는 교실에서 역사학습의 취지가 제대로 자리 잡지 못하고 기왕의 혼란을 되풀이하고 있다.

이뿐만 아니라 현재의 계열성 논의는 역사 교사의 주체적인 역할을 강조하는 데에도 적절하지 않다. 계열성이 주로 교육과정 편성의 원리로 작용하여 학교급별 학습내용과 순서를 결정하는 현재의 구조와 관행은 역사 교사를 가르칠 내용을 재구성하는 본연의 역할과 임무에서 격리하는 효과를 낳고 있다. 물론 이 문제는 전국 공통의 표준 교육과정 운영과 성취도 평가, 수학능력시험과 같은 평가 체제와 관련이 있다. 그러나 이러한 현실의 제약에도 불구하고, 그리고 이러한 제약이 역사교육의 본래 취지와 방향에 도움이 되지 못한다는 점을 부각하기 위해서도, 교육과정 편성에서부터 교사의 주체적인 내용 구성권은 마땅히 우선 고려되어야 할 사항이다. 계열성 논의는 오히려 이러한 교사의 주체성 문제를 뒷전으로 돌리고 있다.

이 글에서 나는 학교급별로 학습내용을 차별화할 수 있는 또 다른 계열성의 원리를 제시하지 않는다. 대신에 우선 우리나라 계열성 논의의 이론적 결함과 혼동, 그리고 계열성을 교육과정 논의에 적용하면서 나타난 문제를 지적하고자 한다. 내 주장은 지금까지 전개된 계열성 논의로는 학교급별로 학습내용을 차별화하기도 어렵고, 설혹 차별화한다고 해도 그것의 적절성과 타당성에 대한 검증은 여전히 남아 있는 문제라는 것이다. 따라서 역사과 교육과정 개정 때마다 등장하는 계열성의 문제를 탈피하고, 그보다 먼저 역사학습에서 어떤 주제, 개념 등을 어떤 방식으로 가르쳐야 하는지, 그리고 그러한 특정 학습내용이 교사를 통해 학생들에게 전달될 때 그들의 이해에서 나타나는 개별성과 특징이 무엇인지를 파악하는 데 주력해야 한다. 이 문제를 뒤로하고 계열성 논의부터 하는 것은 순서가 뒤바뀐 것이다.

2. 계열성 논의의 연원과 지속

1) 계열화와 차별화

사실 계열성/계열화라는 개념을 굳이 사용하지 않아도 학교급별로 내용을 차별화해야 한다는 것은 상식에 가까운 명제이다. 다만 역사와 같이 모(母)학문과 교과의 모습/관계가 매우 유사하고 밀접하며 이러한 특성이 전통과 관행으로 굳어진 상황에서 학교급별 차별화는 모학문, 즉 역사의 연구성과를 요약 혹은 축소하는 방식으로 진행되어왔다. 즉 차별화는 다름 아닌 이러한 요약과 축소의 규모 혹은 정도를 다르게 한다는 의미로 인정되었다. 이러한 연구성과(다른 말로 학습내용)의 요약·축소 방식을 다음과 같은 비유로 생각해보자.

한국사학의 연구성과의 총체 혹은 범위를 커다란 피자로 생각해본다면, 연구의 배경과 맥락은 동그란 모양의 피자 도우, 즉 밀가루 반죽에, 연구성과로 산출된 주요 개념은 그 위에 올린 토핑에 해당한다고 할 수 있다. 역사학 연구와 학교 역사의 관계를 생각하는 전통적인 그리고 단순한 방식은 그 연구성과를 요약 축소하는 것이다. 즉 라지 사이즈를 미디엄 사이즈로 줄이는 것이다. 이것이 고등학교 수준이라면 중학교 수준은 스몰 사이즈에 해당할 것이다.

이는 연구성과를 요약하여 학습해야 할 분량을 축소하자는 발상이다. 그러나 실제로 중요한 문제는 분량, 즉 사이즈에만 있는 것이 아니라, 피자의 정말 맛있는 부분이라 할 토핑, 즉 학습에서 다루어야할 주제와 개념에 있다. 사이즈가 줄면 토핑의 양도 그에 맞추어 조정해야 한다. 하지만 우리 한국사 교육과정과 교과서에서는 분량의 축

1부 역사교육의 이론과 적용

소는 당연하게 받아들이면서도 개념과 주제는 줄이려 하지 않는다. 학습 분량을 줄인다고 하면서도 성취기준 진술을 합치거나 생략하는 방식을 채택하기 때문에, 실제 교과서 서술에서는 지금까지 수록되어 왔던 개념이나 주제가 줄지 않는다. 더구나 교과서 검정체제에서는 검정 통과의 가장 큰 걸림돌이란 쓰지 않아도 될 것을 썼다는 것이 아니라 써야 할 것을 쓰지 않았다는 것이기 때문에, 교과서 저자의 입장에서 볼 때 과감하게 기존의 주제와 개념을 배제하는 것은 쉽지 않다. 아무리 토핑이 피자의 맛을 좌우한다고 해도 그것은 정도에 달려 있다. 토핑이 맛있는 이유는 그것과 배합되는 바탕의 밀가루 반죽이 잘 어우러져 맛을 내기 때문이다. 토핑만 골라 먹는 경우는 아마 피자가 아닌 다른 음식을 먹었다고 해야 할 것이다.

교육과정과 교과서의 사정에서 이로 비롯된 문제는 심각하다. 분량만 축소하고 개념과 주제를 그대로 둘 경우, 결국 이에 대한 설명과 해설은 성기게 될 수밖에 없다. 개념과 주제를 해설하고 연결해줄 서술 자체가 들어설 자리가 없는 것이다. 정해진 분량 내에서 그것들을 어떻게든 언급해야 하기 때문이다. 그동안 재미있는 교과서를 개발한다고 하면서도 별 진전이 없는 이유도 이런 상황과 관련이 있다. 토핑만 잔뜩 올라가 있고 그것을 받쳐주는 밀가루 반죽은 줄어든 결과 나타난 현상은 주제의 제시와 개념의 나열이다. 역사 교사가 수업에서 낱말풀이에 매달릴 수밖에 없는 곤란함도 이런 사정에서 찾을 수 있다. 또는 중학교 교과서가 고등학교 교과서보다 더 난해하다는 지적도 같은 사정에서 비롯된 것이다.

아마 이렇게 무리한 학교급별 내용 축소 방식 때문에라도 계열성을 확보해야 한다고 주장하는 사람도 있을 것이다. 그러니 차라리 분야사별로 차별성을 두자는 것이리라. 그래서 초등학교-인물사, 중학교-정치사, 고등학교-문화사/사상사를 중심으로 한다는 원리 아닌 방안이 제시된 후, 이러한 방식으로 학교급별 계열성을 확보하자는 주장이 이어졌다. 이것이 별 효과가 없었다는 것과 오히려 현장에서 혼란을 초래했다는 비판[5]이 있었음에도 불구하고, 이른바 분야사별 계열화 방안은 최근의 교육과정 개정 논의에서도 반복되고 있다. 초등학교에서 인물사 학습이 적절하다는 것은 논리적 근거도 없고 그 효과도 검증된 바 없지만, 계열성 논의에서는 빠지지 않고 등장하는 방안 중 하나이다. 물론 분야사 대신에 한국사 통사가 더 적절한가에 대한 논리적·경험적 검토도 미진하기는 마찬가지이다.

여전히 이러한 방식의 계열화를 옹호하는 사람들은 이것이 위에서 언급한 학문 성과를 요약·축소하는 교육과정을 개선하기 위한 효과적 방법이라고 생각할 수도 있을 것이다. 과연 그럴까? 우선 역사를 정치/경제/사회/문화/대외관계로 나누어 서술할 수 있는지부터 의문이다. 대학에서 연구주제를 이렇게 범주화하는 경우가 있다고 해서, 이것이 학생들에게 역사를 가르치는 적합한 방식으로 보증되는 것은 아니다. 이것은 연구자의 관심 분야와 문제 인식, 시각, 연구 방법 등에 따른 문제이지 교과서 역사서술의 편의적인 방식은 아니다. 예를 들어 최근의 (신)문화사 등장과 관련된 논쟁은 분야사적 방법이 연구의 분류나 편의를 위한 것이 아니라 역사서술의 인식과 방법에 대한 근본적인 변환에 따른 문제라는 것을 잘 보여준다. 하지만 지금까지 우리나라 계열성 논의에서 등장한 분야사에 따른 분류 방식에는 이러

1부 역사교육의 이론과 적용

한 역사인식과 역사서술의 방법론적 차이에 대한 고려를 좀처럼 찾을 수 없다. 더 중요한 문제는 이렇게 선택한 분야사 체제에서 학습내용을 선정하는 방식이다. 여기에는 다시 이 분야의 연구성과나 기존의 서술을 분류하여 재조직하는 것 외의 대안을 발견할 수 없다. 위에서 언급한 연구성과의 요약과 축소가 분야별로 반복되고 있다.

이러한 현상을 뒷받침할 실증적인 연구도 있다. 이에 따르면 그간 계열성을 끈질기게 추구한 교육과정 개편에도 불구하고 내용요소의 변화는 그리 많지 않을뿐더러 학교급별로 내용요소는 체계적으로 차별화되어 있지 않았다. 실례로 2009 개정 역사교육과정에서 분야사별로 중·고등학교 한국사(고려시대 부분)를 차별화하겠다는 의도는 실제 교과서의 서술에서는 별 효과가 없었다.[6]

김철이 제시했던 계열성의 개념은 학교급별 내용 차별화에 중점을 두었던 것으로 이후 계열성 논의의 기본적인 흐름이 되었다.[7] 그리고 정선영은 〈사회과 역사내용의 계열성 연구〉라는 논문에서 이러한 논의의 기조를 더욱 공고히 했다. 그는 타일러를 인용해 계열성을 학습내용의 종적 조직에 관한 원리라고 하면서, 학생들의 인지 발달 수준을 고려하여 분류사의 방식(초등학교: 생활사와 인물사, 중학교: 정치사적 접근의 통사, 고등학교: 문화사와 사회경제사)으로 학교급별로 계열화하는 것을 보다 구체적으로 제안하고 있다.[8] 그러나 이는 계열성의 본질에서 벗어난 것이었다. 학교급별 내용 차별화나 과목 편제는 엄밀히 말해 계열성의 문제가 아니다. 물론 역사 관련 과목의 연계성을 고려해야 하는 것은 당연하나, 이것은 동일한 내용을 확대·심화해야 한다는 내용 조직 원리로서의 계열성으로 처리할 수 있는 사안이 아니다.[9] 지금까지 계열성 논의가 주로 한국사의 내용을 초중고별로 어떻게 달리 하느냐에 매달려온 것은 계열성 논의를 지속적으로 잘못 적용한 사례 이다. 국사와 세계사의 연계도 중·고등학교별 학습내용 차별화의 방 안으로 구상되고 시행되었지만, 이 문제 역시 어떤 역사를 가르칠 것 인가에 관한 전망과 취지의 문제로, 계열성 문제로 치환될 수 있는 성 질의 것이 아니다.[10]

또한 이병희[11]가 제시한 계열화의 다섯 가지 방안─시대순으로 배 열하는 방법, 주제 분야를 달리하는 방법, 주제의 폭과 깊이를 더해가 는 방법, 내용과 서술 방법을 달리하는 방법, (한국사를) 세계사와 관 련시키는 방법─중 계열성의 본질에 해당하는 것은 '주제의 폭과 깊 이를 더해가는 방법'이 유일하다. 나머지 네 가지 방안은 중고별 학습 내용을 차별화하는 방안으로 엄밀한 의미에서 계열성의 원리와는 다 른 것이다.

계열성이라는 개념이 그 도입부터 개념상의 혼란과 부적절한 적 용에 시달리게 된 이유는 무엇일까? 사실 계열성이라는 말은 교육과 정 구성의 일반원리로 언급되었던 것이고, 이것을 역사교육의 문제 로 특화한 것은 버스톤이라고 추정할 수 있다. 특히 《역사교수의 원 리》라는 저서를 주목할 만하다.[12] 버스톤(W. Burston)은 영국 역사교육 학계의 선도적인 인물로, 학문의 구조와 지식의 형식을 언급한 브루 너(Bruner)와 허스트(Hirst)가 역사에 관해 구체적인 언급을 하지 않은 반면, 그들보다 앞서 역사철학의 측면에서 학교 역사교육이 역사학의 특성을 반영하여 어떻게 학습내용을 구성하고 설명해야 하는가를 면 밀하고도 '독특하게(idiosyncratic)' 논구했다.[13] 우리나라 역사교육 연구의 초기 단계라고 할 수 있는 시기인 1980년대 윤세철, 정선영 등 개척적인 연구자들도 자주 참고하고 인용한 학자이며, 우리 역사교육 논의의 영역을 설정하는 데 큰 역할을 했다. 또 최근까지 계열성 논의에서 자주 언급되는 학자이기도 하다.[14]

버스톤은 교수요목(syllabus)이란 크게 과목의 내용과 순서에 관한 진술이라고 말하면서, 이 문제를 결정하기 위해서는 과목의 구조와 학생의 지적 성숙도를 고려해야 한다고 말하고 있다. 먼저, 과목의 내용은 결국 선택의 문제라고 하면서, 그 선택에서 고려해야 할 판단의 대상으로 사건(event), 시대(period), 분야(aspect), 규모(scale)를 들고 있다.[15] 일단 우리의 계열성 논의에서 자주 등장하는 분야사를 언급하고 있다는 사실 자체는 관심을 끈다. 그러나 그는 분야사를 과목 내용 선택의 문제로 보고 있으며, 또한 정치사는 추상적인 부분을 다루고 있어 일상생활과 관련된 사회사보다 학생들에게 난해할 수 있다는 견해를 밝히고 있다.[16] 이 점에서는 우리나라 계열성 논의와 차이를 보이고 있어서, 버스톤의 견해가 분야사를 활용하는 내용 차별화에 도입되었다고 할 수는 없다. 그렇기에 분야사가 계열성 논의에 도입된 연유가 더욱 궁금해지기도 한다. 그리고 내용 조직의 방법에 관해 영국의 다른 역사교육 전문가인 파팅톤(Partington)도 유사한 견해를 펼치고 있다. 파팅톤은 내용 조직의 방법으로 연대기적 통사(chronological coverage), 분야사, 일반사와 정치사, 시대별 접근, 결정적 순간(critical moments) 등의 방법을 검토하고 있는데, 파팅톤 역시 분야사의 문제점을 지적하면서 오히려 중요한 시기에 대한 심화학습, 즉 '결정적 순간' 접근의 가능성을 타진하고 있다.[17] 그런데 버스톤과 파팅톤 모두 연대기적·통사적 접근이 갖는 여러 문제점에 대한 대안으로 분야사 혹은 분절법의 가능성을 논의했던 반면, 우리나라의 경우 한국사에서 기본적으로 통사적 접근을 전제로 하고 그것을 학교급별로 차별화하는 방안—예를 들면 분야사의 차별화—을 택하고 있다. 즉 우리 역사의 전 시기를 중학교와 고등학교에서 모두 한 번씩은 다루어야 한다고 전제하고, 이러한 통사적·연대기적 접근의 대안으로 논의되는 분야사를 내용 조직의 방법으로 혼합하여 활용하고 있는 것이다.

정작 계열성에 해당하는 학습내용 조직에 관해 버스톤은 연대기적 접근(chronological), 발전계열/발전선(line of development) 접근, 분절적("patch") 접근, 개념적(concept-based) 접근의 장단점을 논의한 바 있다.[18] 실제로 버스톤이 계열성(sequence)이라는 용어를 사용하지 않기 때문에, 그가 타일러가 사용한 의미에서 계열성의 개념에 접근하고 있는지는 확실하지 않다. 오히려 그가 논지를 전개하면서 중시하고 있는 것은 역사라는 과목의 구조, 성격, 본질에 관한 것이므로, 그가 유사한 내용의 확대 심화라는 타일러의 정의를 수용한 것이라 볼 수는 없다. 또한 버스톤은 자신이 제시한 네 가지 교수요목 구성 방안 가운데 상대적으로 분절적 접근을 옹호하고 있다. 이것이 역사의 성격과 본질에 비추어 과거를 있는 그대로 보여줄 수 있는 적절한 방식이라는 것이다. 즉 버스톤이 내용 구성에서 중요하게 생각한 것은 학습의 순서라기보다는 학습내용의 특성이다. 이렇게 보면 버스톤의 글이 인용되거나 언급됨에도 불구하고, 그가 계열성과 관련하여 논의하고 있는 것이 우리나라에 본래 의미대로 도입되거나 적용되었다고 말하기 힘들다. 다만 그가 교수요목 구성의 두 가지 결정요소라고 한 부분은 우리나라에서 소위 논리적 구조와 심리적 구조 혹은 논리적 방법과 심리적 방법이라는 이원적 구분으로 소개되고 있어 주목할 만하다. 아래에서 이러한 구분의 출처와 배경, 그리고 적절성에 대해 검토하기로 하자.

2) 심리적 방법과 논리적 방법의 이원적 구분의 문제

우리나라에서 심리적 접근과 논리적 접근이라는 계열성의 원리를 처음 언급한 것은 김한종으로 보인다. 그는 〈국사교육 계열화의 원리와 방안〉이라는 전국역사교사모임 강의록[19]에서 "교수요목을 계열화하는 데는 크게 보아 두 가지 접근 방법이 가능하다. 하나는 학습자의 인지적·정의적 발달에 터한 심리주의적 방법이며, 다른 하나는 교과나 학습내용의 체계에 터한 논리주의적 방법이다. 지금까지 역사교육 계열화의 근거로 자주 논의되어온 것은 심리주의적 방법이다. 쉬운 것에서 어려운 것으로, 구체적인 것에서 추상적인 것으로 내용을 조직하는 것이 흔히 행해지는 방법이다. 우리나라의 환경확대법도 심리주의적 접근 방법이다"[20]라고 말하고 있으며, 방지원은 그의 논문에서 이러한 언급을 그대로 인용하고 있다.[21]

한편 강선주는 이러한 논리주의적 방법과 심리주의적 방법의 구분을 수용하면서,[22] 심리주의적 방법을 설명하며 "심리적 방법에 기초한 내용 조직에 대해서는 일찍이 영국의 버스톤이 논리적 구조와 심리적 구조라는 개념적 틀을 활용"했다고 밝히고 있다. 그가 심리주의적 방법의 하위 구분으로 논리적 구조와 심리적 구조가 있다고 한 것으로 읽힌다. 그렇다면 심리주의적 방법의 논리적 구조란 무엇인가라는 의문이 당연히 제기될 수밖에 없다. 이 점에 관해 버스톤의 논의를 확인해보기로 하자.

버스톤에 따르면 실라버스를 구성할 때 충족해야 할 첫 번째 기준은 교과의 목적을 명확하게 하는 것—이것은 역사에 관한 개념(concept)과 관련될 수밖에 없다—이고, 두 번째 기준은 심리적인 것으로 학습 순서에 따른 학생의 학습 과정에 적합한가를 판단하는 것이다.[23] 여기서 버스톤은 역사의 개념 혹은 성격(nature)을 세 가지로 분류하고 있다. 즉 과거의 기원을 찾는 것, 과거와 현재를 대조하는 것, 사회과학적 방법으로 역사발전의 법칙을 찾는 것이다. 그리고 각각을 진화(evolution), 대조(contrast), 평행(parallel)이라는 개념으로 요약한다.[24] 버스톤은 여기서 과거를 있는 그대로 학습하는 것을 중시하며, 현재의 관심사 혹은 이해에 얽매이지 않은 채로 학습하는 것이 적절하다고 주장한다. 그에 따르면 교육적 가치로서 관련성(relevance)을 고려하더라도 연대기적 접근은 부적절하다. 왜냐하면 현재와의 관련성에 대한 것은 대부분 학습의 결말 부분에서만 취급될 수 있기 때문이다. 또한 과거로부터 교훈을 얻는 세 번째 입장도 반대한다. 이 입장에서는 교훈을 얻기 위한 현재의 이해와 관점을 통해서만 과거를 바라보기 때문이다. 결국 그가 옹호하는 것은 두 번째 입장, 즉 현재와의 대조를 위한 과거, 즉 있는 그대로 과거를 공부하는 것이고, 이것은 그가 실라버스 구성의 방법으로 분절법—더 정확하게 표현하면 과거 생활의 단면(slice of life)[25]—을 심층적으로 학습하는 것을 옹호하는 것과 연결된다.[26] 바로 이 두 가지 기준을 바탕으로 실라버스를

1부 역사교육의 이론과 적용

구성할 때 일반적으로 동의하고 있는 교과의 구조(structure of subject)라는 개념을 도출할 수 있다는 것이다.[27] 그리고 이 교과의 구조를 다시 두 가지로 구분할 수 있는데, 논리적 구조와 심리적 구조가 그것이다.[28]

그러나 그는 이 두 가지를 양자택일해야 하는 것으로 보지 않았다. 그것은 학습의 순서를 결정하는 방법보다는 함께 고려해야 할 요소로 간주되었다. 그중에서도 핵심은, 학교 역사교육은 학생들이 역사적으로 생각하는 것에 익숙해지기 위한 도입이 되어야 하며 이를 위해서는 학생들이 교과특정적인 사고방식에 익숙해지도록 교과와 학문에 대한 충분한 간파력(penetration)을 획득할 수 있어야 한다는 것이었다.[29] 더욱이 버스톤은 교과의 구조와 학생의 지적 성장이라는 두 가지 고려사항을 조화 또는 조정하려는 시도에서 빚어지는 문제에 답하기 위해서는, 교과의 구조를 검토한 이후에 그것이 가치의 손상 없이 어떤 방식으로 학습의 용도로 활용될 수 있는지 지켜보아야 한다고 강조하고 있다.[30]

버스톤에 따르면 교과의 구조는 역사철학의 영역에서 고구해야 할 부분이다. 즉 인식론적인 문제이지 경험론적 문제가 아니다. 그것을 규명하는 것과 학생들의 사고를 조사하는 것(경험론적인 문제)은 다르다. 다시 말해 전자와 후자 중 어떤 것이 결정의 원리로 우선시되어야 한다는 선택의 문제가 아니다. 심리적 방법과 논리적 방법 중 무엇이 우선하는가의 문제는 이분법적 우위의 문제나 양자택일의 문제가 아니라는 것이다. 역사과목의 구조와 방법을 가르쳐야 한다는 것이 역사적 사고와 역사학습의 전제라면, 소위 심리적 방법이 학습의 순서를 정하는 원리로 설 수 있는 자리는 없다. '연구 현황의 측면'에서 볼 때 계열화와 관련하여 많이 논의된 것은 심리적 방법이라고 하지만,[31] 심리적 방법의 학습내용 배열이 실제로 역사학습에서 옹호된 경우는 거의 없다. 심리주의적 방법이 활용된 대표적인 사례라 할 수 있는 환경확대법은 사회과의 구성 원리로 오히려 역사과에서 비판의 대상이 되었다.

역사과목의 구조 혹은 논리를 어떻게 학생들의 연령 수준이나 학교급별로 이해 가능하게 제시하는가가 학습내용 선정과 조직의 방향성이다. 이를 위해서는 역사를 이해하기 위해 가르쳐야 할 주요 개념과 주제를 고르고 이에 대한 학생의 이해 양상을 조사하여 학생의 이해 진전(progression)을 촉진하는 방법을 고안해야 한다. 여기서 주의해야 하는 것은 역사과목의 구조에서 기본적인 것이 반드시 학생들에게 쉬운 것은 아니라는 점이다. 예를 들면 토지제도는 수조권에 대한 이해를 필요로 하고 이것은 관료제와 직결되는 문제이지만 학생들에게 관료제와 연계된 수조권의 개념을 먼저 이해시키기는 쉽지 않다. 또한 조선 전기 왕권의 강화를 설명하기 위해서는 왕권이 무엇인지를 가르쳐야 하지만 학생들은 신권과 짝하는 왕권의 개념을 난해하다고 여길 수도 있다.

흔히 심리주의적 방법에서는 '쉬운 것에서부터 어려운 것으로'라는 순서를 제시하는 경우가 있다. 그러나 학생들이 어떤 것을 쉽게 이해하고 어떤 것을 어렵게 생각하는지에 관해서는 '어떤'이 무엇인지를 알기 전에는 일반론적으로 혹은 상식적으로 판단하기 어렵다. 쉬운 것에서 어려운 것으로라고 할 때 '무엇을' 쉽고 어렵게 생각하는지

1부 역사교육의 이론과 적용

를 검토하지 않고 단지 일반적으로 쉽고 어려운 것을 말한다면, '역사'에서 쉬운 것이 무엇인가에 대한 문제를 생략한 편의적이고도 상식적인 발상에 불과할 뿐이다. 핵심은 역사학습내용 가운데 학생들이 어떤 주제나 개념을 쉽게 혹은 어렵게 생각하는지 밝혀내는 일이다. 따라서 이것은 단지 심리적인 방법에 해당하는 것이 아니라 이해의 대상, 즉 역사학습내용의 개별성과 특수성에 바탕을 두고 논의해야 할 문제이다. 여기에서 출발해야 특정 내용의 쉽고 어려움이 학교급별 혹은 연령별로 어떻게 드러나는지 헤아리는 작업이 가능해진다.

역사학습의 취지와 특징으로 주로 거론되는 영역특정적인 인지, 역사학의 학문적 특성을 이해하기 위한 실질 개념과 메타역사 개념, 역사적 사고의 '부자연스러운'[32] 혹은 반(反)직관적인 성격 혹은 일상적인 사고와의 차별성 등은 모두 역사학습의 순서가 학생들의 심리적 상태에서 도출될 수 없다는 것을 가리키고 있다. 또한 심리적 접근 혹은 방법이 역사학습내용 구성의 적절한 수단이 아니라는 것은 이른바 피아제-피일-할람(Piaget-Peele-Hallam) 모델의 등장과 그에 대한 반론에서 이미 확인되었다. 역사학의 특성이나 개념이 자연과학과 다르고, 역사적으로 생각하는 것 혹은 추론하는 것이 독특하다는 영역특정적 인지 개념도 국내외의 연구를 통해 제시된 바 있다. 이러한 논의 과정이 이미 학계에서 널리 인정되고 있는데도 아직 심리적 접근이 학습내용의 주요한 제시 방법 중 하나라고 주장하는 것은 잘 이해되지 않는다.

학생이 역사학습에서 어떠한 진전을 보이는가에 관한 연구는 영국에서 피아제의 인지발달론에 근거한 심리학적 연구로 시작되었다. 20세기 중반부터 진행된 이러한 연구는 학생들이 왕(king), 의회 (parliament), 임금(wage) 등과 같은 개념을 어떻게 이해하고 있는지를 피아제 이론에 근거해 조사했고, 그 결과는 학생들이 추상적인 역사 개념이나 질문을 다루기 어렵다는 것이었다. 이러한 비관적인 진단 과 주장에 대한 비판이 이어진 후, 절차적 지식(procedural knowledge) 에 대한 관심이 고조되면서 역사지식 형성에서 보다 중요한 문제인 학문의 구조에 대한 학생 이해의 진전 양상에 관한 연구가 등장했다. 그 계기가 된 것은 학교위원회역사프로젝트(the School Council History Project)였다. 이러한 흐름에서 1970~1980년대에 이른바 2차 개념에 대한 경험적인 조사연구(the School Council History Project 'History 13- 16', the Project CHATA)가 진행되었다. 이러한 연구들은 단지 명제적 지식에 국한하여 피아제의 인지발달론을 적용한 것을 비판하고, '역 사적'인 개념과 문제에 대한 학생의 이해를 규명하는 것이 중요하며, 이를 위해서는 '2차 개념'에 대한 학생 이해의 진전 양상을 조사해야 한다고 주장했다. 증거, 역사서술, 감정이입, 인과 설명, 변화 등 2차 개념에 대한 학생들의 이해를 조사한 연구가 그것이다.

그러나 실질 개념[33]과 유리된 2차 개념만을 역사이해의 대상으로 삼는 것에 대해 문제를 제기하며, 상대적으로 소홀하게 취급되었던 전자에 대한 이해가 후자의 습득에 매우 중요하다는 주장이 등장했 다. 예를 들면 '혁명'과 같은 실질 개념에 대한 이해도 고정된 것이 아 니라 변화하는 것이라는 견해가 특히 현장 교사 연구자들을 중심으 로 설득력을 얻고 있다. 이러한 경향의 연구자들은 실질 개념을 습득 하는 정도와 진전이 학생들의 역사이해의 척도가 되어야 한다고 보지

1부 역사교육의 이론과 적용

만, 이전과 같이 실질 개념만을 별도로 중시하지 않는다. 이보다는 실질 개념과 2차 개념을 통합적으로, 예를 들어 '혁명'이라고 하는 실질 개념을 '변화'라고 하는 2차 개념에 관련지어 학습할 때 나타나는 학생들의 이해 양상을 사례별로 조사하고 있다. 이러한 사례는 역사적 추론(reasoning)에 관한 연구가 활발한 네덜란드에서도 등장하고 있으며, 학생들이 적절한 수준에서 역사적으로 추론하기 위해 2차 개념에 관한 지식과 관련하여 어떤 형태의 1차 지식, 실질 지식을 어느 정도로 필요로 하는가를 주요 질문으로 제시하고 있다.[34]

피아제의 인지발달론에 대한 비판과 대안의 모색이 우리나라 연구에서도 유사하게 진행되었다는 점에서 보면, 학생들의 역사이해 진전과 관련해 실질 지식(개념)이 다시 주목받는 것에 우리도 유의할 필요가 있다. 당장 계열성의 원리로 거론되는 심리주의적 방법과 논리주의적 방법의 이분법에 관해 시사하는 바도 명백하다. 학생들의 역사이해 진전 양상을 조사하는 것이 학습 계획에서 학생들이 마주칠 학습내용 이해의 어려움을 예측하고 대비하기 위한 것이라면, 그리고 바로 이것이 학생들의 학습 순서가 되는 것이라면, 우리가 주의를 기울여야 할 것은 심리/논리의 이분법적 형식 논리가 아니라 우리 학생들이 배워야 할 개념과 지식은 무엇이며 이것을 학습할 때 나타나는 이해의 양상과 변화는 무엇인지를 파악하는 것이다. 이것에 대한 실질적·경험적인 조사연구 없이 학생들에게 어떤 순서로 역사를 가르칠 것인가 하는 문제를 내용 없는 형식 논리로 해결할 수는 없다.

또한 심리적 방법이라고 여겨지는 학생들의 역사의식 조사도 학습순서의 근거가 되기 어렵다. 일각에서는 학생들의 역사이해 양상 혹은 의식 조사를 통해 가르칠 내용을 선정하자고 주장하고 있다.[35] 그러나 학생들이 어떤 이해 양상을 드러내는가, 혹은 역사이해의 특징을 보이는가 하는 것은 교육 내용을 선정하는 여건이 될 수는 있어도 충분조건이 될 수는 없다. 즉 학생들의 역사의식 조사를 근거로 학습 내용을 계열화할 수 있다는 주장은 다시 검토할 필요가 있다.

학교급별 계열화를 위한 학생들의 '역사의식' 조사는 관련 연구의 초창기부터 이 설문조사까지 이어지는 역사의식 연구의 주요 계통이다.[36] 그러나 학교급별로 학생들의 의식에 차이가 있다고 해도 그것을 근거로 교육 내용을 차별화하는 것은 쉽지 않다. 이 설문조사의 항목 가운데 예를 들면 초등학생은 주로 인터넷을 통해 역사적인 지식을 얻으며 고등학생은 교사의 설명을 통해 지식을 습득한다고 하는데,[37] 과연 이것을 근거로 초등학생에게는 교사의 설명보다는 인터넷 자료를 통해 학습내용을 제공하는 것이 적절하다고 추론할 수 있는가? 이러한 추론의 타당성을 어떻게 검증할 수 있는가? 또 이것을 학습내용의 차별화라고 할 수 있는가?

현실 문제에 대한 인식도 마찬가지이다. 설문 결과에 나타난 대로 초등학생은 중국을 6·25전쟁 시기 북한을 원조한 나라로 인식하는 경향이 있고 고등학생은 미래 중국의 발전 가능성을 중시한다고 할 때, 이것이 역사학습에 시사하는 바는 무엇일까? 초등학생에게는 중국의 미래 발전 가능성에 관한 부분을 보완하고 고등학생에게는 중국이 6·25전쟁의 당사국이었다는 것을 가르쳐야 한다는 것인가? 이 조사연구에서 규정하고 조사한 의미로서의 역사의식에서 차이가 나타난다고 해도 이것을 근거로 차별화된 학습내용을 자동적으로 도출할 수 있는 것은 아니다.

　지난 10여 년간의 조사 결과를 종합적으로 분석하고 있는 최근 발행된 단행본[38]에서도 이러한 혼란은 이어지고 있다. '민주시민을 위한 역사교육'이라는 취지 아래 조사 결과를 '선택적'으로 활용하면서 문제는 더욱 심각해지고 있다. 예를 들어 신라의 삼국통일에 대해서는 '고구려의 영토 대부분을 잃어버려서 안타깝다'는 '민족주의적 영토 중심 사고'가 우세하여 학생들이 '민족-국가 서사로 고정된 인식'을 보여주고 있다고 해석되는데, 이것은 교정해야 할 문제점으로 여겨진다.[39] 반면 한국 근현대사의 최대 쟁점이라고 할 수 있는 경제 성장과 민주화에 관련해서 노동과 인권의 존중, 분배와 성장의 병행, 복지의 확대, 경제적·사회적 평등을 옹호하는 학생이 많았는데, "이것은 역사교육이 민주사회의 시민을 양성하는 교육으로 그 범위를 확장해가는 데 있어 긍정적인 신호"라고 평가되고 있다.[40] 즉 학생들이 보여주는 인식은 사안에 따라 극복해야 할 대상이 되기도 하고 '출발점'이 되기도 하는데, 바로 그 기준은 '민주주의 역사교육'이 되는 셈이다. 민주주의 역사교육이라는 것이 중요한 기준이자 목표이고 이에 따라 학생의 응답을 긍정적 혹은 부정적이라고 판단할 수 있다면, 설문조사는 이 가치를 확인하기 위한 절차요건이며 조사 결과에 상관없이 이미 결론은 내려진 상황이라고 할 수 있다. 더구나 이러한 조사 결과가 한국사에서 근현대사 교육을 더욱 강화해야 하는 근거로 제시된다면 모순은 더 명백해진다. 이미 학생들이 많은 관심을 갖고 있고 '바람직한' 인식을 보여주는 부분보다 비판적으로 성찰하고 교정해야 할 학습내용을 더 중시해야 하는 것 아닌가?

학습내용을 선정하는 데 고려해야 할 요소 중 하나로 학생들의 이해와 흥미가 거론된 것은 반드시 타일러의 원리 때문만은 아니다. 많은 사람이 이왕이면 학생들이 관심을 갖는 주제와 내용을 가르치는 것이 학생들의 학습 의욕을 증진할 수 있다고 생각한다. 문제는 이것이 과연 교육적인 선택인가 하는 점이다. 다음 질문은 그렇다면 교육적인 선택은 무엇인가 하는 것이고, 이러한 연속적인 질문은 다시 타일러의 원리에 대한 논쟁으로 회귀한다. 이 과정에서 역사적인 것은 무엇인가, 그리고 그것을 어떻게 가르칠 내용으로 선정하고 전환할 수 있을까 하는 문제는 뒷전으로 밀려나거나 부수적으로 논의될 뿐이다.

나는 1995년에 발표한 논문에서 심리적 요인이라는 말을 쓴 적이 있으며 이때 인용한 논저에서 발달 커리큘럼, 즉 아동의 심리적 발달 상태가 학교 커리큘럼이 될 수 없다고 밝힌 바 있다.[41] 이것은 여전히 유효한 주장이다. 그 부분은 다음과 같다.

특정한 내용을 언제 가르쳐야 하는가에 대한 문제를 논하기 위해서는 아동들의 이해 발달을 제약하는 論理的 要人과 心理的 要因을 구분해야 할 필요가 있다. (…) 논리적 분석과 심리이론, 그리고 양자 사이의 상호 관련에 있어서 삐아제의 이론은 주로 심리이론에 대한 설명이라 할 수 있다. 이에 관해 엘킨드(Elkind)는 "學校 커리큘럼"과 "發達 커리큘럼"을 구별하고 있는데 前者는 계통화된 교과로 구성되어 있고 후자는 "아동들이 스스로 습득해가는 능력이나 개념의 계열"을 말한다.[42] 그의 견해에 따르면, 삐아제가 명백히 한 것은 바로 發達 커리큘럼이며 이것은 주어진 교육 내용이 아동의 인지 수준에 적합한 것인가를 판단하는 기준으로서만 학교 교육과정을 보완할 수 있다. 다시 말해 이것은 학교 교육과정 그 자체가 아니라 학교 교육과정을 분석하는 도구라는 것이다. 그러나 분석의 도구로서의 發達 커리큘럼은 자체의 기준에 따라 어떤 교육과정의 내용이 주어진 발달단계에 적합한 것인가를 말해줄 뿐이며 발달상으로 적합한 여러 가지 방법 가운데 어떤 것이 최상의 방법인지에 대하여, 또 가장 교육적으로 가치 있는 것은 어떤 방법인가에 대하여는 말해주지 않는다.[43]

심리적 접근이 내용 선정과 조직의 출발점이 될 수 없다고 해서 논리적 구조가 대안이 되는 것도 아니다. 엄밀히 따지면 논리적 구조 혹은 방법도 계열성의 원리로 적용되지 못했으며 그럴 수도 없었다. 논리적이라 함은 내용의 위계성을 갖춘다는 것인데 지금까지 계열화 논의는 역사학습내용의 논리적 위계를 기준으로 했다고 하기 어렵다. 이러한 시도에 근접한 것은 김한종의 작업이었다고 할 수 있다.[44] 그는 역사학습에 논리적 절차가 있는 것일까를 질문하면서, 그 사례로 학습의 목표를 '미술사 자료에 나타난 시대상의 파악' 내지 '역사적 맥락 속에서 문화재의 성격 인식'에 둘 경우, 미술사 자료나 문화재의 개념 인식 → 미술사 자료나 문화재의 제작 시기와 작자 파악 → 미술사 자료나 문화재의 특성 분석 → 사회적·역사적 맥락 속에서 미술사 자료와 문화재의 성격 인식이 그 절차라고 가정한다. 이에 따라 초등학교에서는 미술사 자료나 문화재의 개념과 종류에 대해 다루고, 중학교에서는 각 시대의 대표적인 미술사 자료 또는 문화재로는 어떠한 것이 있는지 학습하고, 고등학교에서는 미술사 자료에 대한 분석이나 이를 다른 역사적 사실과 연결하는 학습내용으로 구성할 수 있을 것이라고 제안하며,[45] 이를 위해서는 여러 가지 역사적 사실을 소재로 한 국사 수업의 절차를 개발해야 한다고 주장한다.

그러나 역사학습의 경우 자연과학처럼 더욱 의미 있는 역사인식에 이르는 설득력 있는 과정을 규정하기는 그리 쉽지 않다. 그러면서 그는 "이러한 점에서 공동연구의 형태로 기존에 내가 발표한 '중·고등학교 국사교육의 계열화 연구', '중·고등학교 국사교육 목표의 설정 방안', '중·고등학교 국사교육 내용의 선정 방안'이라는 3개의 글 또한 커다란 한계를 지닌다고 할 수 있다. 심리주의적 방법과 논리주의적 방법의 두 가지 접근법을 모두 고려한다고 하면서도, 실제로 국사교육의 절차에 대한 진지한 검토와 고민이 별로 이루어지지 못했다"라고 밝히고 있다.[46] 과연 지금의 시점에서 그가 의미 있는 후속 작업이라고 평가할 수 있는 성과는 무엇일까? 그 후속 작업은 논리주의적 방법 혹은 심리주의적 방법을 채택한 것인가? 아니면 이 두 가지 방법을 적절하게 조화한 것인가?

우리의 계열성 논의는 또한 역사교육의 목표와 내용의 체계화를 위한 방안으로 인식되고 활용된다. 이것은 학교급 혹은 학년별로 도달해야 할 수준을 학습목표로 제시하고 위계화하는 작업이다.[47] 최근에도 교육과정은 성취 수준을 체계화함으로써 사실상 학교급별로 가르쳐야 할 내용을 구성하는 방식을 채택하고 있다. 이러한 성취 수준은 학교급별 차별화를 전제로 하고, 이러한 차별화를 위해 블룸(Bloom)의 교육 목표 분류에 따른 위계화의 방식을 활용한다. 그러나 이러한 분류 방식의 위계화가 가지고 있는 이론적·실질적 문제점은 거의 거론되지 않는다.[48] 단적으로 말하면, 이러한 분류는 평가 (assessment)를 위한 도구이기 때문에, 교실에서 수업 내용을 차별화하는 원리로 활용될 때 나타나는 부작용이 만만치 않다. 이러한 분류는 그 자체로 수업 내용이 되는 것이 아니라 수업활동에 따라 나타나는 결과를 측정하기 위한 것이기 때문이다. 블룸의 교육 목표 분류는 평가 도구가 아닌 교수이론으로 받아들여지면서 하위과업(low-order task)을 먼저 가르쳐야 상위과업(high-order task)을 가르칠 수 있다는 것을 뜻하게 되었다.[49] 그러나 이러한 분류에서 최상위의 인지활동인 평가(evaluation, E)[50]보다 분석(analysis)이나 종합(synthesis)이 더 복잡하고 어려운 과업이 될 수도 있다. 더구나 이러한 식의 분류는 실제 측정을 위한 상위의 사고활동보다는 그것의 내용을 정보 전달의 방식으로 학생들에게 가르치는 수업을 초래할 수 있다. 예를 들어 2차 세계대전의 주요 원인의 중요성을 아는 것(comprehension)에 비해 그 주요 원인의 중요성을 평가(E)하는 것을 상위 사고활동으로 간주하고 이것을 그대로 수업의 순서로 (하위과업에서 상위과업으로) 받아들이는 경우가 있다. 만약 성취도 평가에서 2차 세계대전의 주요 원인을 중요성에 비추어 순위를 부여하라는 문항을 제시한다면, 이는 학생들이 수업의 결과로 평가(E)의 과업을 수행할 수 있는가를 측정하기 위한 것으로 의미가 있다. 그러나 만약 교사가 이러한 중요성의 순위를 수업에서 학생들에게 직접 가르친다면 이것은 평가(E)가 아니라 단순한 지식(comprehension)이 된다. 반대로 2차 세계대전의 주요 원인의 중요성을 아는 것을 목표로 하고 교사가 다양한 배경 정보를 제공하여 학생들에게 주요 원인의 중요성에 순위를 부여하는 활동을 하게 한 다음, 2차 세계대전의 주요 원인의 상대적 중요성을 학생 스스로의 언어로 서술하라(comprehension)고 한다면, 이것은 평가(E)에 이어 수행된 활동이 된다. 즉 평가(assessment)상의 하위과업이 반드시 하위의 수업활동을 의미하는 것은 아니다. 오히려 위의 사례는 결과로서의 하위과업(low-order outcomes)이 상위활동(high-order activities)을 통해 교수될 수 있다는 것과, 상위과업 결과가 하위활동을 통해 단순화될 수 있다는 것을 보여준다. 그리고 결과를 측정하기 위한 사항이 아무리 상위활동이라고 해도 그것을 그대로 수업 내용으로 삼는다면 단순히 하위활동에 불과한 것이 된다.[51]

이러한 맥락에서 기존의 계열성 논의가 역사교육 목표의 체계화 작업으로 구체화되면 더욱 심각한 문제가 될 수 있다. 즉 블룸의 교육 목표 분류에 따라 성취 수준을 차별화하고 이것을 위한 논거로 계열성의 원리를 활용할 경우, 수업의 결과로 나타나야 할 것을 수업에서 직접 가르치는 부작용이 나타날 수 있다. 또한 이러한 목표의 위계성은 실제 수업활동에서 반드시 지켜져야 하는 것도 아니고 그 순서는 뒤바뀔 수도 있다는 점은 간과된다. 따라서 단순히 블룸의 분류를 계열성의 개념과 혼합하여 목표의 체계화를 수업활동에 적용할 것이 아니라, 역사지식의 과목특정적인 양상과의 관계를 어떻게 교육과정에서 작동하게 하는가의 문제가 중요한 것이다.

논리주의적 방법이 그 자체로 역사학습내용의 구성 원리로 적용될 수 없는 또 다른 이유는 역사는 논리적으로 벌어지지도, 그렇게 인과관계가 맺어지지도, 그렇게 해석될 수도 없기 때문이다. 어떤 사건의 발생과 결과는 실험실의 조건과 같은 원인과 결과의 논리성으로만 설

1부 역사교육의 이론과 적용

명될 수 없다. 이것이 바로 역사(학)의 특성이기도 하고 학생들에게 가르쳐야 할 부분이기도 하다. 그렇다고 해서 가르치려는 내용의 선후와 조직을 포기하라는 것은 아니다. 특히 실질 개념의 성격은 위계적(hierachical)이 아니라 누적적인 것(cumulative)이라 할 수 있고, 그 중 어떤 것은 교수활동 즉시 학습의 효과로 나타나기도 하지만 또 다른 것은 좀 더 장기적으로 학생들의 역사이해의 바탕으로 작용하기도 하므로,[52] 학습내용에 관한 이 두 가지 역할을 조사하여 학생들의 '인식적 상승(epistemic ascent)'[53]을 도모하는 것이야말로 진정한 학습의 순서를 구성하는 방안이라 할 수 있다.

역사적 사고의 기능과 요소가 중요하다는 전제에서 이것을 학습활동으로 차별화하는 것도 검토가 필요한 부분이다. 예를 들어 텍스트 읽기의 대표적인 휴리스틱인 출처 확인, 대조 확인, 맥락화의 경우 어느 하나를 잘 수행한다고 하는 것이 다른 것에도 능통하다는 것을 보증하지는 않는다. 그리고 많은 학생이 다른 것보다 특히 맥락화 수행에 어려움을 겪는다.[54] 또한 메타역사 개념에서도 인과관계를 잘 이해하는 것과 증거를 이해하는 것이 같은 수준으로 진전되지는 않는다. 이러한 현상을 '개념적 탈연계(conceptual decoupling)'라고 부를 수 있는데, 적어도 2차 개념 획득에 있어서는 역사적 사고의 전반적 혹은 일괄적 진전을 말하는 것은 불가능하다는 지적도 있다.[55] 더구나 학습내용은 학습의 자료로 제공되는 것이므로 실제 학습에서 중요한 것은 이 자료를 통해 학생들에게 어떤 학습활동을 하게 할 것인가 하는 문제이다. 즉 사고의 기능이나 유형으로 학교급별로 차이를 둘 것이 아니라 동일한 사고 기능이라 하더라도 수행 수준의 차이가 있을 수 있으므로 이것은 실제 수업 중 교사의 판단 속에서 진행되는 것이 적절하다.

교육학에서 말하는 내용 선정의 일반론을 교과의 특성에 따라 (재)맥락화하는 것이 교과교육 연구가 추구하는 것이라면, 이러한 원리를 역사교과의 구조와 특성에 적용할 수 있는지, 그렇다면 어떻게 적용할 수 있는지를 논구하는 것이 올바른 방향이다. 논리적 접근과 심리적 접근이라는 일반론은 마치 타일러의 원리와 같이 합리적인 고려 요소로 보이긴 하지만, 실제 역사학습에서 무엇을 가르칠 것인가에 관해서는 실질적인 결정과 판단의 방법이 될 수 없다. 결정과 판단의 결정적 준거는 다른 곳에 있다. 심리적/논리적 접근 중 어떤 것을 선택할 것인가 혹은 양자를 어떻게 조화시킬 것인가를 고려하는 것은 마치 등산을 하는데 산의 지형과 산세를 고려할 것인가, 체력을 고려할 것인가의 질문과 흡사하다. 역사라는 산은 어떤 산인지, 그 산을 오를 때 어떤 길을 택할 것인지, 선택한 코스에서 어느 지점이 가장 힘든 구간인지 가려내는 일이 역사교육에서 연구할 더 중요한 주제라면, 심리적 접근 혹은 논리적 접근에 관한 논의는 등산을 할 때 산세와 체력을 함께 고려해야 한다는 상식적인 지침에 다름 아니다.

3. 내용의 선정과 조직의 전위(轉位)

계열성 논의가 추구하는 것은 내용 선정의 문제와 근본적으로 다르지 않다. 그것은 역사적으로 중요한 것, 가르칠 의미가 있는 역사 내용을 어떻게 선택하는가 하는 문제에 부수하는 것이다. 계열성은 이렇게 선정된 학습 주제나 내용요소를 '차별적으로' 배열하는 형식 논리일 뿐이다. 계열성의 원리라는 것이 있다면 그것은 내용 조직의 준거로서 참조 내지 고려할 수 있는 요소이지 그것에 따라 가르칠 내용을 도출할 수 있는 '적용해야 할' 방안이 아니다. 현행의 계열성 논의는 논리적 치밀성과 일관성이 미흡한, 학습내용의 형식적 차별화를 위한 명분이다. 실질적으로는 계열성의 원리를 추구하기보다 역사에서 교육적으로 가르쳐야 할 가치가 있는 학습내용은 무엇인가를 먼저 궁리하는 것이 적절하다. 그것을 학교급별로 어떻게 배열하는가는 그다음 문제이다.

이 점은 계열성에 관한 원래의 의미와 가치에 대한 이홍우의 언급에서 잘 드러난다.

> 학년이 올라가는 동안에 동일한 교육 내용을 가르쳐야 하되, 그것을 점점 어렵게 가르쳐야 하는 것이 우리의 상식과 일치하는 것이다. 그리하여, 위의 두 가지 원칙(계속성과 계열성)은 "학년이 올라가는데도 불구하고 동일한 교육 내용을 가르쳐야 한다"라고 할 때의 그 "동일한 내용"이 무엇인가가 문제되기 전에는, 아무 문제도 일으키지 않는 "자명한 원칙"으로 받아들여질 수 있다. 그러나 위의 두 가지 원칙이 교육과정 개발과 수업에 구체적으로 어떤 시사를 주는가 하는 것은 바로 그 동일한 내용이 무엇인가가 결정되고 난 뒤에야 확인될 수 있는 것이다. 다시 말하면, 계속성과 계열성의 원칙은 그 동일한 내용을 어떻게 규정하는가에 따라 그 의미가 살기도 하고 죽기도 하는 것이다.[56]

이것은 전형적인 학문 중심 교육과정의 핵심 명제, 즉 "지식의 최전선에서 새로운 지식을 만들어내는 학자들이 하는 것이거나 국민학교 3학년 학생이 하는 것이거나를 막론하고 모든 지적 활동은 근본적으로 동일하다. 과학자가 자기 책상이나 실험실에서 하는 일, 문학평론가가 시를 읽으면서 하는 일은 (…) 그 사람이 하는 일과 본질상 다름이 없다"[57]는 명제와 바로 연결되는 견해로서 교육의 내용을 지식의 구조 측면에서 접근한 것이다. 현행 역사교육 계열성 논의에서의 내용 차별화와는 본질적으로 다르다.

가르칠 내용의 차별화가 가장 중요한 것이 아니라 학생들의 역사 이해에 가장 중요하고 필수적인 것이 무엇인가를 결정하는 것이 우선이다. 만약 중요하고 필수적인 내용을 선정했는데 그것을 가르치는 데에 어려운 점이 있다면, 그것을 경험적이고 실증적인 조사와 증거를 통해서 규명해야 한다. 이것이 1970년대부터 영국 학교위원회 역사프로젝트 13-16이 택한 방식이었다. 이러한 연구의 맥락에서 리(Lee)는 메타역사 개념을 가르쳐야 한다고 주장하면서, 학생들의 이해에서 보이는 특정한 양상과 진전을 밝히는 것이 역사학습에서 어떠한 도움을 줄 수 있는가에 대해 다음과 같이 밝히고 있다.

"이러한 조사연구는 학생들의 선행개념이 무엇인지에 관한 일반화로서 그 자체로 개인의 학습경로를 예측하지는 못하지만 그룹 차원에서 학생들의 학습 양상에 관한 대략의 아이디어를 제공할 수 있다. 이것은 산지(山地)에서 먹을 풀을 따라 대부분의 양이 지나긴 길을 파악하는 것과 유사하다. 모든 양이 모두 이 길을 선택하지는 않지만 이것을 파악하고 있으면 양몰이 개는 양들이 택하는 경로에 관해 중요한 변화를 만들 수 있다. 마찬가지로 교사는 학생들의 생각이 전개되는 방식을 바꿀 수 있다."[58] 이는 학생이 무엇에 흥미를 갖는다든지, 무엇을 배우기를 원한다든지 하는 식의 접근과는 다르다. 가르쳐야 할 것을 정하고 그것이 교수학습 상황에서 학교급별 혹은 연령별로 어떠한 차이를 보이는가를 밝혀 학습의 순서를 정하자는 입장이다. 예를 들어 '역사 설명(historical accounts)'에 관한 학생들의 생각을 조사하고, 그 사고의 진전 과정을 유형화하여 정리한 것을 참조하면 교사는 학생 사고의 현 상태를 진단하고 다음 단계로 이끌 교육의 방향을 짐작할 수 있다.[59] 이러한 작업 없이 선험적으로 학교급별 내용 체계를 정한다거나, 여론조사식의 설문과 같은 방법으로 어느 내용이 학교급별로 적정한지 교사나 전문가의 의견을 수집하는 것은 학생들의 역사이해 상태를 제대로 고려하지 않는, 일종의 편의적 결정 방식이다.

우리나라에서 계열성이라는 명분의 차별화 방법으로서 분류사 체제가 실패를 거듭할 수밖에 없는 이유는 분류사의 이해 난이도, 예를 들어 초등학생을 위한 인물사가 중학생에게 제공되는 정치사보다 이해하기 쉽다는 이론적·경험적 근거가 없는 상태로 시행되었기 때문이다. 또한 같은 정치사라고 해도 특정 주제에 대한 학교급별 이해의 특징이 파악되지 않은 상태로 내용요소를 선택 혹은 배제했기 때문이다. 예를 들어 토지제도에 관한 설명 중 중학생의 수준에서 이해하는 것과 고등학생의 수준에서 이해하는 것에 어떤 차이가 있는지, 또 그것을 이해하기 위한 관련 개념의 범주는 어떻게 다른지에 관한 경험적 연구가 있어야, 중학생과 고등학생에게 적합한 토지제도에 대한 교과서 서술의 구조와 내용요소, 나아가 학습 전개의 방향이 설정될 수 있다. 또는 붕당(정치)을 간소하게 가르치려고 할 때 필수적으로 포함되어야 할 학습요소와 내용을 보강하기 위해 추가해야 할 것은 무엇인지, 실제 학습 상황에서 학생들이 좀 더 간소한 설명을 더 쉽게 이해하는지 아니면 설명이 간소한 탓에 오히려 곤란을 겪는지를 파악해야 이 주제에 대한 학습의 순서를 준비할 수 있다.

역사학습에서 어떤 사건과 개념을 배운다는 것은 그것을 마스터(숙련)했다는 것을 의미하지는 않는다. 예를 들어 수학에서 곱셈을 제대로 배운 학생은 그 능력을 숙련하여 이후 특별한 실수를 하지 않는 경우 곱셈의 능력을 갖추게 된 것이라 할 수 있다. 그러나 역사학습에서 학생들이 임진왜란에 대해서 배웠다거나 '인과관계'에 대해 배웠다고 할 때 해당 사건과 개념을 마스터했다고 하지는 않는다. 이런 의미에서 역사를 이해하는 능력은 생성과 변환을 거치는 것이라고 할 수 있다. 학생이 곱셈에 대해 새로운 개념이나 규칙을 깨닫게 되는 경우는 거의 없지만, 학생이 임진왜란에 대해 새로운 의미를 발견하는 경우는 얼마든지 있을 수 있으며 인과관계에 대한 이해 역시 학생의 학습과 인식의 전환에 따라 바뀔 수 있다. 역사학습의 특징 중 하나는 가르칠 내용의 범주가 매우 다양하다는 것이다. 이것은 때로 학습내용을 체계화하는 데 어려움을 주는 단점이 되기도 하지만 이것으로 상쇄되지 않는 장점을 제공하기도 한다. 역사학습의 대상이 되는 사실, 개념, 사건, 현상 등을 조직하는 방법이 다양하므로 학습을 통한 의미의 부여와 획득은 학습자의 역사이해 진전에 따라 변화할 수 있다.

결론적으로 말하면, 지금까지 우리는 내용 선정의 문제와 조직의 문제를 혼동하여 오히려 조직의 문제로 선정의 문제를 해결하려 했고, 이러한 시도는 당연히 혼란을 초래했다. 어떻게 내용을 선정하지 않고 조직할 수 있겠는가? 따라서 교육과정 구성에서 최상의 원리로 간주되었던 계열성의 개념을 제대로 적용하기 위한 사전 작업, 즉 핵심적인 학습내용이 무엇인가와 어떻게 그것을 심화하고 확대할 수 있는가를 먼저 논의해야 한다.

또한 어떻게 내용을 선정할 것인가의 문제에 대해서 흔히 거론되는 중요성(significance)의 원칙을 이용하여 기계적 판단을 도출하려고 하는 것도 적절하지 않다. 중요성의 기준이란 역사가가 어떻게 역사적 중요성 혹은 의미를 판단하며 그 기준이 무엇인가 하는 것을 역사학습내용 선정의 기준으로 응용하는 것이다. 그러나 여기서 역사가가 어떤 사건을 역사적으로 의미 있다고 판단하는가, 혹은 어떤 사건/시기/인물이 다른 것보다 더 중요하다고 선택하는가는 역사교육의 차원에서 무엇을 가르칠 것인가의 문제와 동일하지 않을 수 있다. 역사가의 판단 기준을 역사학습내용 선정의 기준으로 받아들이자는 것은, 결국 어떤 역사를 가르칠 것인가의 문제에서 학문의 구조를 강조하는 브루너의 견해에 따라 학문의 특성을 잘 파악하고 있는 학문의 전문가로서 역사가의 판단을 받아들여야 한다는 전제를 수용한 것이다. 나아가 브루너는 역사적 개념을 이해하기에 앞서 그것과 관련된 어떤 역사적 사실과 추세를 먼저 구별해야 하는가의 문제 역시 역사가의 도움을 받아 결정해야 한다고 주장한다.[60] 그러나 실제로 역사가는 누구나 동의하는 가장 중요한 사건만을 자신의 연구주제로 삼지는 않으며, 자신의 연구주제가 지니는 중요성을 객관적 기준에 따라 선정했다고 하거나 그 선정의 근거를 밝히는 경우는 거의 없다. 또한 특정 역사 주제에 관해 개념과 사실에 대한 학습의 우선순위를 제시하는 경우도 드물다.

　무엇을 가르칠 것인가를 선택하는 문제에서, 중요한 것을 가르쳐야 한다는 것은 당연한 말처럼 들린다. 그러나 역사학습의 국면에서는 여기서 중요하다는 것이 누구에게 왜 그런 것인가를 따져야 한다. 예를 들어 레베끄(Lévesque)[61]는 파팅톤 등을 인용하여 중요성의 판단 기준으로, 중대성(importance), 파급성(profundity), 지속성(durability), 규모(양)(quantity), 관련성(relevance)의 다섯 가지를 들고 있다. 그러나 역사학계에서 논의되는 이러한 준거들과 달리, 대중과 역사 교사는 기억-역사(memory history)를 현재에 활용한다는 입장에서 역사적 관련성의 실제적 용도에서 도출된 이른바 "기억중요성(memory significance)"에 따른 별도의 기준을 사용하고 있다고 본다. 그것은 직접적인 이해(intimate interest), 상징적 의미(symbolic significance), 현재적 관련성(contemporary relevance)/역사적 유추의 위험성이다. 그가 이처럼 실제적 기준을 추가하여 언급하는 까닭은 교사와 학생이 처한 상황과 인식의 다양성과 가변성이 중요성에 관한 판단에 영향을 미친다고 보기 때문이다. 그는 교육당국이 지정한 역사적 중요성을 그대로 따르기보다는 교사가 학생들에게 교육당국이 과거의 특정 부분과 양상을 학교에서 배워야 할 중요한 사건으로 지정한 까닭, 이 사건이 다른 사건보다 중요하다고 믿는 이유와 결과는 무엇인가를 생각하게 하는 것이 역사적 중요성에 접근하는 적절한 방식이라는 점을 강조한다.[62] 즉 이것은 왜 이 사건이 중요하다고 인정되었을까를 질문하고 중요성의 의미 자체를 학생 자신의 입장과 처지에서 문제화(역사화)하

1부 역사교육의 이론과 적용

는 것이다. 교사는 권위적으로 선정된 내용을 실제 학습으로 이행할 때 스스로의 판단에 따라 중요성에 관한 이러한 접근을 시도할 수 있다.[63] 역사 연구자가 할 수 있는/해야 하는 것과 역사교육자가 할 수 있는/해야 하는 것에는 차이가 있다. 역사가의 과업이 자신의 연구 분야에서 중요하다고 생각하는 주제를 독창적으로 탐구하여 동료 집단에게 발표하고 검토와 확인의 과정에 참여하는 것이라면, 역사교육자의 역할은 관련된 주제가 교사의 설명으로 학생들에게 전달될 때 그들의 이해에서 나타나는 특징을 파악하는 것이다. 그리고 그 전달의 과정은 연구자의 연구성과를 단순히 축약하는 것이 아니라 학생들의 이해에서 나타난 특징을 감안해 교사의 설명 체계로 구성해나가는 것이다.

또한 역사적 중요성은 현재의 문제의식과 관련성에 따라 기준과 판단이 달라질 수 있다는 점을 인식하고 시대, 주제, 개념, 사건 등을 교사의 선택에 따라 수업에서 학습내용으로 재구성할 수 있도록 해야 한다. 현실적으로는 설득력 있고 참신한 중요성의 기준이 제시되더라도 이것을 활용하여 우리 역사에서 지금까지 소개되지 않았던 새로운 내용이 발굴될 가능성은 크지 않다. 따라서 중요성의 의미를 학습의 차원에서 문제화하기 위해서는, 그리고 역사 해석에서 다양한 관점과 이해를 장려하기 위해서는 특정 내용을 국가 교육과정 수준에서 가르쳐야 할 학습요소로 선정하는 것 자체가 적절하지 않을 수 있다.

같은 맥락에서, 위에서 언급한 대로 우리 역사 전반을 통사체제로 다루는 방식을 재고할 필요가 있다. 중·고등학교에서 각각 수준의 차이는 있더라도 우리나라 역사를 통사적으로 학습해야 한다는 생각은 역사적이라는 개념의 통시적 의미를 강조하는 것이지만 이것이 역사적 사고의 모든 것은 아니다. 통시적 의미만큼 공시적 의미도 중요하다. 시웰(Sewell)은 '역사적'이라는 용어는 실제로 두 가지의 구별되는 의미를 갖는다고 말한다. '역사적'이라는 용어는 역사의 근원에서 유래된 명백한 형용사적 의미를 갖는다. 즉 그것은 역사적 순서, 역사적 계속성, 역사적 내러티브처럼 시간에 따라 발생한 사건들을 묘사한다. 그러나 역사적이라는 것은 또한 역사적 소설, 역사적 복장, 역사적 중요성에서처럼 현재에서 거리를 두고 존재하는 '과거에(in the past)'라는 의미를 포함한다.[64] 시웰은 실제로 이것이 일상적이고 학문적인 언어 모두에서 그 용어가 갖는 주요한 의미라고 주장한다. 왜냐하면 '역사적'이라는 용어는 순서, 계속성, 내러티브처럼 시간성을 포함하는 명사와 연결될 때에만 시간의 연속적인 흐름을 나타내기 때문이다. 역사적으로 생각하라는 것은 "더욱 의식적으로 분명하게 과거의 과거성(pastness)을 인식하라는 것이거나 혹은 당신이 생각하고 있는 사건(혹은 사건의 의미들)에 변환(transformation)이 발생하는 시간적 연속성을 이해하라는 것, 두 가지 모두를 뜻할 수 있다. '역사'에 관한 이러한 두 가지 의미, 즉 시간적 맥락으로서 역사(history as temporal context)와 변환으로서 역사(history as transformation)가 바로 역사의 공시적 측면과 통시적 측면이다." 두 가지 모두 역사가에게 필요한 사고방식이지만 일상적인 어법에서처럼 역사적 판단에서 더 중시되는 것은 통시적 방식보다는 공시적 방식이다.[65] 전자를 아무리 잘 구사했다고 하더라도 후자를 무시한다면 시대착오적(anachronistic) 오류를 저지른 것이다.

이러한 언급은 역사학습에서 개괄적 흐름을 중시하는 만큼 특정 시기와 주제에 관한 심층학습이 필요하다는 점을 지적하는 것이다. 그리고 앞에서 인용한 버스톤이 실라버스 구성에서 과거의 단면을 심화하여 학습하는 분절적(patch) 접근의 특징과 장점을 주장한 것과 맥락을 같이한다. 현행 교육과정처럼 반드시 모든 학교에서 동일하게 가르쳐야 할 내용을 정하는 방식에서는 이러한 심화학습을 시도할 수 없다. 가르쳐야 할 주제를 지정하고 학교와 교사가 그중에서 중점적으로 학습의 소재를 재구성하는 방안을 추진할 필요가 있다. 아무리 학교급별로 내용을 차별화한다고 해도 현재와 같이 통사의 체제로 교육과정에서 요구하는 것을 모두 다루어야 하는 상황에서는 학생들이 역사학의 특성을 제대로 경험하기도, 위에서 언급한 역사적 사고의 양면성을 이해하기도 힘들다.

그렇다고 역사를 전체적인 흐름 속에서 파악해야 한다는 것을 포기할 필요는 없다. 오히려 특정 주제와 과거의 단면을 깊게 다루기 위해서는 학생들에게 보다 넓은 시각에서 개별적인 사항을 파악할 수 있도록 개관을 위한 프레임워크(framework)를 제공할 필요가 있다. 다만 이러한 개관을 위한 틀을 고정된 것으로 주입해서는 안 된다. 역사에서는 같은 사건이나 주제를 지속적으로 새롭게 파악하고 해석해 나가는 것이 학습의 본질이자 특징이다. 이것은 전체의 맥락에서 부분을 살펴보고 이것을 바탕으로 전체의 그림을 다시 그려보는 일종의 해석학적 순환의 과정이다. 그러한 프레임워크의 성격과 기능, 구성 방법과 특정 주제와의 순환관계에 관해서는 별도의 논의가 필요하다.[66] 다만 이 글에서는 교육과정 차원에서 선정된 내용을 획일적으로 교사에게 처방하기보다는 수업에서 특정한 주제에 대한 학습의 의미와 가치를 재구성하여 학생들에게 제시할 수 있는 기회를 확대해야한다는 것을 지적하고 싶다. 이 점에서 보면 계열성 논의는 교육과정을 교사가 어떻게 이해하고 수용해야 하는가에 관한 기본적인 문제를 제기하고 있다. 다음 절에서 이 문제를 좀 더 살펴보기로 하자.

4. 계열성 논의와 역사 교사: 체계화/위계성에 대한 집착과 부작용

교육과정 논의는 우리나라 역사교육 연구의 블랙홀과 같다. 교육과정이 차지하는 위상과 역할을 생각할 때 이에 대해 많은 사람이 관심을 두는 것은 당연하다. 또한 개정이 잦기에 연구자들이 어떤 방향으로, 무엇을 핵심으로 교육과정을 재구성해야 하는가와 관련해 활발히 의견을 개진하는 것도 바람직하다고 할 수 있다. 그러나 개정의 방식, 방향과 내용보다 먼저 교육과정이 어떤 역할을 해야 하는가를 고려할 필요가 있다. 특히 교사들이 교육과정을 어떻게 이해하고 활용할 것인가의 문제가 배제된다면 교육과정 논의는 대체 누구를 위한 것인가? 과연 역사 교사들은 빈번히 개정되는 교육과정 문서를 꼼꼼하게 읽어보고 있을까? 만약 읽는다면 그것을 통해 자신의 수업에서 어떤 도움과 지침을 얻을 수 있을까? 현행의 교육과정 논의는 교사에게 따라야 하고 지켜야 할 것을 지시하는 대신 교사가 주체적으로 구상하고 판단하고 시도해볼 수 있는 기회를 마련하는 데는 관심을 상대적으로 덜 기울이는 경향이 있다. 계열성 논의는 이런 면에서 보면 전형

적인 교육과정의 담론이다.[67]

우리나라 계열성 논의에는 외국 문헌에 대한 소개나 인용이 드문 편이다. 물론 연구 환경과 문제 소재 그리고 배경이 달라 외국의 문헌을 참고할 상황이 안 되기 때문일 수도 있다. 또는 계열성의 문제가 외국에서는 우리나라에서만큼 관심을 끌지 못한다는 것의 반증이기도 하다. 그들에게는 수업 이전에 전국 규모의 교육과정으로 학생들이 역사에서 배울 내용을 학교급별로 차별화한다는 것이 잘 이해되지 않을지도 모른다. 아직 가르칠 주제에 대한 학생들의 이해 양상이 드러나지 않은 상태에서 선제적으로 내용 이해의 수준과 범위를 한정하는 것은 불합리하기 때문이다.

타일러와 버스톤이 제시한 학습내용 조직의 원리는 개별 역사 교사가 정해진 학습 기간에 어떠한 역사학습을 제시해야 하는가에 대한 가이드라인이지, 우리나라와 같은 전국 규모의 교육과정 편성을 염두에 둔 것은 아니다. 두 사람은 한 교사가 일정 기간 담당 과목의 수업을 통해 이끌어갈 동일한 학생집단을 염두에 두고 계열성이나 교수요목의 문제를 설명했다. 이것을 학교급 혹은 학년별로 교사와 학생이 서로 바뀌는 상황에 적용한다는 것은 학습내용을 특정한 교사와 학생, 개별적인 학습 상황과 무관하게 지시한다는 것을 의미한다. 이렇게 원리의 적용 대상이 바뀌면 두 학자가 전제한 교사의 수업 내용 구성의 자율성과 재량은 약화될 수밖에 없다.

만약 계열성의 문제에 관한 현장 교사의 관심이 무엇일까를 묻는다면 어떤 대답이 나올까? 예를 들어 고등학교에서 역사를 가르치는 교사가 해당 수업 주제에 관해 학생들에게 중학교 때 배운 적이 있는가를 물을 수 있다. 학생들의 대답에 따라 교사는 해당 수업 주제를 접근하는 방식을 달리할 수 있다. 그러나 학생들이 배운 적이 있다고 해서 같은 주제에 추가된 내용만을 가르치는 것은 실제로 가능하지 않다. 선행학습이 있었다고 해도 학생마다 내용에 대한 이해의 정도가 다르기 때문이다. 추가된 것을 가르치기 위해서 기본 내용도 다시 확인해야 한다. 물론 기본적인 사실과 시대, 역사적 인물에 관해서는 들어본 적이 있는 것과 없는 것의 차이가 있을 수 있다. 하지만 그렇다고 해서 가르쳐야 할 학습 주제나 내용의 일부를 생략하는 것이 더 적절하다고 할 수는 없다.

누구를 위한 논의인가라는 질문의 측면에서 보면, 계열성은 교사에게 큰 도움이 되지 않는다. 초등학교 교사이건 중·고등학교 교사이건 정해진 학교급에서 교육과정에 따라 편성된 교과서를 위주로 가르치는 현실에서 고등학교 역사 교사에게 중학교 역사와 고등학교 역사가 계열성의 원리에 따라 어떻게 차별화되어 있는가는 큰 관심거리가 아니다. 그들에게는 중학교 학습내용을 반복하는 것이 적절한가를 따지기보다는 학생들이 관련 사항을 상기하여 심화된 수준에서 학습 주제에 접근할 수 있는 방안이 무엇인가가 더 중요한 문제이다.

결국 교육과정 수준에서 학교급별로 내용을 차별화 혹은 계열화한다고 해도 그것은 교육과정 개발자의 의도일 뿐 학교에서 그대로 적용되지 못할 것이다.[68] 실제 역사수업에서 교사는 학생이 도달할 수 있는 최선의 역사이해를 돕기 위해 노력하는 것이 당연하고, 그것을 달성하기 위한 방안과 내용의 선택과 조정은 교사의 판단에 맡겨야 한다. 고등학교에서 다루어야 할 주제나 내용을 중학교에서 다루어서는 안 된다는 식의 결정은 학교급별로 차별화된 평가를 위한 방편으로만 합리화될 뿐 학생들의 역사이해를 촉진하는 방안이 아니다.

결과가 아니라 과정으로서의 교육과정을 인정한다면, 여기서 교사는 검증과 평가의 대상이 아니라 일종의 연구자로서 참여하는 역할을 맡아야 한다. 이때 교사가 연구를 한다는 것은 교육과정에 제시된 학습의 내용과 구조를 그대로 따르는 것이 아니라 자신의 역사인식, 역사관 그리고 교수 경험에 따라 수업 상황에서 가장 적절한 분량과 순서로 그것을 구성하고 본인이 고안한 설명의 방식에 따라 학생들이 수행해야 할 과업을 제시하는 것이다. 이러한 관계에서 교사를 위한 교육과정, 즉 교사가 자신의 수업을 구상하기 위해 검토해야 하는 기본 자료로서의 교육과정이 만들어질 수 있다.

역사교육을 비롯한 교과교육 연구자와 참여자, 특히 역사교육의 구성원은 일반론적인 교육과정에서 교과의 의미를 특징짓는 내용의 체계와 그것에 대한 학생 이해의 양상을 구분하여 파악하고 이러한 필요성을 계속 강조해나가야 한다. 궁극적으로는 총론과 각론의 관계에서 교과교육을 논의하는 구도를 탈피해 각 교과의 교육적 의미와 그것을 충실히 할 수 있는 방안을 모색하면서 교육과정의 진정한 역할이 무엇인지를 밝혀나가야 한다. 현재의 계열성 논의는 이러한 방향을 추구하고 있지 않다. 그것은 총론 안의 각론으로서 역사교육의 편제를 어떻게 효율화하는가 하는 기술적 논의에 머물러 있다. 총론과 각론의 관계에서 흔히 상호소통이나 쌍방향적인 논의 구도를 언급하는 경우가 많다. 그러나 이것은 논의 구도만의 문제는 아니다. 역사학습에서 역사의 주제/개념/내용/방법을 학습하는 데 있어 교과의 특정적인 방식이 무엇이고 왜 이것이 필요한지를 제시하지 않고서 총론에서 각론의 하나로 역사과목의 이러한 특성을 고려해달라고 하는 것은 적극적이지도 현실적이지도 못한 제안일 뿐이다.

무엇보다도 계열성 논의는 교사의 주체성과 자율성을 축소하거나 도외시하는 부작용을 낳고 있다. 가르치고 싶고 알고 싶은 내용이 있어도 그것을 순서에 따라 전후를 가려 제시해야 한다는 의미를 강조하기 때문이다. 그렇지 않아도 규정적이고 제한적인 교육과정의 집행력을 더욱 강화하고 상세하게 하는 것이 과연 교사에게 도움이 될까? 본질적으로 계열성의 구실은 교사가 일련의 수업활동에서 가르칠 내용을 구상하고 학생들의 이해 양상을 살펴가면서 그것을 조정하는 과정의 지침이 되어야 하지 교육과정의 목표와 내용 구성을 체계화한다는 명분으로 교사의 주체성을 사전에 제한하는 빌미가 되어서는 안 된다.

5. 맺음말

우리나라에서의 계열성은 교육과정 구성의 가설이다. 이 가설은 교육과정 구성에 관한 이론으로서 근거와 정합성을 검증받지 못했다. 계열성 구현의 방안으로 거론되었던 논리주의적 방법과 심리주의적 방법은 이분법적인 양자택일의 문제로 혼동되었다. 그마저 이러한 이분법적인 발상은 본디 교사의 수업을 적용 대상으로 한 것이라 학교 교육과정, 아니 전국 규모의 교육과정에는 활용하기 적절하지 않았다.

나는 국내 연구자를 인용하면서 계열성/계열화에 관한 용어, 개념, 논리상의 오류를 지적했지만 그것이 이 글의 근본 취지는 아니다. 계열성은 외국의 이론 체계로 소개되었지만 우리 상황에서 변용되어 별도의 구실을 맡게 되었다. 이런 과정에서 논의에 참여한 연구자들은 나름대로 견해를 개진했다. 공과가 있는 것은 당연하다. 계열성의 개념을 토착화하려 한 것이 공이라면, 이 글에서 지적한 여러 가지 부작용을 초래한 것은 과이다. 이제 그 공과를 따져 연구의 영역에서 계열성을 어떻게 처리할 것인가를 검토해야 한다. 논의를 분명하게 하기 위해 다음의 두 가지 경우를 상정하기로 하자.

1) 계열성을 교육과정 구성의 원리로 계속 활용할 경우

① 합리적으로 보이는 학교급별 내용 차별화를 위한 논의가 주로 교육과정 개정 시기에 집중적으로 나타난다. 그리고 적어도 이론적으로는 학교급별 내용 체계화의 필요성이 부각될 수 있다.

② 교육과정을 둘러싼 논쟁에서 계열성의 구비 여부가 계속해서 평가와 비판의 준거로 활용된다.

③ 계열성의 원리를 구체화하기 위한 이론적 탐색이 이어지면서 역사교육 연구의 한 영역으로 존속할 것이다.

2) 계열성 원리의 권위 혹은 논의의 관행을 부정할 경우

① 역사학습의 내용 선정과 구성에서 교사의 역할이 부각된다.

② 검증되지 않은 학습내용의 범주와 한계가 수업활동에서 재맥락화된다.

③ 유사 의제(pseudo agenda)에서 벗어나 교육과정 논의의 핵심 주제와 방향성을 재정립할 수 있다.

　나는 두 번째 상황을 옹호하기 위해 이 글을 썼다.

　계열성의 원리에 입각해 중·고등학교의 학습내용을 차별화하는 본격적인 방법은 가르칠 주제 혹은 개념을 선정하고 그것에 대한 학생들의 이해 양상을 경험적으로 규명한 후 제시할 순서를 정하는 것이다. 이것은 개별적으로 사례를 통해서 조사되어야 한다. 왜냐하면 학습의 주제와 개념별로 상이한 구성과 논리체계가 존재하며 이에 대한 학생들의 이해 양상은 무리하게 일반화될 수 없기 때문이다. 장기적인 안목에서 주제별 내용 전문가, 역사 교사, 그리고 역사교육 전문가들이 상호논의 과정을 거쳐 누적적이고 실증적으로 조사 작업을 진행해야 한다. 우리 교육과정 개정의 과거와 실상을 감안할 때 교육당국이나 관계기관이 이러한 작업에 관심을 기울이고 관련 연구를 착수하거나 지원할 것인지는 불확실하다. 다만 본디 교사의 학습내용 구성에 적용하는 원리로서 계열성을 교육과정 구성에 무모하게 확대 적용하는 것은 중·고등학교 학습내용을 형식적으로, 피상적으로 차별화하는 부작용을 초래할 뿐이라는 점을 다시 한번 강조하고 싶다.

역사 텍스트 독해와 역사개념의 이해

1장

역사 텍스트 독해를 둘러싼 연구동향과 쟁점

박지원 옮김

1. 머리말[1]

최근 한국에서 '올바른' 역사 교과서를 둘러싸고 상당한 논란이 있었다. 그러나 논쟁은 양극화식 구도로 전개되어 대체로 교육적이기보다는 정치적인 양상을 띠었다. 쟁점은 고등학교 한국사 교과서 검인정 체제를 쇄신할 것인지 혹은 단일한 국정교과서 체제로 회귀할 것인지에 대한 교육부의 결정에 있었다.[2] 2000년대 초반 검정 체제에서 한국 근현대사 교과서가 처음 출판된 이후로 "보수" 정권은 소위 "좌파"적인 역사서술에 대해 심각한 우려를 제기했다. 보수 성향의 비평가들이 주로 문제시한 것은 전국 고등학교의 50퍼센트 이상이 채택한 금성출판사의 근현대사 교과서였다. 정부는 출판 과정에서 교과서 저자들의 권리와 책임을 제한하는 소송을 제기했다. 결국 재판부는 정부가 저자의 동의를 구하지 않고도 문제가 될 만한 역사서술에 개입하거나 "수정"할 수 있도록 판결했다.

얼마 지나지 않아 교학사에서 출판한 "우파" 교과서가 정부의 검정을 통과하면서 이러한 검인정 체제에 문제가 있음이 다시 한번 드러났다. 비평가들은 이 교과서가 "관점의 왜곡"과 "사실의 오류"로 가득 차 있다고 하며 검정 통과의 부당함을 주장했다. 그들은 교학사 교과서를 승인한 교육부의 처사를 비난했다. 교육부는 강한 반발을 무릅쓰고 결국 교학사 교과서를 인정했다. 그러나 이 교과서를 채택한 고등학교는 극소수에 불과했다. 교육부는 교학사 교과서의 낮은 채택률이 교과서 자체의 결함보다는 정부 주도의 진행 방식에 대한 반발 때문이라고 보고 역사 교과서의 검인정 및 출판 체제를 재검토하기 시작했다.

뉴라이트는 한국사 교과서가 고대부터 오늘날에 이르기까지 민족적 정체성을 담고 있어야 한다고 주장했으며, 동시에 우리나라가 외세의 침입이나 북한이 일으킨 전쟁을 극복하면서 독자적 주권을 확보했다는 점을 확실히 반영해야 한다고 역설했다. 낱낱의 역사적 사실들은 세계에서 유례를 찾기 힘든 발전과 진보, 곧 한국의 "자유민주주의"를 향한 독특한 움직임 속에 녹아들어야 한다는 것이다. 이러한 관점의 개념과 의미 규정은 상당히 논쟁의 여지가 있지만, 이와 같은 신념은 한국 사회의 일부 여론 형성층에 강한 공감대를 형성했다. 박근혜 정부는 이러한 역사적 관점을 한국 역사 교과서의 내용을 구성하는 기초와 토대로 삼을 것을 요구했다. 이것은 특히 국가의 공식 역사를 학생들에게 가르칠 때 타협될 수 없는 것이었다.

최근 교과서 출판 체제를 돌이켜 보면, 이를 둘러싼 논쟁은 한국에서 역사 교과서가 차지하는 비중이 학교 수업뿐만 아니라 공적 논쟁의 영역에서도 지대하다는 사실을 적나라하게 드러낸다. 국정교과서는 1970년대 독재정권의 지지 속에 도입되었고 이후 30년 동안 활용되었다. 역사가들과 역사교육자들은 국정교과서가 과거 국가사에 대한 다양하고 반성적인 해석을 저해한다고 주장하면서 정부 정책에 반대하는 입장을 표명했다. 마침내 우리나라는 국정교과서 체제에서 벗어나 검인정 체제로 전환했지만,[3] 이와 더불어 새롭게 대두된 논쟁은 검인정 체제의 전도(前途)를 위태롭게 했다. 이러한 역사적 퇴보는 무엇에 기인하는가? 국정교과서를 추진했던 박근혜 정부에서 "단 하나의" 역사적 해석을 선전하는 것이 왜 필요했는가? 역사 수업에서 다양한 관점을 가르쳐야 한다고 주장하는 사람들은 어떻게 대응했는가? 마지막으로, 검인정이나 국정의 교과서 체제를 막론하고 그 활용에 대한 관점이 변화하게 된 동기와 내역은 무엇인가?

　이 글에서는 1945년 이후 진행된 한국 역사교육의 발전과 맥락을 간단히 언급하고, 역사 교사의 수업 실행을 중심으로 한 연구동향을 살피면서 그동안 역사교육 연구가 어떻게 진전해왔는지를 다룰 것이다. 아울러 역사 텍스트 학습에 대한 연구 경향을 해설하면서 최근에 부각된 "다양성을 지향하는 독해(diversity-oriented reading)"에 대한 평가에 집중하고자 한다.

2. 우리나라의 교과서 정책과 역사교육에 영향을 미치는 요소들

1945년 해방 이후 우리나라는 극심한 정치적 변동을 겪었다. 급변하는 정치 상황은 몇 차례 교과서 출판 체제의 변화를 야기했으며 이에 따라 역사교육 또한 요동했다.[4] 여기서는 한국의 교과서 정책을 위시하여 역사교육에 영향을 미치는 요소들을 설명하고자 한다.

첫째, 우리나라에서 국사 교과서는 지식의 원천으로 간주되어 확고한 위상을 지니고 있으며 통설(通說)에 부합해야 하는 것으로 여겨지고 있다. 교과서에 수록된 내용은 대학수학능력시험, 학업 성취도 평가, 그리고 학교의 중간·기말고사 등을 포함한 다양한 시험 자료들에 대한 전거와 기준으로 활용되고 있다. 이러한 시험의 중요성은 교실 수업에서 역사 교과서의 독점적인 역할과 기능을 다시금 강화한다.

둘째, 교과서 내용의 선정과 조직은 국가 교육과정에서 규정된다. 교육과정은 정치적 변화의 직접적 결과로서 지금까지 몇 차례에 걸쳐 개정되었다. 새롭게 들어선 정권은 으레 교육개혁을 국정 혁신의 주요 전략으로 삼았던 것이다. 이 전략은 종종 부담스러운 대입시험을 개편하고, 교육 목표를 다시 설정하도록 교육과정을 개정하며, 필수 과목 및 선택과목을 재배열하고, 수업 시수를 조정하며, 교과서의 조직과 내용을 재구성하는 것을 포함한다.

셋째, 교과서 출판 체제는 교육과정에 "종속"되어 있다고 할 수 있다. 각 과목의 교과서는 조정된 교육과정에 의거하여 서술하고 출판되어야 하기 때문이다. 학교에서 사용되는 모든 학년의 교과서는 정부의 승인을 받아야만 한다. 상업적 속성을 지닌 출판사는 대부분의 교과 영역에서 저자를 직접 선택하여 교과서 제작을 준비하고, 더불어 교과서 서술의 지침이 되는 공식 교육과정과 기타 교육과정 해설서에 부합하는 교과서를 만들기 위해 노력한다. 일선 학교에서는 정부의 검정을 통과한 교과서 중에서 하나를 채택할 수 있다. 국사와 국어 과목의 경우, 표준화되고 "편향되지 않은" 내용을 제공하기 위해 국정교과서를 공인하기도 했다. 이를 위해 정부는 학자들을 특정하여 관련 부처와의 협의 아래 정해진 형식과 주제에 따라 교과서를 서술하도록 했다.

3. 역사 교과서 활용 및 독해에 대한 관점의 변화

1) 교과서 연구의 동향

지배적인 교수 도구로서 역사 교과서는 일찍부터 연구되어왔다. 초창기 연구들의 주요 관심은 관련 주제에 대한 역사가들의 연구 결과를 교과서에 적절하게 반영하고 있는지의 여부였다. 물론 이와 같은 교과서 연구는 새로운 사실의 발견과 해석상의 변화가 있을 수 있기 때문에 중요하지만, 학문적 목표와는 다를 수도 있는 교과서의 교육적 목적을 고려하지 않았다는 점에서 일정한 한계가 있다. 달리 말하면 이러한 연구에서는 학생들을 가르치기 위한 목적을 지닌 교과서의 내용 선택과 조직의 중요성을 간과했던 것이다. 역사 교과서는 단지 축적된 연구성과의 "축약판"으로 간주되었다.

교과서 분석 연구에서 다룬 또 다른 쟁점은 이념적 편향성이다. 특히 1970년대 중반 국정교과서의 출판 이후, 전국역사교사모임은 국사가 지배계층의 관점에서 일관하여 서술되었으므로 현재의 억압적이고 권위주의적인 정부 지배를 합리화하고 피지배계층의 해방을 위한 지속적인 투쟁을 소홀하게 다룬다고 비판했다.[5]

1990년대를 기점으로 교과서 연구에서 새로운 경향이 나타났다. 양호환은 "역사적 담론"의 특성에 대한 롤랑 바르트(Roland Barthes)의 연구와, 그것이 학생들의 역사 텍스트 독해에 시사하는 바를 탐구한 와인버그(Wineburg)의 연구를 소개하고, 메타-담론, 저자의 존재, 수사적 장치 등의 개념에 착목하여 교과서 역사서술의 본질과 특성을 환기시키려 했다.[6]

교과서 역사서술의 "객관성" 또한 면밀한 검토 대상이 되었다. 포스트모던적 회의주의의 영향 아래 그동안 의심 없이 관철되었던 역사서술의 객관성이 가장(假裝)되었다는 사실이 드러나면서 저자의 부재가 새롭게 부각되었다. 바르트는 다음과 같이 주장했다.

저자 곧 텍스트 원작자는 자신을 직접 드러내는 암시를 조직적으로 제거하는 것을 통해 자기 담론에서 한 발 비켜 서 있고자 한 지점에서, 역사는 그 스스로 서술되는 것처럼 보인다. 이러한 접근은 그것이 역사 담론의 '객관적' 형식에 부합하기 때문에 널리 활용되고 있다. 여기서 역사가는 절대로 자기 자신을 드러내지 않는다.[7]

더 나아가 "객관적" 역사를 통해 역사가는 "지시 대상이 스스로 말하고 있다는 인상을 주려고" 하고, 그 결과 "지시적 환상(referential illusion)" 혹은 "실재 효과(reality effect)"를 창출한다.[8] 작가의 존재와 관점을 숨기고, 또한 저자의 논증과 정당화에 의구심과 망설임을 보여주는 수사적 장치인 "울타리(hedges)" 등과 같은 메타담론적 요소를 삭제함으로써, 이것은 특히 역사 교과서 서술에서 극대화된다.[9]

한편 두 가지 텍스트에 대한 바르트의 구분이 역사 교과서의 특성을 이해하는 데 적용되었다. "독자적" 텍스트는 타이어 교체 매뉴얼이나 화산 폭발 과정에 대한 설명과 같이 정보를 명확하게 전달한다. 이에 비해 "저자적" 텍스트는 독자들에게 의미 전달에 적극적으로 참여할 것을 권유한다. 이러한 방식으로 저자적 텍스트의 독해는 독자의 쓰기 과정을 포함한다. 독자 또한 두 유형으로 나눌 수 있다. "모의 독자"는 작가가 이끄는 대로 텍스트의 의미를 받아들이거나 수사적 장치에 쉽게 영향을 받는다. 반면 "실제 독자"는 읽기 과정에서 의미를 적극적으로 구축하고 자신의 이해를 비판적으로 검토한다.[10]

이러한 두 가지 종류의 텍스트와 독자들을 교차시키면 우리는 〈표 1〉에서 유형화한 것과 같은 네 가지의 독자-텍스트 관계를 산출할

〈표 1〉 독자와 텍스트의 유형

	독자적 텍스트 (Readerly Text)	저자적 텍스트 (Writerly Text)
모의 독자 (Mock Reader)	1	2
실제 독자 (Actual Reader)	3	4

수 있다.

표에서 1번 영역은 수동적 독자들이 텍스트에 적혀 있는 표면적 의미를 받아들이는 것을 나타낸다. 독자적 텍스트의 전형으로 간주되는 국정교과서는 사실상 무비판적인 독해를 강요했다. 한국의 역사 교과서는 주로 이러한 방식으로 이용되었고, 역사 교과서에 대한 초기 연구들 또한 독자-텍스트 관계를 1번 유형으로 상정했다. 이와 같은 접근은 잠정적 독자들과 그들의 독해 방식에 대한 적절한 고려 없이 교과서 설명의 사실적 기반에만 집중하는 결과를 낳았다.

최근 한국의 교과서 연구는 독자-텍스트 관계의 다른 측면들을 탐색하기 시작했다. 예를 들어 전국역사교사모임은 자체적인 "대안교과서"를 출판하여 독자적 텍스트인 국정교과서의 결함을 보완하려고 했다. 일부 연구자들은 사료를 포함한 여러 역사 텍스트를 이용함으로써, 학생들이 역사 교과서가 다양한 형태로 표현될 수 있는 역사 텍스트의 한 유형일 뿐이라는 점을 인식하는지의 여부를 탐구했다. 또 다른 연구자들은 4번 유형의 독자-텍스트 관계가 지니는 함의와 관련해서 다음과 같은 질문을 던졌다. 학생들이 스스로 적극적인 의미 구축 과정을 통해 교과서의 의미를 비판적으로 또는 해체적으로 읽을 수 있는가? 이상에서 언급한 여러 접근들은 교과서를 넘어선 역사교육을 공통적으로 추구한다는 점에서 서로 긴밀하게 얽혀 있다.

2) 대안교과서

개혁 지향의 교사들이 추진하던 교육 민주화 운동은 1980년대 후반의 정치적 변화로 인해 고무되었다. 1988년에 새로 설립된 전국교사모임 산하에 전국국어교사모임이나 전국역사교사모임 같은 교과별 교사모임이 신속하게 조직되었다. 전국역사교사모임은 다음과 같은 목적을 추구했다. 그 대강은 "왜곡되고" "편파적인" 국정 역사 교과서를 극복하고, 수능시험 중심의 교실 수업을 개혁하며, 학생들이 자의식을 형성하고 목적이 있는 삶을 지향하도록 돕는 역사교육을 촉진하는 것이다. 전국역사교사모임은 역사 교사들이 그동안 역사 교과서의 내용을 선택하고 조직하는 의사결정 과정에서 배제되었던 사실을 문제시하면서 개방적이고 비판적으로 교과서와 수업에 접근하는 혁신적인 변화의 주체가 되어야 한다고 강조했다.

정부는 국정 역사 교과서를 폐지해야 한다는 전국역사교사모임의 주장뿐 아니라 아예 그 모임 자체를 인정하지 않았다. 전국역사교사모임은 개혁에 대한 요구를 정당화하기 위해 교육과정과 국정교과서를 면밀히 검토하여 그 속에 담긴 이념적 편견을 비판했다. 특히 "민중의 시련과 극복 노력"이라는 핵심적인 주제를 고려하지 않고 지배층의 이념적 가치만을 부각한 것을 문제 삼았다. 또한 이 모임은 사료의 활용, 역할 놀이, 극화 학습과 같은 다양한 교수 방법을 소개하려 했다. 1990년대 정부의 간섭 속에서 수업 자료와 내용을 자유롭게 만들기 어려운 여건이었음에도 불구하고, 결국 전국역사교사모임은 대안교과서로 《살아있는 한국사 교과서》(2002)와 《살아있는 세계사 교과서》(2004)를 출판했다. 이 책들은 국정교과서에 의해 확산된 "죽어버린" 역사서술의 주입을 막기 위한 대안으로, 학생들의 역사적 사고를 증진시키며 역사교육을 생동감 있게 만들겠다는 목적을 표방했다.

대안교과서의 계획과 서술은 오로지 역사 교사들만의 노력으로 이루어졌다. 이들은 학생들이 역사에 대해 호기심을 갖고 있지만, 다른 한편으로는 교과서에 재미없이 나열된 사실들을 단순히 암기해야 하는 고통에 시달리고 있음도 경험적으로 잘 알고 있다. 교실 현장에서 동떨어져 있는 교수들이 학문적 전문성이나 난해한 연구주제에 기반하여 교과서를 집필하는 것에 대신해서, 교사들은 다양하게 배치된 사료, 그림, 에피소드 등을 활용하여 더욱 생동감 있는 역사 이야기를 만들고자 했다. "교실에서 제작된 교과서"는 전국역사교사모임의 주요 업적으로 찬사를 받았고 학생, 학부모, 그리고 일반 대중에게 호응을 받아 상업적으로 커다란 성공을 거두었다. 동시에 진보 성향의 정부는 한국 근·현대사 교과서를 검인정 체제로 전환시켰다.

문자 그대로 국정교과서의 대안으로 제시된 대안교과서는 역사수업에서 교과서의 중요성과 역할의 문제도 환기시켰다. 이 연장선상에서 교사의 역할, 나아가 교사와 교과서 학습의 관계가 부각되었다. 대안교과서는 아직까지 만연한 생동감 없는 역사교육의 해결책이 될 수 있는가? 하향식(top-down) 교육과정 체제 아래에서 일종의 문지기(gatekeeper)[11] 역할을 하는 교사는 주체적이고 자율적으로 교육 내용을 재구성하기 위해 무엇을 해야 하는가? 이러한 질문들에 응답하면서 전국역사교사모임은 교사들이 스스로의 교육 관행을 되돌아보기 위한 다양한 교실 활동을 수집하고 보급하고자 그 활동 영역을 넓혔다. 수업의 준비와 실행 과정에서 교사들의 적극적이고 창의적인 역할을 강화하려는 제반 논의들은 전국역사교사모임의 회원 여부를 떠나 역사교육 관련자들 사이에서 지지와 동의를 얻었다. 교과서를 넘

2부 역사 텍스트 독해와 역사개념의 이해

어서고자 하는 이 같은 역사교육의 움직임과 더불어 학교 역사를 둘러싼 두 가지의 상호관련된 과제가 대두했다. 첫째, 학생들에게 역사적 사고를 어떻게 가르칠 수 있을까? 둘째, 학생들이 역사 텍스트를 비판적으로 읽게 하기 위한 교과 중심의 사고를 어떻게 증진시킬 수 있을까?

4. 역사적 사고와 역사 텍스트 독해의 방향 전환

1) 과도한(?) 기대: 역사적 사고에 대한 논쟁을 다시 생각하기

1990년대 초 새로운 연구 영역으로 부상한 역사교육은 주로 역사교육과정과 교과서 문제에 집중되어 있었다. 그 뒤에는 영국과 미국의 피아제-피일-할람 모델에 대한 논의와 논쟁을 소개함으로써 연구의 범위를 확장시켰다.[12] 이후로 역사적 사고는 한국의 역사 교수학습에서 가장 중요한 연구주제가 되었다. 이러한 경향은 역사지식 생산의 특성과 과정을 고찰하는 것을 통해 역사교육의 가치와 의미를 부여하기 위한 노력들을 반영한 것이었다.

한국에서 역사적 사고의 개념은 낯선 것이 아니었다. 톨젠(Tholfsen)은 《역사적 사고》라는 책에서 하트리(L. P. Hartley)의 유명한 구절 "과거는 낯선 나라다. 그곳에서는 사람들이 다르게 행동한다"[13]를 인용하면서 역사적 사고 개념의 독특함을 강조했다. 다른 나라들과 마찬가지로 역사 수업은 이름과 연도 등을 포함한 역사적 사실을 단순히 암기하는 것으로 한정하기보다는 학생들의 활동적인 사고를 독려하고 촉진하는 것이 되어야 한다는 생각이 널리 받아들여졌다.

역사의식은 이러한 생동감 없는 역사 수업을 혁신시키는 유용한 개념적 도구로 고려되었다. 역사적 사고와 명확하게 구분되지 않았던 역사의식은 학생들의 학습과 성취 수준을 가늠하게 하는 개념적 도구였다. 예를 들어 1970년대에 논의된 역사의식은 "자기 존재를 시공간에 위치시키는 비판 의식"으로 느슨하게 정의되었다. 이러한 의식은 과거와 현재 사이를 단순하게 구분하는 낮은 단계에서부터, 고대·중세·근대와 같은 역사적 시대를 이해하는 높은 단계에까지 걸쳐져 있다.[14] 이와 같은 역사의식의 정의와 분류는, 아직 실증되지는 않았지만 이론상으로 제시된 발달단계에 따라 학생들에게 적절한 학습 주제와 수업 자료를 제공해야 함을 시사한다.

기존에 제시된 역사의식의 단계가 고정적이었던 것에 비해, 역사적 사고는 피아제-피일-할람 모델을 둘러싼 논쟁에 점차 의문을 제기하면서 하나의 이론 구조로서 정립되었다. 이는 학생들의 역동적인 사고 과정을 강조했기 때문에 우리나라 연구자들에게 많은 관심을 끌었다. 그에 따라 다음과 같은 연구주제가 중요하게 부각되었다. 역사적 사고 능력 혹은 태도를 어떻게 증진시킬 수 있을까? 그리고 역사적 사고를 중심으로 한 새로운 패러다임을 받아들인다면 그 독특한 특성은 무엇일까? 이 물음에 간략히 대답한다면 다음과 같다. 역사적 사고는 역사가들이 역사적 텍스트를 읽을 때 발현되는 학문/교과 중심적이고 영역 고유적인 사고 과정이다. 학생들은 역사가처럼 읽는 방법을 배워야 한다고 상정되었다.[15] 이와 같은 방법론의 차용을 흔히 '역사하기(doing history)'라 부른다.

2부 역사 텍스트 독해와 역사개념의 이해

하지만 역사적 사고의 개념을 받아들이는 과정에서 그것은 미국의 국가표준(National Standards)처럼 종종 사고 기능으로 분류되었다.[16] 이러한 맥락에서 많은 논문들은 사고 기능을 체계적으로 분류하여 각 영역의 위계를 설정하고 구체적인 기능을 해당하는 역사 내용과 연결시키고자 했다.[17] 전문 연구자와 일부 교육정책 입안자는 국정교과서 내용을 둘러싼 이념적 긴장을 피하기 위해 역사적 사고 기능을 중립적이라고 강조하면서 역사를 가르치는 것의 이데올로기적 성격을 희석하려고 했다. 이에 따르면 학생들은 공식적인 국가사의 기본적인 역사적 사실과 틀을 배워야 한다. 학생들은 충분히 성숙하고서야 비로소 논쟁적인 역사 문제들을 온전히 파악할 수 있는 해석과 평가 기능을 갖출 수 있을 것으로 여겨졌기 때문이다. 물론 이처럼 중립적으로 보이는 태도는 실질적으로는 국정 또는 검인정 교과서의 내용에 대한 대안적인 관점을 차단하고자 한 것이었다.

이런 가운데 역사적 사고에 관한 연구들에서 "역사적"이라는 용어를 탐색하기보다는 사고 기능을 강조하는 경향이 있다고 지적되었다. 리(P. Lee)는 역사학습에서 "기능이란 쉽게 실행되거나 전달될 수 있는 그 자체로 문제가 없는 일반 용어가 아니다"라고 지적했다.[18] 리에 따르면 역사에서 중요한 것은 "새로운 개념을 다루고 다양한 방식으로 생각하는 법"을 배우는 일이다. 이와 유사한 맥락에서 애쉬비(R. Ashby)와 에드워즈(C. Edwards)는 "역사가들이 하는 것을 따라 하기" 혹은 "작은 역사가처럼 행동하기"를 추구하는 양상은 "역사지식의 이해에서 기능이나 활동 중심의 역사로" 관심을 전환시키고 있다고 지적했다.

이러한 전환은 어떤 경우 역사에 대해 자기 견해를 나타내는 것이 무엇보다 우선된다는 신념을 동반하였다. 이때 학생들은 모든 사람이 의견을 가질 권리가 있으며 정답은 없다고 믿게끔 독려되기도 하였다. 역사는 정답을 제시한다는 측면에서는 부족할 수 있다. 하지만 타당성의 이해라는 측면에서는 잘 기능할 수 있으며, 전문가의 영역에 속하는 공적인 검증 과정을 거치면서 과거에 대한 주장이 잘 작동한다.[19]

역사적 사고에 대한 가정과 전제들은 또한 그 학문적 기반과 관련하여 비판받았다. 역사의 본질과 절차가 각각 학문으로서 그리고 역사가의 특정한 앎의 방식으로서 역사적 사고의 토대나 모델로 여겨진다면, 여기에서 말하는 학문의 특성은 무엇이며 구체적으로 어떠한 역사가를 가리키는가?[20] 대부분의 연구에서는 역사의 학문적 특성이나 연구를 수행하는 역사가의 입장과 이해관계를 의문시하지 않았다. 그럼에도 불구하고 다양한 관점과 주장들은 관습적이고 학문화된 역사의 인식론적 기반에 이의를 제기할 수 있다. 스콧(J. Scott)은 지식과 이론이 생산되고 접합된 역사적·사회적 맥락을 문제화해야 한다고 했다.[21] 이러한 "문제화"는 특정한 지식이 정의되는 사회적·언어적 관습에 대한 비판을 수반하고 있다. 시걸(A. Segall)도 학문적 접근과 구별되는 "비판적 접근"을 옹호하면서 "역사는 학문에 대한 사회적으로 구성된 활동과 기제에 의해 생산되기 때문에 역사에서 의미의 생성이란 언제나 불확정적이고 변하기 쉽다"고 주장한다. 또한 학생들에게 주어진 역사적 해석에 대해서 "어떤 관습과 방법론적 관행, 누구의 담론, 누구의 기준, 누구의 과거에 따른 것인지"를 먼저 검토하도록 요구하는 것이 중요하다고 제언했다. 이를 통해 그들은 "서로 다른 담론을 지닌 공동체가 가상의 공동 과거(common past)에 대해 왜 그리고 어떻게 상이한 진실을 생산하는지 고려"할 수 있다고 했다.[22]

따라서 역사적 사고는 점차 사고 기능의 한 유형보다는 개념적 장치로서 획득되어야 하는 무언가로 정의되고 접근되기 시작했으며, 역사적 텍스트의 독해에 점점 더 많은 강조점이 두어지게 되었다. 이러한 연구 초점의 변화는 한편에서는 역사적 인식론에 대한 포스트모던적 관점의 소개에 영향을 받았다고 할 수 있겠다.

2) 비판적 독해와 교과서의 해체

교과서의 이념적 고착에 대한 비판은 교과서 서술로 대표되는 실증주의적 역사지식에 대한 점증하는 회의주의와 결을 같이하는 것이었다. 역사 수업에 대한 연구와 그 실천적 적용들은 객관적인 역사 지식을 중시하는 실증주의를 반영하거나 적어도 그것을 전제하고 있었다. 그 결과 역사 수업을 둘러싼 담론은 역사인식론으로 그 범위를 확장시키지 못한 채 단지 방법론적 측면에 국한되었다. "보편적 지식"의 진실성에 대한 회의는 주체와 객체의 이분법에 대한 비판과 "객관적 역사서술", 그리고 "역사의 전체성(totality)" 이론 등에 대한 부정과 아울러 학교에서 가르쳐야 할 표준적인 역사지식이 존재하는지에 대해 의문을 제기했다. 과거의 실체, 역사적 사실, 그리고 객관성에 대한 실증주의적 가정은 주로 젊은 세대의 역사교육 연구자들에게 공격받았다. 그들은 텍스트가 실재를 재현하는 것이 아니며 "역사 텍스트는 역사적 사실을 그대로 반영하는 것이 아니라 역사가에 의해 생산된 하나의 해석일 뿐"이라고 주장했다.[23]

교과서 서술은 앞서 언급한 실재 효과에 의해서만 객관적으로 간주된다. 여기서 "실재는 항상 명백하게 보이는 지시 대상의 전지전능성 뒤에 감추어져 있는 공식화되지 않은 의미이다."[24] 실재에 대한 표면적인 객관성을 감안한다면 역사 읽기는 독자에 의한 재해석과 재구성이어야 한다. 역사 텍스트를 읽는 학생들은 비판적 읽기를 통해 역사지식을 재구성하여 자신만의 해석을 만들어야 한다.[25] 이러한 방식의 접근에서는 학생들이 역사를 고정된 것으로 보지 않는다. 오히려 학생들은 "사실"과 텍스트(교과서) 사이에 "특정한 화자의 가치, 기능, 질문, 그리고 이해로 형성된 (…) 분석, 해석, 그리고 서술(narration)"이 놓여 있다는 점을 파악할 수 있다.[26]

이러한 포스트모던한 배경에 영향을 받아 연구자와 교사들은 비판적 읽기를 강조하면서 학생들의 역사 텍스트 이해와 독해 방식을 탐구하기 시작했다. 여기서 "비판적"이라는 말은 텍스트의 표면적인 내용을 회의하는 동시에, 저자의 의도와 이해관계, 텍스트의 특성과 텍스트 (재)생산의 콘텍스트에 집중하면서 그 숨겨진 의미를 포착하려는 것이다. 김한종과 이영효는 1차 사료, 교과서 내용에 기반을 둔 설명적 텍스트, 그리고 이야기 형식의 글 혹은 저자가 드러난 글 등 다양한 형식의 역사 텍스트에 대한 고등학교 학생들의 반응을 조사하여 학생들의 비판적인 역사 읽기와 쓰기를 증진시키는 방법을 개발하려 했다. 그들은 학생들 대부분이 텍스트 또는 텍스트 유형의 특성을 이해할 수 있는 선지식의 부족으로 비판적인 읽기를 하지 못한다는 사실을 밝혔다. 그럼에도 텍스트의 유형에 따라 학생들의 반응에는 차이가 있었다. 학생들은 이야기체 혹은 저자가 드러나는 글에 가장 활발하게 반응했다. 이를 바탕으로 저자들은 더욱 다양한 텍스트 유형이 개발되어 교실 수업에 활용되어야 하며 학생들의 비판적 읽기 능력을 증진시키는 데에 더 많은 시간을 할애해야 한다고 결론 내렸다.[27]

또 다른 연구에서는 대부분의 고등학생들이 사료를 비판적으로 읽는 데에 미숙하다고 진단했다. 그들은 주어진 텍스트에 내포된 저자의 관점과 해석을 자각하지 못한 채 무비판적으로 신뢰하는 경향이 있었다는 것이다. 그러면서 교사는 화자나 행위자가 드러나는 문서 혹은 상반된 해석이나 양면성이 있는 역사가들의 평가를 우선 선별하여 보여줌으로써 학생들이 역사 문서의 신뢰도를 의심하고 사료를 식별하도록 이끌어야 한다고 주장했다.[28]

강선주는 고등학생들의 역사 텍스트 독해에 대한 특성을 탐색했다. 이를 위해 학생들에게 친숙한 주제인 한글 창제를 둘러싼 논쟁에 관한 세 가지의 역사 텍스트를 선택했다. 그리고 10학년 학생들이 이 텍스트들을 어떻게 독해하는지 분석했다. 인터뷰 항목에는 저자, 저자의 의도와 동기, 문서에서 다루어진 주제에 대한 당대의 주류적인 의견, 당대인의 정신세계에 대한 식별이 포함되었다. 연구 결과 "학생들의 선지식과 저자에 대한 편견"이 텍스트 해석과 저자의 의도 추론에 심대한 영향을 끼친다는 것을 밝혔다. 이러한 학생들의 결함 있는 독해 방식은 문서에 묘사되어 있는 논쟁을 이해하고 분석하는 능력, 특히 텍스트의 "논리적 구조"에 대한 추론을 압도할 만큼 결정적이었다.[29]

김한종은 텍스트의 조직 형태에 따른 학생들의 응답을 조사함으로써 사료를 제시하는 효율적인 전달 방식을 찾고자 했다. 이 연구에서는 다음과 같은 세 가지 유형의 텍스트 조직 형태가 활용되었다. (1) 교과서 서술처럼 사료의 해석 결과를 본문에 녹여서 서술한 텍스트, (2) 본문 중간에 사료 원문을 직접 인용한 텍스트, (3) 본문 서술과 병행하여 별개의 자료 형태로 사료를 제시한 텍스트. 1번 유형을 읽는 학생들이 내용을 무비판적으로 받아들이는 경향이 있었던 반면, 3번 유형에 응답한 학생들은 "다원적 관점과 역사적 사실의 본질을 이해"할 수 있는 잠재력을 보였다.[30] 2번 유형을 접한 학생들은 인용 기호로 강조된 특정한 내용에 관심을 보이기는 했지만, 대체로 인용의 의도 또는 저자의 해석과 인용한 의미 사이의 차이에 대해서는 주의를 기울이지 않았다. 이 연구는 제공된 자료들에 대한 작가의 관점과 의도를 분석하고 해석하는 학생들의 능력이 제한적임을 지적하고 있다. 이는 학생들이 텍스트의 의미를 주어지고 고정된 상태로 별다른 의심 없이 받아들인다는 사실을 암시한다. 따라서 학생들이 비판적으로 사료를 읽을 수 있도록 연습해야 하며 이를 위해 사료를 읽고 생각을 유도하는 탐구 과제를 개발할 필요가 있다고 결론지었다.[31]

이러한 연구 결과에 호응하여 일련의 역사 교사들은 비판적 독해를 증진시키기 위한 수업 모형을 제안했다. 예를 들어 한 연구는 배경 지식 혹은 학습해야 할 낯선 개념들을 설명하기에 유용한 친숙한 개념을 제공함으로써 역사 교과서 읽기를 위한 학생들의 "도식(schema)"을 활성화하려 했다. 이 작업은 텍스트 분석, 평가, 의미 구성 단계로 나누어 진행되었다. 여기에서 의미 구성 단계는 주제에 대한 학생들의 의견 개진과 글쓰기를 활용했다. 연구 결과 학생들의 비판적 읽기와 쓰기 능력이 증진된 것과 함께 학생들이 사실을 전달하는 문장보다 저자의 수사적 표현이 담긴 문장에 더 많이 반응하고 영향을 받는 경향이 있음을 지적했다.[32] 이와 비슷한 맥락에서 어느 고등학교 교사는 "비판적 읽기 학습 모형"을 적용한 수업 경험을 보고했다. 그는 자신만의 "역사교육의 비판적 읽기와 쓰기를 위한 사고 전략"을 개발하여, 역사 사실과 관련된 저자의 논지를 찾아 구성하고, 역사 사실과 저자의 논지에 기반해서 학생 스스로의 판단 기준을 수립하며, 문제를 제기하고 자신만의 논리적 의견을 수립하는 것을 포함시켰다.[33] 이 두 연구는 교사가 중심이 되어 학생들의 비판적 읽기를 증진시킬 수 있는 특정한 수업 모형을 제공했다는 점에서 주목할 만하다.

한편 전국역사교사모임과 연계된 역사교육연구소는 교실 수업 실천에 관한 보고서를 담은 학회지를 출판하기 시작했다. 최근 역사교육에 종사하는 대학교수와 교사로 구성된 특별 세미나 모임은 와인버그의 "역사가처럼 생각하기"[34]를 본떠서 1년여에 걸쳐 수행한 모방연구(replica study) 결과를 발표했다. 이 모임에서는 1919년에 발발한 3·1운동을 주요 주제로 정하고 상이한 관점을 가진 여러 사료들을 수집했다. 그러면서 교과서에 포함되지 않은 심문 조서나 일기 등에 수록된 사실들을 다루었다. 학생들에게는 문서의 출처를 확인하고 확증하고 맥락화할 것을 독려하면서, 3·1운동의 지도자들을 평면적인 애국자로 묘사하기보다는 좀 더 비판적인 시각으로 평가할 것을 기대했다.[35]

그런데 이러한 연구성과를 발표하는 자리에 참석한 토론자 중에 일제시기 전공 역사가와 풍부한 경험을 지닌 역사 교사는 이 모방 연구의 목적과 수업 시나리오의 적용 가능성, 그리고 이러한 사료들의 상호관련성에 의문을 제기했다. 특히 연구성과에서 제안된 활동과 유사한 수업 경험을 가진 역사 교사는 이와 같은 자료가 지닌 특별한 장점이 무엇인지를 질문했다. 이어서 학생들이 역사가처럼 읽기 위해서는 수업을 시작할 때 교사들이 학생들에게 읽기 과제를 수행하는 데에 도움을 줄 수 있는 적절한 질문들을 던져야 한다고 주장했다. 학생들의 맥락화를 돕기 위해서 교사와 연구자가 보다 구체적인 자료를 많이 제시해야 하는가와, 이것을 어떻게 학생들의 생각과 이야기 구성에 관련시킬 수 있는가 또한 토론의 주요 주제였다.[36]

또 하나의 흥미로운 연구는 역사서술의 주관적 특성에 대한 학생들의 이해와, 사료를 다룰 때 이 주관적 특성을 인지하는지의 여부 사이에 상호 불균형이 있다는 점을 보여주었다. 학생들은 이미 역사 문서가 저자의 관점을 반영하고 있다는 점을 배워서 그것을 상식처럼 알고 있다. 그러나 실제 읽기 과정에서는 저자의 존재에 크게 유의하지 않았다. 학생들은 메타 지식과 경험이 부족한 까닭에 역사 자료를 비판적으로 읽어내는 경우가 드물었고, 이로 인해 비판적 읽기의 함의를 파악하는 데에 실패했다. 또한 학생들은 "일본군 위안부"와 같이 민족적으로 논쟁적인 주제를 다룬 역사 자료의 경우 그 속에 내재한 관점에 유의하기보다는 사실적 측면에 더 집착했다. 따라서 한국과 일본의 교과서가 모두 자국의 역사를 합리화하고 미화하고 있기에 절대적 사실로 신뢰할 수 없다는 점을 인정하면서도, 논쟁적인 주제와 관련된 일본의 교과서 서술 혹은 다른 역사 문서들에 대해서는 사실적으로 왜곡되었다고 비판하면서 "객관적"으로 "허구 없이" 역사 교과서를 서술해야 한다고 주장하는 경향이 있다.[37]

3) 향후 연구 방향

한국에서 사료의 비판적 읽기에 대한 연구는 역사적 사고에 관한 연구들에 의해 자극되고 다른 한편에서는 단일한 국정 역사 교과서를 재고하는 추세에 따라 새로운 방향으로 진행되고 있다. 즉 텍스트에 대한 학생들의 이해와 반응에 기반하여 학생들을 어떻게 교육할 것인지 되돌아볼 기회를 제공하고 있는 것이다. 하지만 장차 수행될 연구에서 주의해야 할 이론적이고 방법론적인 결점들을 드러내기도 했다.

첫째, 비판적 쓰기는 비판적 읽기와 나란히 강조되어왔다. 김한종과 이영효는 비판적 읽기 능력이 역동적인 역사지식을 생산하는 방편으로서 역사 쓰기와 학생 자신의 내러티브 말하기로 이어진다고 주장했다.[38] 위의 연구자들은 학생들이 수행한 비판적 읽기보다 비판적 쓰기에서 더 많은 결함을 발견한 반면에, 교사들은 "비판적 읽기 학습 모형"[39]과 같이 고안된 수업활동을 관찰한 후 학생들의 쓰기 능력이 긍정적으로 개선되었음을 보고했다. 이처럼 학생들의 비판적 쓰기 능력이 부족하다고 지적되는 것과 상반되게 그 능력이 갑작스럽게 향상되었다고 평가되기도 하는 형편이므로, 학생들의 비판적 읽기와 쓰기 능력이 신장될 수 있는 잠재력과 그 효과의 지속성에 대해 더욱 활발한 탐구가 요구된다. 또한 학생들이 수사적 표현과 평가적 용어 어느쪽에 더 민감하게 반응하는지, 또 이러한 경향이 그들의 쓰기와 관련되거나 영향을 미쳤는지에 대해서도 탐색될 필요가 있다. 그리고 연구자들은 학생들이 제출한 글쓰기 과제의 내용을 검증하는 인터뷰를 추가로 진행하지 않은 상태에서, 섣불리 학생들의 사료 읽기에 대한 학습 효과로 글쓰기 능력이 향상되었다고 진단하는 데에는 신중해야 할 것이다.

둘째, 비판적 읽기에서 항상 강조되어왔던 맥락화의 문제가 좀 더 선명하게 정의되어야 한다. 흔히 역사가와 학생 모두 동일하게 역사적 맥락 속에서 사료를 이해해야 한다고 주장되어왔다. 하지만 면밀히 관찰해보면 맥락을 이해한다는 말의 의미가 무엇인지 명확하지 않음을 알 수 있다. 한국의 연구 경향 속에서 맥락화는 과거의 사실에 대한 적절한 이해를 획득하기 위해 사건들이 일어난 시공간에서 사건의 위치를 찾아내는 동시에 당대의 정치·사회·문화적 환경에 속한 작가의 입장을 고려하여 사료를 분석하고 해석하는 것을 의미한다. 이 과정에서 수반되는 문제는 다음과 같다. 학생들이 맥락을 배우지 않고 맥락을 아는 것이 가능한 일인가? 예를 들어 앞서 소개한 강선주의 연구에서 학생들은 주어진 텍스트에 대한 정보와, 그 시대·사건·작가 등에 대한 지식을 활용하여 저자의 의도를 추론하도록 요구받았다. 아울러 그들은 분석 대상인 자료가 생성된 시기의 사람들이 향유했던 사고와 문화에 대해 어떻게 이해하고 있는지를 표현해달라고 요청받았다. 달리 말하면 학생들은 텍스트와 그 텍스트가 만들어진 맥락, 즉 콘텍스트를 동시에 알고 있어야 했다.

이와 같이 학생들의 맥락화 능력을 평가하는 접근은 "텍스트를 읽기 전에 과거를 알 수 있는 방법이 없기" 때문에 오류를 내포할 수밖에 없다.[40] 스피걸(G. Spiegel)이 주장한 것처럼 "역사적 맥락이라는 것은 그 자체로 존재하지 않는다. 그것은 역사가가 과거를 해석하기 전에 먼저 정의되어야 하며, 그런 의미에서 구성되어야 한다."[41] 학생들이 과거의 텍스트성(textuality) 혹은 상호텍스트성(intertextuality)을 고려하지 않고 어떻게 사료나 사건을 "맥락화"하기를 기대할 수 있겠는가? 즉 과거는 남겨진 텍스트를 통해 해석될 수밖에 없고, 텍스트는 상호관련되고 상호작용하는 다른 텍스트를 읽음으로써만 쓰일 수 있다. 학생들에게 자주 묻는 질문들, 예컨대 "왜 저자는 이렇게 말했나?", "이것은 무엇을 의미하나?" 혹은 "저자의 의도는 무엇인가?"라는 물음은 의미와 해석의 다양성을 둘러싼 훨씬 더 복잡한 문제들을 떠올리게 한다. 다시 말해 이러한 질문들은 적절한 단서나 퍼즐의 잃어버린 조각들을 식별하는 정도의 의미로 축소될 수 없다. 이에 더해 의미의 과잉, 곧 텍스트에 담긴 의미는 항상 작가가 의도한 것보다 넘친다는 점에서 잘못된 해석을 낳을 수 있다.[42]

이는 학생들이 맥락을 무가치하게 여기도록 이끌어야 함을 의미하지 않는다. 오히려 그것이 무엇을 의미하는지 혹은 그것을 어떻게 하는지에 대한 성찰 없이 맥락화를 할 수 없다는 점에 주목해야 한다. 앞서 소개한 연구에서 거론된 맥락과 텍스트는 주어지고 전제된 개념으로 명확히 구별할 수 있는 것이 아니다. 텍스트는 단순히 맥락을 반영하는 것이 아니다. 작가의 언설도 역시 변화를 야기할 수 있기 때문이다. 따라서 시간이 지남에 따라 변화하는 의미에 대한 통시적 관점과 어떤 역사적 순간에 경쟁하는 용례의 어감에 대한 공시적 관점이 둘 다 고려되어야 한다.[43] 향후 연구들은 작가가 "의사소통 행위에 참여"하는 일에 관심을 기울여야 할 것이다. 작가의 의도는 논쟁에서 "어떤 특정한 위치를 견지하고, 특정한 주제를 다루는 데 기여하는 등" 어떤 식으로든 개입되어 있다는 점을 인지해야 하고, 작가의 언설 역시 단지 진술의 연속으로서가 아니라 특정한 가정 혹은 관점을 옹호하거나 반박하는 논쟁적인 것으로 간주되어야 한다.[44] "작가가 이야기하는 주제나 이슈는 무엇인가", "작가는 누구를 위해 혹은 누구에 대항해서 이야기하고 있는가", "작가는 어떤 질문에 대해 대답하려 하는가" 등의 구체적인 질문들을 마주하면서, 학생들은 단순히 기존에 갖고 있던 가정이나 논리에 맞는 어구나 문장을 골라 모으는 대신에 작가의 이야기를 둘러싸고 있는 사회적 관습과 상황을 탐색할 수 있는 능력을 더 잘 갖추게 된다.

셋째, 텍스트 읽기는 역사서술 및 역사 연구의 전통과 관련되어 있다. 우리나라에서 지난 왕조들은 공식적으로 사관(史官)을 지정하여 국가사와 관련된 매우 구체적인 기록물인 "실록(實錄)"을 생산했다. 전형적인 사례로 《조선왕조실록》을 들 수 있다. 그들은 "술이부작(述而不作)"의 유교식 역사 전통에 따라 보고 들은 것을 기록했다. 이러한 실록은 왕위 계승 순서에 따라 편찬되었고, 거의 완벽한 상태로 보존되었으며, 신뢰할 수 있는 사료로 이용되고 있다. 위에서 논의된 방식과 같이 텍스트를 비판적으로 읽는 것은 술이부작을 존중하는 우리의 사학 전통에는 익숙하지 않은 독해법이다. 전통적으로 사료는 과거의 실재를 파악하는 증거로 간주되었고, 이는 역사 수업에서도 유사한 방식으로 통용되었다. 따라서 사료는 대체로 교과서 서술을 입증하고 확인해주는 증거로 이용되었다. 그러한 입장은 여러 관점과 해석을 드러내는 것을 가로막고 "실재 효과"에 대해 의문을 제기할 가능성도 차단한다. 역사 텍스트의 비판적 독해에 관한 최근 연구들은 이렇게 "실록"을 읽는 문화를 염두에 두지 않아서 사료의 선택, 편집, 제시 등을 충분히 고려하지 못한 문제를 노출했다. 단지 가변적이고 잠정적인 역사지식의 특성 혹은 역사서술의 본질에 대해 설명해주는 것만으로는 학생들의 비판적 독해를 실천하기 어렵다. 그러므로 향후 연구들은 실록과 같은 사료에도 비판적 읽기를 적용할 수 있는 방법을 모색할 것을 기대한다.

5. 맺음말

교과서는 때때로 실제 일어난 것을 보여준다고 여겨지는 다큐멘터리 영상에 비견된다. 카메라는 무엇이 일어났는지를 보여주는 것 같지만 실제의 모습 그대로가 아니라 관점과 기술이 개입된 장면을 전달하고, 그것은 다시 선택과 배제의 철저한 편집 과정을 거친다. 하지만 이러한 사실은 일반적으로 언급되지 않는다. 카메라의 경우와 마찬가지로 작가의 관점과 의도 역시 제약을 받는다. 그런데 카메라가 없다면 어떤 다큐멘터리도 만들 수 없다. 이와 동일하게 작가가 존재하지 않으면 어떤 종류의 역사도 서술될 수 없다.

국정교과서를 둘러싼 최근 논쟁은 국가 정체성의 핵심적인 의미와 가치를 규정하는 좋은 기회가 되었다. 이 논쟁은 소위 "좌파"와 "우파" 사이의 이념적 대결로도 확장되었다. 그렇기 때문에 몇몇 정치가들은 이 논쟁을 그들의 정치적 이익을 구축하고 강화하는 계기로 활용했다. 현재의 정치화된 국정교과서 논쟁은 더 나은 역사교육을 위한 교과서의 가치와 기능을 염두에 두고 진행된 것이 아니었다. 게다가 이 논쟁은 집요하게 역사 사실에 대한 실증주의적 검증에 집중했고, 자기와 다르거나 상충하는 해석은 오류로 가득해서 "사실적으로 틀린" 것이라고 비판했다. 국가 정체성을 강조하는 작금의 현실에서 학생들은 그 자신의 정체성을 되돌아볼 기회가 거의 없다. 학생들의 정체성은 성별, 인종, 계급, 섹슈얼리티, 그리고 사실 이것보다 더 많은 여러 정체성에 의해 변주될 수 있다. 정체성은 국적이라는 단일한 범주에 국한될 수 없다. 나아가 이 범주 자체도 한정지어 정의할 수 없다. 집단기억의 형태로 국가를 강조하는 역사를 배워야 하는 학생들은 과거 사람들과의 동일시를 통해 그들의 삶의 지향을 반성해볼 기회를 차단당하는 것이다.

박근혜 정부가 과거에 대해 "단 하나의" 해석을 전유할 필요가 있다고 했던 주장에 대한 서론의 문제 제기로 돌아가 본다면, 정부가 학생들에게 한국인으로서의 정체성을 굳건히 하기 위한 "올바른" 역사를 가르치려 한다는 점을 부정할 수 없다. 이러한 상황에서 국정교과서의 강행은 교실 수업에 초래할 심대한 영향력에도 불구하고 역사교육의 본래적 의미보다는 정치적인 고려 속에서 해결될 가능성이 크다. 이 글에서 논의한 텍스트 읽기 문제는 정부의 역사 교과서 정책을 뒤집는 강력한 요소가 아닐 수도 있다.

하지만 국정교과서에 대한 결정은 분명히 역사교육에 대해 한층 예리한 생각을 불러일으킬 것이다. 그것이 더욱 의식 있는 생각으로 진전되고 나아가 역사 교과서를 어떻게 읽어야 하는가에 대한 활기찬 논쟁으로 다시 한번 이어지기를 바란다. 1970년대 국정교과서의 출판과 이를 둘러싼 논쟁은 교과서 내용과 출판 체계에 대한 연구들을 촉발하면서 역사 교과서 연구의 주류를 형성하는 데 기여했다. 이후 전국역사교사모임은 단일한 국정교과서가 지닌 결점을 보완하기 위한 지속적인 노력의 결과로 대안교과서를 만들어냈다. 동시에 신진 역사교육 연구자들은 새롭게 개념화된 역사적 사고의 도입에 자극받아 역사 텍스트 읽기의 중요성을 검토하면서 "역사가처럼 읽기"의 의미와 방법을 탐색하기 시작했다. 1990년대 이후 정치 개혁의 바람을 타고 역사교육 연구가 확장된 것과 더불어 많은 교사들의 적극적인 참여를 통해 역사교육의 실천적 측면이 향상되었다. 만약에 국정교과서가 부활한다고 하더라도 〈표 1〉에서 설명한 1번 유형처럼 모의 독자들이 독자적 텍스트 방식으로 독해하여 교과서를 성전화했던 과거로 회귀할 수는 없다. 교사와 학생들은 교과서의 결을 거슬러 비판적으로 읽기 위해 노력할 것이고, 연구자들은 이를 실행할 수 있는 방안을 지속적으로 탐색할 것이다.

앞으로는 교사와 학생들이 역사지식 생산 과정에 주도적으로 참여함으로써 역사교육 연구에서 더욱 중요한 위치를 차지할 것이다. 학생들은 단순히 고정된 역사 사실을 수동적으로 받아들이는 객체가 아니다. 역사적 사실이 "실제로 일어난 것"과 "일어난 것들에 대한 기록"이라는 두 가지 의미를 갖고 있다는 점은 잘 알려져 있다. 그럼에도 불구하고 이러한 역사적 사실에 대한 의미는 서로 동떨어진 것이라고 할 수 없으며 그 차이 또한 논쟁적인 상태에 있다. 어떤 역사적 사실의 선택과 배제는 역사를 서술하고 그 서술을 공식적 텍스트로 인정하는 정치적인 행위이기 때문이다.[45] 역사지식의 생성과 의미 변화에는 일련의 단계가 있고, 그 각각의 단계에는 역사적 표현을 생산하고 소비하는 여러 행위자들이 개입하고 상호작용한다. 역사가, 커리큘럼 개발자, 역사 교과서 출판자, 그리고 교사들이 역사의 재서술(historical rewriting)과 수업 등을 통해 과거에 "무엇이 일어났는가"에 대한 사실의 선택과 평가 과정에 참여하는 것이다. 학생들도 서로 다른 해석이 가능한 텍스트와 장르를 접하는 과정에서 역사적 사실의 선택적 의미 생성에 직접 참여한다. 텍스트의 비판적 읽기는 이러한 학생들의 참여를 가능하게 하는 핵심 사항이다. 따라서 그저 발견되는 것이 아니라 선택 혹은 배제되며 교과서와 교사를 통해 전달되는 역사적 사실의 특성을 학생들이 인식하도록 가르치는 것이 중요하다.

또한 역사 수업에 대한 새로운 접근은 역사 교사 스스로 사실의 전달 과정에서 담당하는 역할과 위치에 대해 자각하고 반성하는 것에 초점을 맞추어야 한다. 대안교과서를 대신할 수 있는 교과서의 대안은 교과서에 쓰인 역사를 학생들이 어떻게 읽어야 하는지를 가르쳐주는 교사에게 있다. 역사가 무엇인가에 대한 "적절한 지식(proper knowledge)"을 갖춘 역사 교사야말로 학생들에게 역사가 실제로 일어난 것과는 다르게 전개될 수 있었다는 것과, 또한 그것이 어떻게 현재로 이어져 왔는지에 대해 생각하도록 이끌 수 있다.

2부 역사 텍스트 독해와 역사개념의 이해

2장

역사 텍스트 독해에서 맥락화 교수학습의 문제

양호환·천세빈

1. 머리말

국내외를 통틀어 현재 역사교육 연구에서 가장 많은 관심을 받는 주제 중 하나는 '역사적 사고'이다. 역사적 사고는 보통 역사가처럼 사고하는 능력이라 정의되며, 이에 따라 역사가의 주요 연구 대상인 사료를 읽는 것에 대한 관심도 높아졌다. 미국에서는 이러한 연구 경향이 공통 핵심 표준(Common Core Standards)에서 청소년의 문해력을 강조하는 흐름과 맞물리면서, 학문적 문해력(disciplinary literacy)이라는 이름으로 학생들이 어떻게 역사적인 읽기와 쓰기를 하는가, 어떻게 이를 가르칠 수 있는가 등의 문제에 대한 연구가 활발히 진행되고 있다.[1] 우리나라에서는 사료 학습에 대한 관심은 오래전부터 있었지만,[2] 1990년대 이후 역사적 사고에 관한 연구들과 포스트모던적 배경에 영향을 받아 역사 텍스트의 비판적 읽기를 강조하기 시작하면서 학생들의 텍스트 독해 양상에 관한 연구들이 이루어졌다.[3] 다양한 역사 자료를 활용한 역사 탐구가 역사교육의 중요한 부분을 차지하게 되면서, 학생들이 역사 텍스트를 비판적으로 읽기 위해 배워야 하는 것들은 무엇이며 역사 텍스트를 활용한 교수학습에서 고려되어야 할 점은 무엇인가라는 질문에 답하기 위한 노력이 이어져온 것이다.[4]

   역사가가 역사 텍스트를 읽을 때 이용하는 전략을 '출처 확인(sourcing)', '대조 확인(corroboration)', '맥락화(contextualization)'로 파악한 와인버그(S. Wineburg)의 연구는 위의 연구 경향 가운데 대표적이라 할 수 있다. 출처 확인은 텍스트를 읽기 전에 기록의 출처를 살펴보는 것, 대조 확인은 주어진 자료를 다른 자료들과 관련지어 읽는 것, 그리고 맥락화는 어떤 기록을 그것이 생산된 구체적인 시간적·공간적 맥락에 위치시키는 것으로 정의된다.[5] 그런데 여기서 특히 문제가 되는 것이 맥락화의 방법이다. 저자가 어떤 텍스트를 생산했던 세계와 당시의 상황을 염두에 두어야 한다는 것은 당연한 말인 듯하지만, 이른바 맥락을 어떻게 알 수 있는가 하는 근본적인 질문이 뒤따르기 때문이다.[6] 관련 있는 맥락을 파악하기 위해서는 텍스트 이면이나 행간의 의미를 주의 깊게 읽는 것을 넘어 새로운 지식이나 다른 자료가 요구되는 경우가 많다. 게다가 관련성이 가장 높은 맥락을 결정하는 기준도 사실상 불분명하다. 맥락화는 이처럼 본질상 복잡한 문제이나, 국내 관련 연구에서는 학생들이 텍스트를 읽을 때 맥락화를 수행하기를 기대하면서도 과연 맥락화를 통해 무엇을 하라는 것인지 명확하지 않아 혼란스러운 측면이 있다.

이 글에서는 그동안 역사교육에서 맥락화의 논의가 간과해온 부분을 검토하여 학교 역사과목에서 맥락화 교수학습의 가능성과 한계는 무엇인가라는 질문에 답해보려 한다. 학생들의 역사 텍스트 독해와 관련하여 맥락화의 과제에 좀 더 면밀하게 접근하려면 맥락화 자체의 문제 및 교수학습 상황의 특성을 따져볼 필요가 있다. 따라서 이 글은 역사 텍스트 해석의 방법으로서 맥락화는 무엇인지, 이를 통해 무엇을 하게 되는 것인지 생각해봄으로써 역사 교실에서 수행되는 맥락화의 특성을 규명하고자 한다. 또한 학생들에게 읽기 전략을 가르치는 일이 교사의 시범과 같은 명시적인 교수로 이루어져야 한다고 주장하는 역사 영역에 고유한 문해력에 관한 선행 연구를 토대로 역사 교실에서 역사 텍스트의 맥락적 읽기를 다룰 수 있게 하는 교수 방안을 제안한다.

이 글의 순서는 다음과 같다. 우선 역사 연구에서 맥락화와 관련된 쟁점을 중심으로 실제 맥락화의 과정에서 나타나는 문제들이 교수학습에 미칠 수 있는 영향을 살펴볼 것이다. 이를 위해 서구 역사학에서 텍스트와 콘텍스트의 관계를 개념화하는 방식을 정리하고, 역사 텍스트를 읽을 때 적절한 맥락을 재구성하는 것의 어려움에 관해 살펴본다.[7] 다음으로 역사교육에서 맥락화 교수학습의 가능성과 한계를 더 명확하게 보기 위해 그것이 어떤 의미로 쓰여 왔는지 검토할 것이다. 사실 맥락화의 수행이란 학생들에게 인지적 부담이 큰 과제이며, 이는 역사 텍스트 읽기와 쓰기를 가르친 후 그 효과를 검증하려한 실험 연구 사례들에서도 드러난다. 4절에서는 이와 같이 학생들이 맥락화를 수행하려 할 때 어떤 부분에서 곤란함을 겪는지 확인하고,

5장에서는 이를 고려한 교수학습 접근으로서 '인지적 도제(Cognitive Apprenticeship)'의 가능성을 덧붙여 논의한다.

2. 텍스트와 콘텍스트의 관계와 맥락에 대한 접근

이 절에서는 먼저 텍스트-콘텍스트의 관계에 대한 이론적 논의를 살펴본 뒤, 학생들에게 맥락화를 가르치려는 교수학습 설계를 복잡하게 만드는 두 가지 이슈를 다룬다. 역사 텍스트를 이해하려 할 때 사전에 맥락을 모른 채 맥락화를 하면서 텍스트를 읽는 것이 가능한가? 가장 적절한 맥락이 무엇인지를 어떻게 결정할 수 있는가? 역사학습에서 교사와 학생의 역할을 고려하는 가운데 이러한 질문들을 다루면서 맥락화 자체의 난점들을 검토한다.

1) 텍스트와 콘텍스트의 관계

논의의 편의를 위해 우선 텍스트와 콘텍스트의 관계를 몇 개의 다이어그램을 이용하여 설명하기로 하자(〈그림 1〉).[8]

(1)은 텍스트와 콘텍스트가 같다는 입장이다. 이 입장에서 볼 때 콘텍스트는 텍스트를 부르는 또 다른 이름일 뿐이다. 텍스트를 읽지 않고서 콘텍스트를 알 수 없기 때문이다. 텍스트를 잠정적인 콘텍스트에 두기 전에, "마치 콘텍스트 자체가 텍스트"인 것처럼 그 콘텍스트를 재구성한 다음 해석해야 한다. 즉 "이미 텍스트화하지 않은 콘텍스트를 알 수는 없다."[9] 과거는 남겨진 텍스트를 통해 해석될 수밖

에 없고, 텍스트는 서로 관련되고 상호작용하는 다른 텍스트를 읽음으로써만 쓰일 수 있다. 결국 텍스트와 콘텍스트 간의 불가피한 순환으로 인해 콘텍스트는 텍스트 이전에 존재하는 결정적인 요인이라고 볼 수 없다.[10]

〈그림 1〉 텍스트와 콘텍스트의 관계

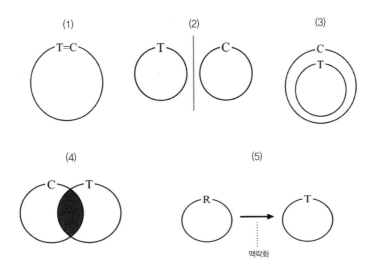

* C=콘텍스트(Context), R=독자(Reader), T=텍스트(Text)

　(2)는 텍스트와 콘텍스트를 별개로 보려는 입장이다. 이러한 입장에 선 이들은 텍스트를 있는 그대로 읽고 그 자체로 볼 것을 주장한다. 예를 들어 롤랑 바르트(Roland Barthes)는 어떤 텍스트는 저자의 손을 떠난 순간 이미 저자의 것이 아니라고 주장한다. 저자의 의도를 생

각하게 되면, 오히려 텍스트가 가진 확장적·생성적 의미를 축소하거나 또 다른 의미에서 왜곡할 수 있다는 것이다.[11] 푸코(Michel Foucault)의 경우 '저자(author)'를 작품의 해석에서 시간적·지리적 위치, 동기와 의도가 매우 중요한 인간보다는, 글쓰기에 권위를 부여하는 기능(function)으로 간주한다.[12] 바르트와 같이 '저자의 죽음'을 선언하건, 푸코와 같이 '저자란 무엇인가?'를 질문하건, 이러한 비평에서는 저자의 권위와 그 의도를 식별할 수 있다는 가정에 의심을 품는다. 그러한 가정들은 텍스트의 의미를 제한할 뿐이라는 것이다.

(3)의 입장은 (2)와 역관계에 있다고 볼 수 있다. (3)은 텍스트를 콘텍스트에 환원시키는 것으로, 흔히 콘텍스트에 따라 텍스트의 의미를 해석해야 한다고 하는 맥락결정론적 입장 혹은 전체론적(holistic) 입장이라고 할 수 있다. 텍스트에 있는 것을 당시의 상황인 콘텍스트로 연결 지어 생각하는 방식으로, 콘텍스트가 저자의 관점을 결정하고 설명한다고 본다. 이러한 입장에 따르면, 텍스트를 해석할 때 반드시 콘텍스트를 검토해야 하며 텍스트의 의미는 이러한 콘텍스트의 검토에 따라 결정된다.

(4)는 보통 맥락주의(contextualism)라 불리는 것으로, 이를 대표하는 학자로 퀜틴 스키너(Quentin Skinner)가 자주 언급된다. 스키너는 저자의 의도를 중시하며, 저자가 무엇을 하려고 했는지, 저자의 발화는 누구에 대한 답이었는지 등을 알고자 한다.[13] 이를테면 사료 속에 있는 누군가의 말을 진공에 있는 것으로 여기지 않고, 마치 세미나에서 토론하는 도중 한 사람의 것만 따로 떼어놓은 것으로 보아야 한다는 주장이다. 그 사람은 독백을 하고 있는 것이 아니라 어떤 토론 속

에서 상대방에게 질문을 한 것일 수도 있고 상대방의 질문에 답을 한 것일 수도 있다. 그러므로 발화 수반 행위(illocutionary act), 즉 저자의 특정 발화를 두고 저자가 그렇게 말함으로써 무엇을 행하고 있었는지에 주목해야 한다고 본다.[14]

스키너의 주장과 (3)의 주장 사이의 차이는 스키너가 콘텍스트로 완전히 환원되지 않는 텍스트의 부분이 있음을 인정하는 데서 드러난다. 콘텍스트로 완전히 환원되지 않는 부분이 존재하는 이유는 의미의 잉여가 있을 수도 있다는 점, 저자가 생각하는 것에 대해 과잉 해석을 할 수도 있다는 점 때문이다. 가령 "나는 우산을 잊어버렸다(I forgot my umbrella)"라는 니체(Nietzsche)의 문장은 도저히 콘텍스트 속에서 잡히지 않고, 콘텍스트를 통해 텍스트의 의미를 알 수 없다.[15] 그러나 스키너는 그렇다고 해서 콘텍스트를 통한 텍스트 해석을 포기해야 하는 것은 아니며, 저자의 의도를 텍스트가 상황 지어진 관계들의 지평 속에서 이해하는 것이 생산적인 출발점이라고 주장한다.

(5)의 입장은 텍스트를 읽는 독자를 중심에 둔다. 독자가 텍스트를 읽으며 그것을 이해하는 방법이 곧 '맥락화'라는 것이다. 어떤 기록을 이해하는 것은 "텍스트가 전달하는 의미들에 대해 역사적으로 적절한 언어 및 기호의 신념을 적용하는 데에 달려 있다." 예를 들어 저자의 의도를 파악하는 것이 중요하다는 관점에서는 "저자의 언어 및 기호의 신념에 관한 나의 앎 혹은 믿음을 기록에 적용"해야 그 기록을 이해할 수 있고, "맥락화는 어떤 저자가 의지했던 특정 언어 혹은 기호의 신념을 재구성하는 데 필요한 맥락적 정보를 제공한다." 우리가 무언가를 파악해나갈 때는 적절한 맥락(pertinent context)을 계속 찾아

나갈 수밖에 없으며, 이러한 맥락화의 과정을 이해 자체로 보는 입장이다.[16]

역사교육에서는 보통 (3) 혹은 (4)의 입장에서 학생들의 역사 텍스트 독해 능력을 조사·평가하거나 사료 학습을 구상하고 있다. 그런데 이때 많은 혼란은 콘텍스트와 텍스트의 상호 방향이 어떤가에서 나온다. 콘텍스트를 통해 텍스트를 보게 할 것인지, 텍스트를 통해 당시의 콘텍스트를 이해하게 할 것인지의 방향은 실질적으로 교수학습을 설계하는 데 영향을 미친다. 아래에서는 주로 (4)에서 말하는 맥락주의를 둘러싼 난제들에 답하려는 방식으로 맥락을 이해한다는 말의 의미를 보다 선명히 하고자 한다. 맥락이 무엇을 의미하는지, 혹은 맥락화를 어떻게 하는지에 대한 성찰 없이 유의미한 맥락화는 가능하지 않기 때문이다.[17]

2) 과거의 맥락을 재구성하는 문제

역사가가 과거를 바라보는 방식에서 맥락의 개념은 매우 기본적이다. 무엇이 적절한 맥락을 이루는지에 관해서는 역사가들 사이에 이견이 있더라도 과거의 생각·행동·제도 등을 이해하는 적절한 배경을 찾는 것은 역사가라면 응당 해야 하는 작업으로 간주된다.[18] 이를 잘 드러내는 것이 시간의 이질성(heterogeneity)을 진지하게 다루어야 한다는 윌리엄 시웰(W. Sewell, Jr.)의 주장이다. 시웰에 따르면, 시간적 이질성의 개념은 "사회적 실천을 이해하거나 설명하려면 '역사적 맥락화'가 필요하다는 점을 암시한다. 우리는 그 행위가 발생하는 세계를 특징짓는 기호학, 기술(技術), 관습—간단히 말하면, 논리

(logics) — 을 알지 못하고서는, 어떤 행위나 발화가 무엇을 의미하는지, 그 결과들이 무엇이었을지 알 수 없다. 무언가를 설명할 때 역사가들은 그것을 일반적인 혹은 '포괄 법칙(covering law)' 아래 두는 것이 아니라, 맥락에 관련을 짓는 방식으로 설명하곤 한다."[19]

위와 같이 맥락화를 역사학의 주요한 방법으로 삼는 입장에 대해 어떻게 역사가들이 신뢰할 만한 과거의 맥락을 재구성할 수 있는가의 문제가 제기될 수 있다. 이와 관련하여 애초에 맥락을 이해한다는 것이 가능한가라는 근본적인 물음이 있다. 예를 들어 미트로비치(B. Mitrović)는 '어떤 것이든지 오직 수용자의 역량에 부합되는 한에서만 수용될 수 있다(Quicquid recipitur, ad modum recipientis recipitur)'라는 아퀴나스(Aquinas)의 말을 인용하여, 역사적인 기록을 이해하고 해석하려는 시도가 처하는 딜레마를 단적으로 보여준다. 이 딜레마의 한편에는 역사적 기록들을 해석할 때 그 기록들의 역사적 맥락과 관련지어 해석해야 할 필요성이 놓여 있다. 그런데 그러한 역사적 맥락들은 개념 틀(conceptual framework), 기초적인 신념, 혹은 추론 원칙(reasoning principle) 등에서 현재 역사가의 맥락들과는 다를 수 있다. 다른 한편 기록의 개념 틀, 기초적인 신념, 추론 원칙들이 역사가의 그것들과는 너무나 달라 이해할 수 없다면, 역사가에게 기록의 내용은 알려질 수 없다. 우리가 공유하지 않는 개념 틀에 근거한 생각을 과연 어떻게 파악할 수 있겠는가?[20]

이러한 딜레마에 대해 반슬레드라이트(B. VanSledright)는 맥락화를 통한 역사이해란 이상적인(ideal) 것이라고 말한다.[21] 맥락화를 통해 과거 인물의 관점을 이해하는 것을 논하면서, 반슬레드라이트는 이러한 방식의 감정이입(empathy)을 달성한다면, 현재의 세계와 역사 탐구의 대상이 되는 세계의 차이를 음미하는 방식으로 과거의 사건들을 재구성하는 동시에 이론적으로는 과거의 세계에 가까이 다가가는 것이 가능하다고 말한다. 그러나 반슬레드라이트는 사람마다 가질 수밖에 없는 위치성(positionality) 때문에 맥락화된 감정이입을 달성하기 어렵다는 점을 인정한다. 위치성의 개념은 사고란 본질상 상황 지어져 있다는 것과, 과거를 이해하려는 사람이 지니는 사회문화적으로 스며들어 있는 태도와 시간적인 영향(temporal bearing)을 강조한다. 기록을 이해하려는 역사가의 시도로 말한다면, 과거의 어떤 텍스트가 현재 해석되어야 한다는 것과 어떤 과거의 맥락도 스스로 말하지 않는다는 것 때문에, 현대의 역사가는 텍스트의 맥락적 이해를 위해 자신의 도구를 도입해야 한다. 그러므로 역사가의 관점과 전제가 간여하는 것을 피할 길은 없다.

믿을 만한 맥락을 어떻게 재구성할 수 있는가와 관련하여 또 다른 문제는 잠정적인 맥락이란 텍스트의 잔여를 통해서만 구성될 수 있다는 것이다. 맥락에 주의하여 텍스트를 읽는다는 것은 저자가 해당 자료를 생산했던 세계를 이해하고 그 관점이나 의도를 판단하는 것을 일컫는다. 이는 텍스트가 쓰인 시점에 일어난 다양한 사건들, 정치적인 문제들, 저자의 입장이나 텍스트에 쓰인 말이 전달되는 대상과 같은 상황을 고려하는 과업을 요구한다. 더욱이 어떤 텍스트를 맥락에 비추어 해석하는 것은 또 다른 텍스트를 계속해서 참조하지 않을 수 없는 복잡한 과정을 거친다. 사실상 텍스트에 대해 어떤 맥락을 불러오는 것도 기존의 앎에 의존하는 경향이 있다. 그리고 이와 같은 과거에 대한 지식은 미리 존재하는 것이 아니라 1차 자료이건 2차 자료이건 또 다른 텍스트를 읽어서 알게 된 것이다. 요컨대 우리는 텍스트의 역사적 맥락을 모른 채로는 텍스트를 이해할 수 없지만, 맥락에 관한 지식을 구성하기 위해 텍스트에 의존할 수밖에 없다.

위의 문제들은 근본적으로 과거에 접근하려는 현대의 역사가가 직면하는 어려움에서 나온다고 할 수 있다. 그러나 실질적인 학습 상황에서 학생들에게 광범위한 2차 자료의 탐독과 끊임없는 텍스트의 참조를 기대하기는 힘들다. 다만 그러한 한계 때문에 역사가의 방법은 불변의 진리가 아니라 잠정적인 가설을 생산할 수밖에 없는 것이라는 점을 이해하면서 맥락에 주의를 기울이도록 해야 한다. 실제 학습의 상황에서는 다양한 텍스트를 참조하는 일이 쉽지 않을뿐더러 그렇게 하는 것이 가능하다고 하더라도 학생들이 지나치게 많은 배경 텍스트들에 압도되어 자신에게 주어진 과제를 이해하지 못하게 될 수도 있기에, 역사 텍스트 독해에서 적절한 배경이 되는 맥락지식의 중요성이 더 강조될 필요가 있다.

실제로 학생들에게 텍스트를 읽힐 때 주요한 문제 중 하나는 '맥락을 모른 채 텍스트를 맥락 속에서 파악하며 읽을 수 있는가?'이다. 역사적인 기록을 접할 때 애초에 해당 기록의 언급이 이해 가능한 (intelligible) 것이 되려면 배경지식은 필수적이다. 그러한 지식은 해당 텍스트의 내용에 관련되는 세부 사실뿐만 아니라 시기 구분이나 개관 파악과 같은 역사지식도 포괄한다. 와인버그는 주어진 텍스트에 관련된 심층적인 전문 지식이 없는 역사학자도 텍스트를 맥락화하며 읽을 수 있다고 주장했다.[22] 물론 와인버그는 배경지식의 중요성을 무시한 것이 아니라 전문 역사가들이 행하는 독해 방식을 확인하는 데 초점을 두었던 것이다. 하지만 자신의 전공이 텍스트의 내용과 거리가 먼 역사가라도 일반 학생들과 비교한다면, 적어도 시기 구분이나 전반적인 개관 파악 등에서 지식의 양이나 그 깊이의 정도는 다를 수밖에 없다. 또한 전문 역사가들은 사료를 맥락화할 때 필요한 다양한 실질 개념들(substantive concepts)을 이용할 수 있으며, 서로 관련된 개념들의 그물망으로 조직된 광범위한 지식을 보유하고 있다.[23]

강선주 역시 학생들의 지식이 맥락화를 하기에 충분하지 않을 수 있다는 점을 지적했다. 고등학생들에게 훈민정음 창제와 관련된 몇 가지 사료를 주었을 때 학생들은 세종 시기의 다른 사업이나 통치 이념 등과 관련지어 그 의미를 해석하지는 못했다. 이러한 결과가 나온 이유는, "왜 하필 이 시기에 세종이 문자를 만들려고 했을까?" 또는 "이 당시에 살았던 사람들은 훈민정음 창제에 대해 어떻게 생각했을까?" 같은 질문들이 애초에 학생들이 주어진 자료만 보고는 답변하기 곤란한, 새로운 지식을 요구하는 것이었기 때문일 수도 있다. 이에 따라 강선주는 지식이 충분하지 못한 학생들이 텍스트를 역사적 맥락에 위치시키기 위해서는 교사가 질문을 통해 당시 어떤 사건들이 있었는지, 당시 사람들의 지배적인 세계관이 어떤 것이었을지 등에 대해 생각해보도록 하는 방법을 제안했다.[24]

이를 고려하면 교사가 학생들에게 배경이 되는 맥락지식을 충분히 제공할 필요가 있다. 그러나 교사가 결정한 맥락지식에 맞추어 텍스트를 읽는 단순한 절차를 수행하는 것이라면, 학생들이 하게 되는 일은 텍스트의 문장들을 어떤 주어진 맥락에 끼워 맞추는 것에 불과할 수 있다. 이것을 완전히 무의미한 활동으로 치부할 수는 없겠지만, 이러한 경우에는 학생들이 역사지식의 구성적인 성격을 이해하지 못하게 될 수 있다. 교사가 맥락지식을 어느 정도 제공하는 것은 불가피하지만, 역사 텍스트 독해의 목적이 단순히 사실을 알게 하려는 것이 아니라 텍스트를 비판적으로 읽는 능력을 키우는 것임을 생각하면 상호 텍스트성(intertextuality)을 경험하게 하고 역사 텍스트 독해를 훈련하는 학습이 이루어져야 할 것이다.

이상의 논의에 따라 교사의 역할을 다음과 같이 생각해볼 수 있을 것이다. 과거에 생산된 어떤 텍스트의 의미에 더 가까이 다가갈 수 있도록 텍스트의 맥락을 구성할 필요가 있다. 이를 학생들이 실행하게 하기 위해 교사는 텍스트 독해를 가능하게 하는 배경지식을 제공하면서도, 학생들이 상호 텍스트성을 이해할 수 있도록 다른 자료들을 선정하고 다듬어 제시한다. 여기서 다른 자료란 학생들이 수업의 중심이 되는 역사 텍스트의 맥락을 구성하는 데 도움이 되는 것들이다. 그러나 중심 텍스트의 이해를 돕는 각종 맥락이 있을 수 있고, 교사는 이를테면 시공간적 맥락이나 전기적 맥락을 알아볼 수 있는 자료들을 선정하고자 한다. 이때 교사는 '어떤 맥락이 가장 중요한가?' 혹은 '어떤 맥락이 텍스트를 이해하는 데 가장 관련성이 있다고 결정할 수 있는가?'에 직면한다.

3) 관련성 있는 맥락을 결정하는 문제

관련 맥락을 어떻게 결정할 수 있는가? 이는 20세기 중반 이후 스키너를 필두로 지성사 분야에서 이른바 맥락주의(contextualism)가 대두된 이후 오랫동안 제기된 질문이다.[25] 스키너는 텍스트의 의미를 사회경제적 구조에 환원시키는 전체론적 입장(157쪽 〈그림 1〉, 다이어그램 (3))과 저자로부터 텍스트가 자율성을 가진다고 가정하는 입장(〈그림 1〉, 다이어그램 (2))을 모두 비판하는 대신에, 텍스트가 쓰인 언어적·사회적 맥락에 비추어 저자의 의도를 복원해야 함을 주장했다. 과거에 쓰인 텍스트에 담긴 저자의 의도를 텍스트를 쓸 때 수행한 발화 수반 행위로 파악해야 한다는 것이다. 그리고 이러한 의도는 텍스트가 쓰인 맥락을 탐구하여 확인할 수 있다. 여기서 맥락은 주로 언어적 맥락이나 지적 맥락을 가리킨다. 요컨대 저자의 의도를 복원하려면 관련 맥락 속에서 저자의 수행(performance)을 둘러싼 관습을 밝혀야 한다. 그러나 과거에 쓰인 텍스트의 맥락은 현재 연구자들에게 존재하지 않기 때문에 실제로 확인할 수 없다. 이처럼 관련 있는 맥락을 확인하는 방법의 문제는 모호하게 남아 있지만, 이러한 수수께끼는 역사교육에서 비교적 간과되어온 듯하다. 퍼스(Pierce)의 가설적 추론(abduction)에 따른 탐구 과정[26]에 착안하여 스키너의 방법론을 분석한 쇼기멘(T. Shōgimen)의 논의[27]는 역사교육에서 이 문제를 다루는 데 의미 있는 단서를 제공한다.[28]

　쇼기멘은 스키너의 방법을 가설적 추론의 형태로 개념화했다. 가설적 추론의 논리 과정은 6개의 절차로 나눌 수 있다.[29] ① 혼란스러운 사실들 F는 현재 (받아들여지고 있는) 이론 T와 양립 불가능하다. ② 그러나 사실들 F는 가설 H와는 완전히 양립 가능하다. ③ 가설 H의 진리치(truth-value)는 아직 결정되지 않았다. ④ 즉 만일 가설 H가 성립된다면(make the case), ⑤ 사실들 F는 당연한 것으로서 설명될 것이

　　　　　　　　　　　　　2부 역사 텍스트 독해와 역사개념의 이해

다. ⑥ 그러므로 가설 H는 성립되어야 한다.

이처럼 당혹스러운 현상을 발견하고 그럴듯한 가설을 세우는 것이 탐구의 첫 단계라면, 다음 단계는 가설로부터 필연적인 결론을 이끌어내는 연역적 추론이다. 그리고 난 후 가설의 결과들을 수집하고 귀납적 추론을 통해 이러한 결과들이 얼마나 경험과 일치하는가를 판단하고, 그에 따라 가설이 정확한지 아닌지, 혹은 일부 수정이 필요한지, 완전히 기각되어야 하는지를 판단한다.

이에 비추어 쇼기멘은 스키너의 방법을 분석했다. 스키너는 마키아벨리의 텍스트의 일부 발언들이 마키아벨리 당대의 언어적 관습―현재 이론(T)과 다르다는 것을 알고 나서(①), 마키아벨리가 그런 방식으로 쓴 목적을 알고자 한다. 스키너는 가설들(H)로서 몇 가지 설명을 제안한다. 예를 들어 마키아벨리가 당대의 키케로적인 도덕적 진지함에 도전을 하고 있다고 하자(②). 만약 이러한 설명적 가설이 성립된다면, 마키아벨리가 그렇게 썼다고 설명하는 것이 가능하다(④·⑤). 그러므로 마키아벨리가 글을 쓰면서 당시 영향력이 있었던 키케로의 견해에 도전했다는 가설이 성립되어야 한다(⑥). 이때 마키아벨리가 군주론을 집필함으로써 참여했던 (당시) 언어 공동체 안에 만연한 담론, 즉 키케로의 도덕론은 총체적인 발화 행위의 상황인 '맥락'을 구성하고, 이는 현재 이론(T)에 상응한다. 그런데 여기서 스키너는 맥락―키케로의 도덕론―을 현재 이론(T)으로 가리키지 않고서는 가설적 추론의 논리 과정을 시작할 수 없다. 이렇게 본다면 맥락은 탐구 대상에 관해 질문을 형성하는 중요한 조건이다. 그다음에 스키너는 연역과 귀납의 단계를 거친다. 가설을 검증하기 위해 스키너는 마키아벨리가 그러한 발화들을 했다는 결론을 연역을 통해 끌어낸 후, 귀납적으로 많은 예시들을 통해 마키아벨리가 키케로적 도덕성에 도전했다는 일반화를 확립하고 가설의 개연성을 입증한다.

나아가 쇼기멘은 스키너의 탐구 과정에서 발견적 맥락(heuristic context)과 검증적 맥락(verificatory context)의 두 가지를 구분했다. 발견적 맥락은 텍스트에 관해 혼란스러운 사실을 발견하기 위해 사전 지식으로서 맥락을 떠올리는 것이다. 관련 맥락에 대해 아무것도 모르는 상태에서는 혼란스러운 사실이 등장하지 않을 것이다. 그러므로 발견적 맥락은 이미 탐구자에게 알려져 있지만 명시적으로는 설명되지 않았던 것이다. 검증적 맥락은 혼란스러운 사실들에 대해 탐구자가 형성한 가설을 입증하기 위해 맥락을 상술하여 명시적으로 만드는 것이다. 그런데 개연성 있는 가설이 형성되면, 가설의 확인을 위해 설명해야 하는 검증적 맥락의 범위는 정해진다. 따라서 탐구자는 해당 저자의 발화가 응하고 있으리라 추정되는 총체적인 발화 행위 상황의 일부분으로 특정한 언어적 행위가 존재하는지 검토하면 된다.[30]

적절한 맥락을 구할 수 있는가라는 질문으로 돌아가면, 쇼기멘은 "하나의 정확한 맥락을 재구성하는 방법에 대해 실용적인 지침들을 제공하는 것은 불가능하다"[31]라고 말한다. 관련 있는 맥락의 확인은 역사 탐구의 과정에서 추론의 논리적 구조 안에 전제되어 있기 때문이다. 물론 역사가들은 역사 탐구 활동의 일부분으로 맥락에 대한 조사를 수행한다. 그러나 탐구를 하기 전에 탐구할 주제의 맥락과의 관련성을 생각하지 않은 채로 탐구를 시작할 수는 없다. 왜냐하면 관련 맥락을 지시하지 않고서는 논리적으로 질문이 형성될 수 없기 때문이다.

쇼기멘의 논의에서 주목할 것은 '발견적 맥락'과 '검증적 맥락'의 구분이다. 학생들에게 텍스트를 맥락화하는 과제를 부여하는 상황에서 그러한 구분이 도움이 될 수 있다. 구체적으로는 교사가 배경이 되는 맥락지식을 제공한다고 할 때 이러한 개입은 언제 이루어지면 좋을지, 학생들이 할 수 있는 활동은 무엇인지 등을 개념화하는 데 지침이 될 수 있다. 먼저, 교사는 발견적 맥락을 제공하는 단계에서 적극적으로 개입할 수 있다. 학생들은 텍스트를 받으면 보통 본문 내용을 그대로 받아들이고 정보를 수집하려는 경향이 있다는 점은 익히 알려져 있다.[32] 이는 학생들이 가진 역사지식의 성격에 대한 이해나 인식론적 믿음과도 관련되지만,[33] 애초에 학생들이 당혹스러운 사실을 발견할 수 있는 지식을 충분히 보유하고 있지 않기 때문이기도 하다. 그러므로 교사는 사전 지식으로서 발견적 맥락을 제공하면서 탐구를 시작하게 하는 역할을 맡는다. 교사는 텍스트에서 당혹스러운 사실을 찾고 질문을 제기하는 과정을 직접 보여줄 수 있다.

그러나 교사의 역할은 발견적 맥락의 제공 단계에서 끝나지 않는다. 학생들은 교실이라는 제한적인 환경에서 적절한 맥락을 확인하고자 자료를 찾고 또 찾는 작업을 역사가만큼 광범위하게 행할 수 없으며 그럴 필요도 없다. 물론 주어진 텍스트의 수와 범위가 이미 교사에 의해 정해지는 학습 상황의 맥락화란 사실상 교사의 맥락화이고, 따라서 역사가의 맥락화를 기준점으로 생각하는 이들에게는 학생들이 하는 것은 유사 맥락화에 지나지 않는다는 점이 한계로 지적될 수 있다. 이러한 비판의 가능성에도 불구하고 위에서 말한 맥락화의 본질적인 문제들과 제한적인 환경을 생각하면 교실 상황에서의 맥락화의 한계로 지적되는 것이 오히려 처음부터 맥락화 학습을 가능하게 하는 조건들이라 볼 수도 있을 것이다.

학생들은 텍스트를 읽으면서 무엇을 하게 되는가? 학생들은 가설을 형성하고 이를 입증하기 위해 텍스트를 치밀하게 읽음으로써 검증적 맥락의 층위를 경험할 수 있다. 즉 학생들은 질문에 대해 주어진 자료를 탐독하고 가설을 형성한다. 가설에 비추어 사례를 확립하기 위해 무엇을 살펴야 하는지 생각한 다음, 어떤 역사적인 세부 사실들을 검증적 맥락으로 복원하는 귀납의 단계를 수행한다. 학생들의 가설들이 모두 올곧게 결론으로 연결되지 않는 경우도 충분히 있을 수 있는데, 이는 역사가의 작업 중에도 흔한 일이다. 가설이 검증되지 않는 결과를 방지하기 위해 매끈한 탐구 과정이 이루어지도록 통제한다면, 오히려 항상 가설이 결론으로 순조롭게 나아간다는 인식을 심어줄지도 모른다.

위의 논의에 따라 교사의 개입과 학생의 활동을 발견적 맥락과 검증적 맥락으로 나눈다고 해도 중요한 질문은 남아 있다. 교사는 어떻게 관련 맥락을 결정할 것인가? 이에 대한 실용적인 지침을 마련하고 제시하기는 쉽지 않다. 한 가지 분명한 점은 수업의 목표에 따라 교사가 자신의 관점을 개입시켜 관련 맥락을 임의로 결정하면 자료 선정도 그에 따라 이루어지게 된다는 것이다. 또한 교사가 애초에 발견적 맥락을 제공하려면 이미 관련 지식을 풍부하게 보유하고 있어야 한다. 이는 광범위한 역사 내용을 다루어야 하는 교사에게는 커다란 부담이다. 다만 적어도 관련 연구가 충분히 축적되어 있거나 교사 개인이 전공하거나 관심이 있는 분야에서 이러한 수업을 구상하라는 조언은 가능하다. 그러기 위해 교사는 당연히 관련 주제의 연구물들을 탐독하고 가르칠 궁리를 해야 한다.

3. 역사교육 연구에서 맥락화의 용례와 특징

버크(P. Burke)가 말하듯 맥락의 개념은 정확히 혹은 모호하게, 좁게 혹은 넓게 정의될 수 있으며, 그 적용도 유연하거나 엄격할 수 있다.[34] 맥락의 개념은 다른 학제적 분야에서 여러 의미로 쓰인다. 역사교육에서도 연구자마다 구체적으로는 다른 상황에서 맥락이라는 용어를 사용할 수 있다. 이 절에서는 역사교육 분야에서 맥락의 용법을 검토하여 학생들이 수행해야 하는 맥락화의 과제가 어떻게 제시되어왔는지 살펴보려 한다. 여기서는 역사 자체를 해석학적 의미에서 맥락화의 과정으로 보는 논의와, 역사적 사실이 발생한 혹은 역사 텍스트 생산을 둘러싼 환경을 알아야 한다는 뜻에서 맥락화를 바라보는 논의로 나눠보았다.

1) 선행지식/선이해로서 맥락

선행지식 혹은 선이해로서 '맥락'은 역사학습의 과정이나 역사이해 자체와 관련된 넓은 의미로 사용된다. 로저스(P. Rogers)는 역사 탐구는 맥락 없이 수행될 수 없지만, 동시에 맥락은 이전의 역사 탐구가 제공하는 것이라고 말한다. 그리고 역사지식이란 누적되는 것(cumulative)이며, 이전 학습의 성과는 새로운 학습이 일어날 수도 있는 맥락을 제공하는 것으로 보았다.[35] 다시 말해 맥락의 구축은 역사 교수학습의 토대가 된다. 이러한 의미에서는 '맥락화'를 이미 누군가 알고 있거나 믿고 있는 것을 바탕으로 하는 역사 탐구를 통한 역사이해라고 볼 수 있다.

송상헌은 〈역사교육에 있어서 역사적 맥락을 통한 '이해'의 문제〉라는 글에서 '역사가처럼 읽기'에 관심을 갖는 연구들과는 다른 의미로 맥락이라는 용어를 쓰고 있다. 그가 말하는 맥락이란 해석학과 관련되는 역사이해의 과정에서 개별적 사실이 이해되는 전체적인 배경을 뜻한다. 이 글에서 말하는 맥락을 활용한 역사이해의 과정은 다음과 같이 요약할 수 있다. 일정한 이론이나 인식의 틀을 바탕으로 한 탐구자의 관점은 연구 과정상의 '가설'로 표현되며, 이는 사실과 역사이해 사이에 다리를 놓는 매개요인(mediate factor)이다. 이 매개요인은 역사적 맥락을 구성하는 준거 틀(frame of reference)의 역할을 한다. 그다음 탐구자는 어떤 역사적 맥락에서 의미가 있다고 생각되는 증거 사실을 검토한다. 이러한 검토는 어떤 특정 사건의 의미를 판단하기 위해 사실들을 역사적 맥락에 비추어 전체적으로 보는 개요적인(synoptic) 판단이 된다.[36]

그런데 송상헌이 맥락의 예시로 든 '제2차 세계대전 후 세계 질서의 재편 과정', '자본주의의 성립', '봉건 질서의 변화' 등은 실질적인 내용 지식으로 간주하는 경우가 많다. '자본주의'나 '봉건', '제2차 세계대전' 등은 여러 1차 정보들을 담은 일종의 약칭으로 역사서술에 자주 쓰이는 용어들이다. 결국 여기서 맥락은 세부 사실의 탐구를 가능하게 하는, 앞서 로저스가 언급한 맥락과 유사하다. 즉 맥락화는 사전 지식 혹은 선이해를 강조하는 역사이해의 과정이다. 한편 송상헌은 학습자의 맥락 구성 능력이 제한적이라는 점을 지적하고, 이 부분은 교사가 제시해야 한다고 했다. 그렇지만 학습자가 실제로 어떻게 역사가의 작업 과정을 "재사고 내지 추체험"[37]하는지는 분명하지 않다.

앞선 연구들은 역사 텍스트보다는 역사적 사실의 탐구 과정을 염두에 두고 있다. 이를 역사 텍스트 독해의 학습 과정으로 옮겨온다면, 학생들에게 요구되는 맥락화는 콘텍스트 속에서 텍스트를 분석하는 것이라고 볼 수 있다. 학생들이 하는 일은 여러 역사 자료들에서 증거로 생각되는 개별 사실들을 어떤 주어진 맥락 아래 연결하면서 의미를 부여하는 과정을 경험하는 것이다. 그러한 맥락은 주로 새로 학습되는 사실들을 묶는 역사의 총괄 개념(colligatory concept)으로 제시되곤 한다. 그런데 이 경우 내용으로서 맥락을 제시하는 것 이상의 효과적인 교수 접근을 생각해볼 수 있는가에 대해서는 의문이 든다.

2) 역사주의적인 태도 또는 텍스트를 읽는 방법

두 번째 용례는 역사 텍스트를 비판적으로 읽는 것과 보다 직접적으로 관련된다. 이 경우 '맥락'은 현재주의(presentism) 혹은 시대착오(anachronism)를 경계하려는 차원에서 자주 언급된다. 과거의 무엇을 현재의 관점에서가 아니라 당대의 맥락에서 보아야 한다는 주장에 따라, 맥락화는 역사교육에서 추구하는 여러 활동에서 필수적인 요소로 간주된다.[38] 그리고 이러한 맥락화의 대상은 역사적인 기록이나 현상, 과거의 인물과 사건 등으로 다양하다. 특히 맥락화를 역사가들이 역사 텍스트를 읽을 때 적용하는 독해 전략(heuristic) 중 하나로 설정한 와인버그도 이러한 방향에서 맥락화의 필요성을 주장하고 있다.[39]

대체로 국내 텍스트 독해 관련 연구동향에서 맥락화는 어떤 사건을 제대로 이해하기 위해 해당 사건이 발생한 시간과 장소에 위치시키는 한편, 당대의 정치·사회·문화적 환경 속에서 저자의 입장을 고려하며 기록을 분석하고 해석하는 것을 의미한다.[40] 맥락화를 위한 역사 텍스트 독해 학습을 상정한다면, 앞서 인용한 맥락화의 정의에서 전자와 후자에 접근하는 과제의 방식을 명료하게 설정할 필요가 있다. 어떤 사건을 역사적 맥락 속에서 파악한다는 것과 텍스트를 분석할 때 저자의 관점이나 저자가 존재한 당시의 여러 환경을 이해한다는 것은, 현재주의의 위험을 가능한 한 제어하려 한다는 의미는 같지만 실제 탐구 행위에서는 미묘한 차이가 나타날 수 있다. 전자의 경우 어떤 대상을 맥락 속에서 파악하려는 목적으로 텍스트를 읽는 것이라면, 후자에서는 텍스트 자체를 맥락화하여 읽는 것이 중요해진다.

'무엇을 맥락화하는가'에서 오는 차이를 생각하지 않으면, 실제 학생들에게 역사 텍스트 읽기의 과제를 요구하는 데서 맥락화의 층위가 종종 뒤섞일 수 있다. 특히 사료를 제시할 때 어떤 대상을 맥락 속에서 파악하려고 텍스트를 읽는 것과 텍스트 자체를 맥락화하여 읽는 것 사이에 혼동이 생긴다. 이러한 혼동은 역사 텍스트를 치밀하게 읽는 것을 요구하는 학습의 취지를 무색하게 할 수 있다.

학생들의 비판적 읽기 및 쓰기 능력을 알아보려 했던 김한종과 이영효는 학생들에게 한 가지 텍스트를 주고 "만약 임진왜란 당시 조선 조정의 왕이나 대신들이 옆에 있다면 어떤 이야기를 해주시겠습

니까?"라는 질문을 던지고 있다.[41] 이와 같은 질문은 과거인의 행동을 이해하는 '감정이입'이나 '역사적 관점 취하기(historical perspective taking)'의 활동과 연결된다. 이러한 활동 모두에서 맥락화는 중요한 요소이며, 정교한 수준의 역사이해는 이러한 맥락화를 기반으로 해야 한다.[42] 그런데 가령 교사가 역사 텍스트를 활용한 학습을 하겠다고 하면서, 학생이 과거인 A의 입장이 되어보게 하고자 A가 쓴 글이나 당대인 B가 A에 관해 쓴 글, 그리고 A와 B가 살았던 시대적 상황을 담은 자료의 모음을 제시한다고 하자. 학생들은 주어진 자료들이 곧바로 증거가 된다고 생각할 가능성이 높고, 자료를 보고 A의 말과 시대적 상황을 정리하는 것으로 활동을 끝낼 수 있다. 이렇게 했을 때 당시의 맥락을 고려하면서 과거에 살았던 A의 입장이 되어보았다고 할 수도 있겠지만, 이러한 방식의 맥락화는 마치 어떤 물건들을 라벨이 붙은 서랍에 알맞게 집어넣는 것과 같다. 결국 자료의 활용은 가르치려는 내용을 담은 도구를 전통적인 교과서에서 1차 사료로 옮기는 것 이상의 큰 의미는 없을지도 모른다.

한편 역사적 기록물이 생산된 조건이나 저자의 의도를 생각해보게 하는 것은 텍스트 자체의 맥락화를 요구하는 작업이다. 전문 역사가들이 이용하는 읽기 전략을 확인하고자 했던 연구자들은 이러한 방식의 맥락화에 관심을 두었다. 기록 생성에 관한 물리적·사회적 배경을 파악해야, 기록을 이해·비평하고 증거로 사용할 수 있기 때문이다. 이와 더불어 맥락을 상상한다는 것은 곧 "새로운 것을 만들기 위해 여러 실을 함께 짜는 적극적인 과정에 참여하는 것"이며, 이러한 방식의 역사이해는 "어떤 역사적 인물의 의미와 실제 의도에 더 가까

이 다가가도록 돕는 언어적 맥락을 창조하는 것"이다.[43]

강선주는 텍스트 독해 교수학습 전략을 제시하면서 화자(저자)의 의도를 분석하는 것과 배경지식을 활용하고 탐구하여 텍스트를 역사적 맥락에 위치시키는 것을 언급한다.[44] 강선주는 의도 추론을 중요한 역사 텍스트 독해 전략이라 본다면 우선 학생들에게 주어진 텍스트에서 저자의 동기 혹은 의도를 어떻게 추론할 수 있을지 토론하게 할 필요가 있다고 본다. 이러한 제안에 따른다면 저자가 어떤 말을 한 의도를 찾을 때 텍스트 자체의 맥락적인 이해를 추구하는 학습을 채택할 수 있을 것이다. 한편 텍스트를 역사적 맥락에 위치시키는 전략은 당시의 세계관, 저자의 독특한 세계관이나 문제의식, 탐구하는 텍스트나 사건과 관련된 전후에 있었던 다른 사건, 상황, 인물 등에 대한 구체적인 이해를 추구하는 것이다. 이를 위해서는 주어진 텍스트 외에 관련 있는 다른 텍스트가 제공되어야 한다.

맥락화의 방향에 관해 흔히 간과되는 혼동과 차이를 고려한다면, 학생들에게 '역사적으로 맥락화하며 텍스트를 읽는다'는 과제가 더 신중하게 제시될 필요가 있다. 어떤 사건이나 인물을 맥락 속에서 보기 위해 하나 이상의 텍스트를 읽도록 하는 것, 즉 '맥락화하기 위한 읽기'는 학생들에게 역사이해란 텍스트를 읽고 내용을 조합하는 것이라는 인상을 줄 수 있다. 반면에 '텍스트 자체의 맥락화'를 요구하는 읽기는 텍스트의 의미를 적절히 이해하기 위해 어떤 말이 나오게 된 맥락을 구성하도록 한다. 이는 곧 텍스트를 역사적으로 적절하다고 생각되는 방식으로 읽기 위한 맥락화라고도 볼 수 있다. 여기서는 전자와 비교할 때 텍스트를 치밀하고 분석적으로 읽는 활동을 요구한다.

2부 역사 텍스트 독해와 역사개념의 이해

과거에 만들어진 텍스트에 담겨 있는 말의 의미를 파악하는 것은 단어의 정의를 아는 데 그치지 않는다. 자료의 종류와 생성 시기를 식별하고, 자료가 역사적 맥락에 영향을 받는 저자에 의해 특정 목적으로 구성되었음을 인식하는 귀속(attribution)의 절차를 거쳐야 한다. 즉 자료가 쓰인 맥락을 탐구하고 저자의 사회·문화·정치적 입장을 파악하면서, 자료를 신중하게 읽고 자료에 담긴 관점이 무엇인지 판단한다. 이러한 과정에서 탐구자는 동 시기의 다른 자료들과 비교하면서 해당 자료가 탐구 질문에 대해 갖는 신뢰성의 정도를 평가할 수 있다.[45] 이러한 사료 독해 작업은 우리에게 어떤 단어들이 무엇을 의미하는지, 당시의 저자에게는 무슨 의미였는지, 그것을 어떻게 찾을 수 있는지 등의 질문을 포함한다. 그렇다면 역사 텍스트 독해가 요구하는 자료의 의미를 파악하는 능력은 고차원적이고 복잡한 수준의 지적 활동으로 보아야 한다.

그러나 '텍스트 자체의 맥락화'는 작가와 그 저술을 특히 중시하는 지성사나 문학사와 같은 분야에서는 그 자체로 중요하지만, 역사학습에서는 보통 더 큰 목적을 갖고 하는 활동인 경우가 잦다. 예를 들면 와인버그 등의《역사가처럼 읽기(Reading Like a Historian)》에서 맥락화를 가르치기 위해 학생들에게 던지는 "링컨이 왜 지금의 시각에서 보면 '인종차별적'인 발언을 했는가?"[46]라는 질문은 링컨이 존재했던 과거의 어느 시점을 이해하려는 목적에서 이루어질 수도 있다. 다시 말해 링컨이 쓴 텍스트를 맥락화하는 것은 링컨이 참여한 중요한 역사적 사건을 이해하는 학습의 일부이다. 따라서 텍스트를 적극적으로 활용하는 맥락화 교수학습은 다음의 기본적인 절차를 밟을 수 있다.

과거의 현상 C를 이해하기 위한 학습의 일환으로, 주요 인물 D가 쓴 글 E를 자료로 제시한다. 글 E의 의미를 파악하려면 D가 그렇게 씀으로써 무엇을 말하고 있는 것인지 알아야 하므로, D가 글 E를 쓰고 있던 상황, 즉 당시의 맥락을 염두에 두고 글을 읽는다.[47]

이상의 논의는 맥락화를 할 때 '무엇을' 맥락 속에서 이해하려는 것인가를 더 명확히 하고, 역사 텍스트를 맥락화하면서 읽는 것이 '학문적 문해력'에서 말하는 텍스트를 치밀하게 읽는 것과 관련된다는 점을 밝히려고 한 것이다. 그런데 텍스트의 의미를 읽어내기 위해 저자의 의도를 파악하고자 하는 방식을 상정하는 경우에도 저자에 관한 전기적 정보나 당시의 언어적 관습 등에 관한 정보가 그 의도를 읽어내는 맥락으로 등장한다. 즉 각종 ○○적 맥락들이 언급될 수 있다. 와인버그가 역사가들이 텍스트를 이해하기 위해 동원한 맥락의 유형을 시공간적(spatio-temporal), 사회수사적(social-rhetorical), 전기적(biographic), 역사서술적(historiographic), 언어적(linguistic), 유추적(analogical) 맥락의 여섯 가지로 나누었던 것이 그 예이다.[48] 결국 '읽기 위한 맥락화'를 위해 다시 '맥락화하기 위한 읽기'를 하는 순환의 과정은 불가피하다. 그렇지만 학생들에게 저자의 관점을 고려하며 역사 텍스트를 분석적으로 읽는 능력을 길러주는 데 관심을 둔다면, 과제를 구성할 때 '텍스트 자체의 맥락화'의 층위와 수준을 설정하는 것이 필요하다. 그리고 그중 이용될 수 있는 다양한 맥락들을 세부적으로 조정할 필요가 있다. 어떤 맥락이 적절하고 설명력이 있는지, 그 맥락을 어떠한 방식으로(예를 들어, 또 다른 1차 자료를 제공할 것인지, 2차 자료의 형식으로 제공할 것인지) 어떤 순간에 제공할 것인지를 고려해야 하기 때문이다.

4. 학생들의 맥락화 수행의 난점

이 절에서는 맥락화의 과제가 지니는 성격에 대한 논의를 바탕으로 학생들이 역사 텍스트 독해를 할 때 맥락화를 어렵게 하는 요인과 조건을 살펴볼 것이다. 역사교육 연구에서 학생들이 역사 텍스트를 비판적·분석적으로 잘 읽지 못하는 이유를 파악하고, 나아가 실제로 텍스트 독해 방법에 관해 교수 개입이 이루어졌을 때 어떤 효과가 나타나는지를 조사하는 연구가 증가하고 있다. 연구 리뷰를 통해 학생들에게 맥락화를 가르칠 때 주의를 기울여야 하는 부분은 무엇이며, 동시에 효과적인 교수 개입의 요건은 어떤 것인지 알아보고자 한다.

역사 텍스트 독해 교수학습 관련 연구는 대부분 학문적 접근(disciplinary approach)을 전제한다. 역사교육에서 학문적 접근은 역사 텍스트의 분석과 해석을 중시하므로 자연스레 읽기와 쓰기, 사고를 강조한다. 그런데 역사적인 텍스트는 학생들의 기본적인 문해력은 물론 역사 교과 특유의 문해력을 요구한다.[49] 문제는 '역사가처럼 읽기'란 학생들이 평소 하는 읽기와 동일하지 않다는 것이다.[50] 더욱이 교과서가 중심이 되는 전통적인 역사 수업을 주로 접한 학생들은 유형과 관점이 다른 텍스트를 읽을 기회가 많지 않다. 그리고 학생들에게는 역사를 구성적이고 잠정적인 해석의 학문으로 보는 인식도 비교적 낯선 것이다. 역사를 증거에 기반을 둔 해석으로 보지 않는다면, 학생들은 텍스트로부터 모순되는 해석적 관점을 찾기보다는 맥락과 상관없이 적용되는 정보를 얻으려 할 뿐 텍스트를 비판적으로 읽고 본인의 생각을 형성하려 하지 않을 것이다.

특히 맥락화의 경우 폭넓은 배경지식과 그러한 배경지식을 적절하게 이용하는 것, 여러 텍스트를 참조하면서 정보를 종합하는 것 등이 요구되기 때문에 학생들에게 적잖은 부담이 될 수 있다. 일반적으로 역사가들은 각 기록이 전달하는 정보를 해당 시기에 대한 일반적인 지식과 통합하여 문제에 관해 궁리하는 준거 틀을 형성한다.[51] 그러나 대개 학생들은 개관 지식도 잘 알지 못하는 경우가 많고, 여러 텍스트를 제시해도 우선 문자적인 내용 자체에 몰두하는 경향이 있다. 게다가 익숙하지 않은 어휘로 인해 역사 텍스트의 문자적 의미를 파악하는 것조차 학생들에게 만만치 않은 작업일 수 있기 때문에, 복수의 텍스트로부터 정보를 종합해야 하는 과제는 개인이 구할 수 있는 인지 자원(cognitive resource) 이상을 요구할 수 있다.[52]

텍스트가 만들어진 시기에 대한 지식이 있는 학생들도 맥락지식을 적절히 활용하지 못할 수 있다. 피클스(E. Pickles)는 영국의 중등학교 학생들이 사료를 통해 인물의 행위에서 동기를 추론할 때 맥락지식을 이용하는 정도를 조사했다. 그 결과 맥락을 구축할 필요성을 인식하지 못한 점, 복수의 사료를 받아도 교차하여 확인하기보다는 자신의 견해를 강화하는 또 다른 증거로 활용한다는 점으로 인해, 해당 토픽에 관련된 지식이 있는 학생들도 맥락지식을 바탕으로 추론하는 모습을 보이지 않았다고 밝혔다. 학생들은 처음의 추론을 반성적으로 수정하려는 시도의 필요성에 대해서도 의식적으로 생각하고 있지 않았다.[53] 이러한 관찰에 따르면, 학생들이 인물의 동기를 추론할 때 좀 더 의식적으로 맥락적 지식을 끌어올 수 있도록 격려하고, 관련 시기의 맥락에서 자신의 추론을 평가하는 데 주의를 기울이게 하는 것도 중요하다.

한편 맥락화의 과정이 반드시 명확히 보이는 것은 아니므로 학생들에게 어떤 점을 기대하는지 분명하게 보여주지 않고서 학생들이 맥락화를 수행하기를 바라는 것은 무리일 수 있다. 역사 텍스트를 맥락화하여 읽는 과정을 학생들이 접근할 수 있도록 단계를 나누어 제시하는 전략적인 교수 개입을 모색할 필요가 있다. 이를 위해 학문의 구조를 드러내는 교수 기법이 학생들로 하여금 역사적으로 궁리하도록 유도할 수 있는가를 탐구하는 구미의 연구 경향을 참조할 수 있다. 특히 전략적 지원과 관련되는 교수 조작이 학생들의 역사 텍스트 독해에 미치는 효과를 조사한 연구들을 보면 학생들의 역사적 읽기와 쓰기가 발전하는 가능성을 확인할 수 있지만, 맥락화에 관해서는 명쾌한 결과가 드러나지 않는다. 다시 말해 명시적인 교수 개입이 이루어졌을 때도 학생들은 유난히 맥락화를 어려워한다.

예를 들어 미국의 역사 교실에서 다른 유형의 교수 접근이 고등학생이 역사적인 내용과 역사가의 독해 전략을 배우는 데 어떤 영향을 미치는지 알아보기 위해 녹스(Nokes), 돌(Dole)과 해커(Hacker)는 다음과 같은 교수 개입을 설계했다.[54] 개입은 ① 전통적인 교과서/내용 중심 교수, ② 전통적인 교과서/전략 중심 교수, ③ 다양한 텍스트/내용 중심 교수, ④ 다양한 텍스트/전략 중심 교수의 네 가지로 이루어졌다. 이중 사후 테스트에서 전략의 이용 면에서 높은 점수를 얻은 것은 ④에 속한 학생들이었다. 모든 개입에서 학생들이 가장 많이 이용한 전략은 출처 확인이었고, 대조 확인은 그보다 덜 나타났다. 그러나 맥락화의 경우 ①~④의 모든 조건에서 사전·사후 테스트를 통틀어 맥락화를 수행한 학생이 거의 없어 분석이 불가능했다.

위의 연구에서 유독 맥락화에 관해 교수 효과가 드러나지 않은 이유는, 맥락화가 다른 독해 전략에 비해 학생들에게 더 복잡한 사고 과정을 요구하기 때문일 수 있다. 또 학생들이 맥락화를 짧은 기간에 몇 번 배운다고 해서 맥락화가 바로 수행의 결과로 나타나기는 어려울 수도 있다. 이 연구는 개입의 기간이 약 3주, 총 15단위로 짧은 편이었으나 보다 장기적인 개입을 시도한다면 더 긍정적인 결과가 나타났을지도 모른다. 개입 기간을 늘릴수록 학생들이 점차 자율성을 높여 가는 활동을 자주 경험할 수 있기 때문이다.

연구 설계와 해석에서도 문제점을 찾을 수 있다. 녹스 등은 학생들의 에세이에서 독해 전략의 사용 빈도를 점검하는 데 이용한 항목을 제시했다. '출처 확인'에는 저자의 입장, 저자의 동기, 저자의 참여, 저자에 대한 평가, 기록의 생산 일자, 기록의 유형, 기록의 평가, 기타 항목이 포함된다. '맥락화'에는 시간/장소, 문화/배경(setting), 전기(傳記), 역사서술, 언어, 유추 등이 들어 있다. 그리고 이들은 사전·사후 테스트에서 개입 도중 학습한 시기와 동떨어진 시기의 자료들을 제시했다. 그런데 학생들은 배우지 않은 주제에 대해 위의 항목들에 해당하는 맥락화를 애초에 할 수 있을까? 오히려 사전 지식을 활성화할 수 있도록 기본적인 내용을 아는 주제에 대해 새로운 자료를 제시하는 것이 맥락화의 과제로 적합할 수도 있다. 그리고 저자의 입장 같은 항목은 자료의 신뢰성을 판단하기 위한 요소이기도 하므로 생산 일자나 기록 유형의 언급과 함께 출처 확인에 놓이는 것은 합당하지만, 저자에 자료를 귀속(attribute)할 때 이루어지는 위의 활동들이 단지 출처 확인에만 해당하는 것이라 못 박을 수 없다.[55] 와인버그가 찾은 역사가의 독해 전략은 많은 경우 유용하지만, 세 가지 전략을 배타적으로 구분하여 학생들의 역사이해와 텍스트 독해를 평가하는 측정 기준으로까지 이용할 수 있는가 하는 의문이 남는다.

그러나 녹스 등의 연구에서 복수의 텍스트를 접하면서 독해 전략에 집중하는 교수를 받은 학생들이 전통적인 교과서 텍스트를 읽은 두 조건의 학생들보다 내용 지식을 측정한 사후 테스트에서 더 높은 점수를 받았다고 밝힌 것은 중요한 발견이다(③의 조건에 속한 학생들이 가장 높은 점수를 받았다). 즉 여러 가지 텍스트를 이용하고 읽기 전략을 가르치는 수업은 내용 지식의 암기를 특별히 강조하지 않지만, 오히려 내용 지식의 습득 면에서 전통적인 교수법보다 더 효과적일 수 있다.

레이즈먼(A. Reisman)은 장기적인 개입을 통해 '역사가처럼 읽기' 커리큘럼의 효과를 알아보는 대규모 실험 연구를 진행했다. 그에 따르면 '역사가처럼 읽기'를 가르치는 문서 기반 수업이 내용 지식뿐만 아니라 일반적인 읽기 능력에도 긍정적인 효과를 미칠 수 있다. 기존의 연구들 대부분이 우수한 학생들을 대상으로 했지만, 이 연구에서는 훨씬 다양한 배경의 학생들에게서 긍정적인 결과를 발견했다는 점도 중요하다. 레이즈먼은 미국의 11학년 학생 236명을 대상으로 6개월간 문서 기반 수업을 한 교실들을 관찰했다. 실험 집단의 학생들은 학문적 읽기 능력의 적용, 일반적인 독해 능력, 사실 지식 면에서 더 높은 점수를 받았다. 특히 실험 집단과 통제 집단 간에 '출처 확인'(저자의 관점, 목적, 서술의 신뢰성 판단)과 '자세히 읽기(close reading)'(기록의 주장, 단어 선택, 어조) 항목에서 확연하게 차이가 났다. 개입 조건의 교실에서 출처 확인은 기록을 읽기 전의 습관적인 활동이 되었을 뿐만 아니라, 교사는 기록을 읽을 때마다 밑줄 긋기, 어려운 부분은 다시 읽기 등을 시범으로 보여줌으로써 자세히 읽는 법을 명시적으로 보여주었다.[56]

하지만 레이즈먼의 연구에서 '맥락화'나 '대조 확인'에서의 효과는 뚜렷하지 않았다. 출처 확인과 자세히 읽기는 한 가지 텍스트로도 수행할 수 있는 활동인 반면, 맥락화나 대조 확인은 상호 텍스트적인 활동이며 사전 지식이나 다양한 텍스트로부터 얻은 정보를 연결해야 가능하다. 이러한 과정은 교사가 구체적인 행동으로 보여주기가 비교적 까다롭기 때문에 가시적이고 충실한 모델링이 이루어졌을지 확신하기 어렵다. 이에 대해 레이즈먼은 맥락화가 출처 확인처럼 어떤 행동에 숙달하여 성취되는 것이 아닌 더 심층적인 인식론적 이해를 필요로 하는 것인지도 모른다고 지적한다.[57]

미리 지식을 가르치는 것과 전략적 지원을 제공하는 것 중 어느 쪽이 맥락화에 효과적인가를 비교한 연구는 네덜란드에서 이루어졌다.[58] 판 복스텔과 판 드리(Carla van Boxtel and Jannet van Drie)는 네덜란드의 중등학교 학생들이 낯선 기록과 만화, 사진을 해석하고 연대를 추정하는 방식을 알아본 다음, "핵심 역사개념과 사건에 대한 지식을 향상시키는 것과 맥락화 과제에 접근하는 방법에 대한 전략적 지원을 제공하는 것이 학생들이 맥락화 과제를 수행하는 데 끼치는 효과는 무엇인가?"라는 연구 질문 아래 네 집단을 관찰했다.[59] ① 지식 훈련과 전략적 지원, ② 지식 훈련, ③ 전략적 지원, ④ 통제 조건이었다. 연구 결과에 따르면, 전략적 지원만 받은 학생들은 통제 조건의 학생들에 비해 특별히 뛰어난 수행을 보여주지는 않았다. ①의 집단이 ②의 집단보다 더 높은 점수를 받은 것도 아니었다. 이는 성공적인 맥락화에는 전략적 지원보다도 지식 훈련이 중요할 수 있다는 점을 암시한다. 그러나 전략적 지원의 정도가 상당히 약했으므로 비교가 얼마나 유의미한지 확인할 수 없다. 또한 이러한 결과가 전략적 지원이 불필요하다고 단정 짓게 만드는 것도 아니다.

이상의 연구들은 다양한 텍스트의 이용과 명시적인 독해 전략의 교수가 학생들의 학문적 문해력을 신장시킬 수 있으며 심지어 내용 지식의 습득과 보유에도 효과적일 수 있다는 가능성을 보여준다. 이러한 결과는 긍정적이지만 교수 개입 이후에도 학생들이 맥락화에서 겪는 어려움은 지속되는 것처럼 보인다. 그 이유는 다음과 같이 추정할 수 있다. 첫째, 과제의 구상 면에서 문제가 있었을 수 있다. 맥락화가 사전 지식에 많은 부분 의존하는 것이라면 전혀 새로운 지식을 요구하는 과제는 무리가 있다. 평가를 위해 과제를 제시하는 데서도 마찬가지이다. 앞서 살펴본 연구들은 실험 연구에서 효과를 알아보는 상황이지만, 보통의 상황에서도 맥락화를 가르치는 수업이 시행된다면 학습 성과를 가늠하기 위해서는 평가 측면에서 타당성이 있는 과제를 제시해야 할 것이다. 그런데 완전히 새로운 내용의 토픽을 아무런 도움 없이 평가 과제로 준다면 (학생들은) 맥락화를 스킬로서만 접근할 가능성이 크다.

둘째, 교수 방법이 적절하지 않았거나 충실히 이행되지 않았기 때문일 수 있다. 모델링과 학생들의 실행으로 수업을 조직해 명시적으로 전략을 가르치는 것보다 다른 어떤 전략이 더 효과적인지는 알 수 없지만, 적어도 그러한 교수 방식이 필요하고 어느 정도 효과가 있다면 여러 텍스트를 맥락 속에서 읽는 것을 적절히 모델링하고 코칭하는 방법을 고안할 필요가 있다. 한 가지 분명한 방법은 일찍 시작하고 자주 연습하는 것이다. 학생들은 이따금 주어지는 과제로는 역사적 사고나 문해력의 실천을 익힐 수 없고, 따라서 전략적이고 지속적인 노력이 필요하다.[60]

5. 맥락화 교수학습의 방향

1) 교수학습 접근으로서 인지적 도제

'인지적 도제' 이론은 학생들이 역사 텍스트 독해에서 겪는 어려움을 고려하면서 맥락화를 가르칠 수 있는 유용한 교수학습 방안이다. 인지적 도제 이론은 교사들이 학습 환경을 조직할 때 이용하는 교수 모델로서, 전문가가 수행하는 고등적인 사고나 문해력 등을 가르치는 데 효과적이라는 점에서 주목받아왔다. 역사교육에서 인지적 도제 이론은 학습자를 역사지식을 능동적으로 구성하는 존재로 바라보는 구성주의적 관점에서 적극적으로 고려된다.[61] 학습자가 역사지식을 스스로 구성하는 과정에서 관찰·실행·반성의 면에서 전문가의 지원을 필요로 하기 때문이다. 또한 인지적 도제를 바탕으로 하는 교수학습은 암묵적이지만 복잡한 과정을 학습자에게 가시화하는 것을 요구한다.

인지적 도제는 교사〔주인〕와 학생〔도제〕을 두 축으로 하여, 어느 특정 사회 집단에 참여해서 지속적으로 실제적인 과제들을 해결하는 과정을 통해 개념을 발전시키고 학습해나가는 것이다. '인지적' 도제는 어떤 물리적 기술이나 지식이 아닌 (메타)인지적인 기술과 지식의 습득을 목표로 한다.[62] 도제라는 용어는 학습이 활동과 사회적 상호작용을 통해 이루어지는 것을 의미한다.[63] 인지적 도제 모형에 따른 교수 전략은 기본적으로 전문가의 '모델링(modeling)', 문제 해결을 위해 가르치는 사람이 도움을 제시하는 '발판 제공(scaffolding)', 학습자의 자율성을 높여가며 이러한 도움을 줄여가는 '감소(fading)'라는 일련의 과정으로 구성된다.[64] 이 과정에서 학습자는 자신의 언어로 학습한 지식을 규정하려는 노력과 아울러 전문가의 문제 해결 방식을 자신이 행한 것과 비교하는 끊임없는 성찰(reflection)을 해야 한다. 교수자와 학습자는 이러한 성찰을 말로 분명히 표현(articulation)하기를 요구받는다.

인지적 도제를 역사교육에 적용한 하나의 사례로 미국에서 브릿과 알린스카스(Britt and Aglinskas)의 연구를 찾아볼 수 있다.[65] 이들은 학생들에게 자료의 출처 확인을 훈련하는 컴퓨터 프로그램 '소서스 어프렌티스(Sourcer's Apprentice)'를 고안했다. 명칭에서 드러나듯 이 프로그램은 인지적 도제 이론을 반영하며, 상황 속에서 문제를 해결하는 것(situated problem-solving)을 중시한다. 이 프로그램은 도서관에서

책을 꺼내 그 안의 기록을 읽고 저자에 관한 정보를 노트 카드에 적는 형식으로 되어 있다. 이 프로그램은 학생들에게 카드에 관련된 출처의 정보를 채워나가게 하고, 역사가의 에세이들을 인용의 본보기로 보여준다. 출처의 특징에 대해 도움 화면을 제공하고, 잘못된 답을 입력했을 경우 힌트를 준다. 명시적인 교수는 튜토리얼을 통해 출처의 특징과 전문가의 독해 전략을 알려주는 것으로 이루어졌다. 프로그램을 사용한 고등학생들과 그렇지 않은 고등학생들을 비교한 실험 연구의 결과에 따르면, 처치 집단은 통제 집단보다 출처 확인 점수가 유의미하게 높았다.

인지적 도제 모형이 제시하는 교수 방법을 이용하는 데서 더 나아가 인지적 도제식 접근을 역사 텍스트를 활용한 교육과정에 좀 더 통합한 경우로는 미국 8학년 학생들을 대상으로 한 수전 데 라 파즈 등 (S. De La Paz et al.)의 연구가 있다.[66] 이 연구는 읽기에 능숙한 학생들과 그렇지 않은 학생들 모두 인지적 도제를 적극적으로 이용한 학습을 통해 역사적으로 읽고 쓰는 능력이 향상되었다는 유망한 결과를 제시한다. 18일간 여섯 차례의 탐구로 진행된 교육과정 자료들은 몬테사노 등(C. Monte-Sano et al.)의 책으로 간행되었다.[67] 이들은 역사적인 논증을 작성하는 교육과정에 학문적 문해력의 도구를 더하여 구조화된 학습 기회를 제공하려 했으며, 구체적인 교수 단계를 다섯 가지로 나누었다.[68] 해당 교육과정을 충실하게 시행한 교사들은 학생에 따라 독립적인 과제의 수행 시기를 이르게 하거나 늦추었고, 촉진조치 (prompt)를 통해 학생들의 역사적 사고를 성숙시켰다. 촉진조치는 대개 학생들의 발언, 교사의 안내를 받는 연습(guided practice), 교사가 학생의 개별 작업에 응답하는 방식으로 이루어졌다. 모델링 이후 해당 교사들은 교실을 순회하며 피드백을 주었는데, 이러한 피드백은 주로 학생들의 학문적 사고 수준을 주의 깊게 살펴보는 것이었다. 물론 교사가 교육과정을 학생에 맞추어 조정하고 학생들의 생각에 매 순간 응답하는 과정을 하나의 각본으로 미리 짜놓을 수 있는 것은 아니다. 하지만 교사는 학생들에게 효과적으로 응답할 수 있도록 준비되어 있어야 하고, 학생들이 배우기를 원하는 사고 과정을 보여주기 위해서는 교사의 메타인지 능력도 향상되어야 한다. 인지적 도제 이론은 학문에 대한 교사의 이해가 심화되어야 한다는 것을 강조하며, 따라서 교사의 역할과 교사의 능력 배양에 대한 관심이 더욱 부각된다.[69]

2) 맥락화 교수학습을 위한 수업 구상

앞선 논의에 따라 인지적 도제 모형의 전략을 반영한 맥락화 교수학습의 틀을 〈그림 2〉(191쪽)와 같이 구상할 수 있다. 이는 역사 기록을 중심으로 한 탐구 수업의 시퀀스에 인지적 도제 이론의 개념들을 접목한 것이다. 이러한 탐구 수업의 절차는 탐구를 아우르는 큰 질문으로 역사적 탐구의 상황을 제시하고, 하위 탐구 과제들을 설정하여 맥락화를 체계적으로 배우기 위한 것이다. 이는 기본적인 모형인 동시에, 역사과목의 언어와 문해에 주의하는 교사가 맥락화의 문제들을 역사 교실에서 다룰 수 있고 인지적 도제의 요소들이 학문적 문해를 가르치는 도구로 기능할 수 있는 하나의 사례로, 교사가 자신의 수업 목적에 맞추어 변형·조정할 수 있다.

먼저 전반적인 탐구 질문(예를 들어 '김옥균은 애국자인가, 반역자인가?')을 제기하여 학생들이 진정한 학습과 과제에 참여하는 상황을 제시한다. 하위 탐구 과제들은 각각 도입-역사 텍스트 독해 학습-평가 및 토론의 단계를 갖출 수 있다. 각 탐구 과제의 도입부에서는 소(小) 탐구 질문과 배경지식을 제시하고 맥락화하며 읽기를 수업의 초점으로 강조할 수 있을 것이다. 전체적인 수업 시퀀스와 각각의 탐구 과제에서 배경지식을 제공하는 시간과 방법은 다를 수 있다. 중요한 것은 텍스트의 내용 자체를 이해 가능하게 하려면 학습자가 관련 지식을 어느 정도 알고 활성화해야 한다는 점에서 기본적인 배경지식의 제공이 필요하고, 또 학생들이 그러한 지식을 주어진 것으로 넘기기보다는 자신이 알고자 하는 것에 어떤 지식이 적절하고 필요한지 생각할 수 있어야 한다는 것이다.

〈그림 2〉에서 첫 번째 탐구 과제는 관련 시기에 관한 배경지식의 강의가 이루어진 다음, 혹은 배경지식의 제공과 함께 김옥균에 관한 당대의 텍스트들을 자세히 읽도록 하는 것이다. 가령 '김옥균은 당대의 사료들에서 어떻게 표현되고 있는가?'라는 질문 아래에, 누군가에 관해 쓸 때 애국자 혹은 반역자라는 일반화가 야기하는 문제들을 확인하고 설명하는 것이 이 과제의 목표이다. 학생들이 더 깊이 그리고 천천히 읽을 수 있도록 단어들을 문제화하는 것이 필요하기 때문이다. 교사와 학생들은 김옥균에 관한 당대의 평가는 무엇인지, 그러한 평가에 어떤 문제가 있는지, 김옥균에 관해 기술하면서 당대의 저자들이 사용한 언어 속에 어떤 가정이 내재하는지 등을 생각하고 토론할 수 있다. 이러한 탐구 과정에 김옥균이 살았던 시기와 그 시기

〈그림 2〉 맥락화 교수학습을 위한 수업 시퀀스

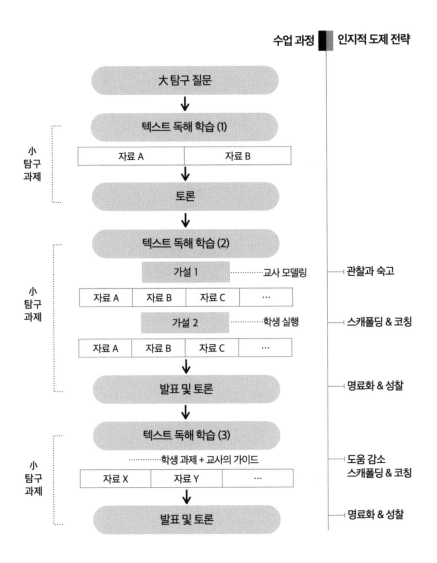

에 있었던 중요한 사건 등 시기적 맥락을 포함해 관련 배경을 아는 과정을 통합할 수 있다. 그리고 맥락화의 필요성과 방법을 소개할 수 있다. 첫 번째 탐구 과제는 과거의 인물을 평가하는 행위, 사료를 읽고 저자의 관점을 판단하는 행위가 복잡한 것이며, 그러므로 좀 더 시간을 갖고 충분히 사료를 읽어야 한다는 점을 학생들이 알게 한다. 또한 해당 탐구 질문 자체를 토론하는 시간을 가져 학생들이 사료의 언어와 자신의 언어에 주의를 기울이도록 할 수 있다.[70]

　다음 탐구 과제에서는 '저자들은 김옥균에 관해 왜 이렇게 썼는가?'라는 질문 아래 새로운 자료들을 다룬다. 학생들은 여러 텍스트를 이해해야 하고 새로운 텍스트를 기초로 김옥균에 관해 읽고 쓰게 된다. 이때 학생들이 접하는 발췌된 사료는 읽기에 능숙하지 않은 학생들도 텍스트 독해에 참여할 수 있도록 수정될 필요가 있다. 1차 사료를 제시한다고 해서 학생들이 역사 탐구에 바로 착수할 수 있는 것은 아니다. 읽기와 같은 인지활동은 분명하게 드러나지 않는다. 따라서 역사 텍스트 독해에 익숙하지 않은 학생들을 위해 교사가 시범을 보인다. 교사는 텍스트를 프로젝터로 띄워두고 천천히 읽어나갈 수 있다. 교사는 맥락지식을 바탕으로 저자가 김옥균에 관해 기술할 때 왜 이러한 단어들을 썼을지 특정한 가설을 세우고, 다른 텍스트를 상호 대조하며 가설을 확인하고 그럴듯한 해석을 만들어가는 과정을 '말하면서 생각하기(think-aloud)'의 기법으로 가시화할 수 있다. 교사의 가설은 해당 텍스트가 쓰인 즉각적인 상황에 관한 것일 수도 있고 더 넓은 사회적·문화적 환경에 관한 것일 수도 있다. 교사는 모델링을 할 때 맥락지식에 다양한 유형이 있다는 점을 고려하며 어떤 가설을 세울지 판단할 것이다.

학생들은 이전에 배워 알고 있는 김옥균에 관한 지식을 상기한 다음, 김옥균에 관한 당대의 자료와 각 자료를 쓴 저자의 배경을 연결하는 작업을 하게 된다. 모델링을 통해 이해의 기반을 형성한 뒤 학생들은 소집단 혹은 개별적으로 직접 텍스트를 읽는다. 초보자인 학생들은 과제를 실제 수행해봄으로써 교사의 시범을 보는 것만으로는 알기 어려웠던 과제의 측면들을 알아갈 수 있기 때문에,[71] 학생들이 직접 읽고 이해를 표현하는 기회를 자주 주는 것이 중요하다.

탐구 과제에서 새로운 자료들을 주게 되면 다시 저자에 관한 정보를 아는 것이 필요해지므로 학습활동에 필요한 저자의 전기적 정보 등이 제공되어야 한다. 이를 바탕으로 학생들은 그룹을 지어 저자와 김옥균의 관계가 어떻게 그들의 견해에 영향을 미쳤을 수 있는지 생각하고 이야기를 나눌 수 있다. 무엇보다도 저자의 맥락을 그들이 이 텍스트를 쓴 이유와 연결하려면 학생들은 저자가 사료에서 무엇을 의미했는지 토론해야 한다. 저자의 의도는 무엇이었는지, 김옥균에 관해 당대의 텍스트들이 무엇을 드러내고 무엇을 감추고 있는지 등에 관해 학생들이 자기 생각을 말할 때, '얼버무리기(hedging)'[72]와 같은 잠정성과 불확실성을 표현하는 언어를 이용하게 할 수 있다. 확실한 표현과 암시적인 표현을 구분해서 파악하는 것이다. 학생들에게 제공하는 또 다른 발판은 다양한 맥락지식을 이용하게 하는 가이드이다. 저자의 진술이 무엇에 대한 응답인지 설명하는 데서 '언제', '어디서'와 같은 시간과 공간, 당대에 일어난 다른 사건들, 저자 개인에 관한 정보 등 여러 차원에서 텍스트의 의미를 고려하게끔 하는 언어를 제

공하는 것이다.[73]

이후의 탐구 과제에서 학생들은 대(大) 탐구 질문으로 돌아가 지금까지 살펴본 여러 텍스트를 참조하여 김옥균에 관한 생각을 쓰게 된다. 이때 교사는 학생들이 자신의 언어로 글을 쓸 때 활용할 수 있는 발판을 계속 제공할 필요가 있다. 또한 읽기를 하는 인지적 행위에 대한 주의를 환기하기 위해 교사는 코칭의 일환으로 교실을 순회하며 학생들에게 메타인지적인 질문을 꾸준히 던질 수 있다. 무엇을 왜 하고 있는지, 이를 했을 때 전체적인 수업의 질문에 어떠한 도움이 될 것인지 등의 질문을 받은 학생들은 좀 더 의식적으로 텍스트를 읽어 나갈 수 있다. 점차 탐구 과제들이 진행될수록 교수 지원을 줄여갈 수 있다. 이는 그룹 학습 대신 개별적인 탐구 과제를 부여하는 것으로 나타날 수 있지만, 독립적인 과제는 그전의 과정(모델링과 그룹 학습)을 반복한 후 주어지거나 적절한 안내 질문과 함께 제공될 수도 있다. 인지적 도제 이론에서, 근본적으로 학습 과제는 학습자가 경험이 쌓임에 따라 복잡성과 다양성이 증가한다.[74] 〈그림 2〉에서는 자료 A 등으로 표현했지만, 구체적인 읽기 자료는 그러한 원칙을 염두에 두고 선정되어야 한다.

1차·2차 자료를 이용해 읽고 쓰는 모든 탐구 과제는 각 자료를 어떻게 이용할 수 있었는지에 대한 토론으로 이어져야 한다. 과제의 수행을 반성하는 과정에서도 교사가 먼저 자신의 읽기 과정을 성찰하는 모습을 보여줄 필요가 있다. 교실 전체가 참여하는 토론에서 학생들은 과제 수행 과정을 분석하고, 자신이 어떤 관련 지식을 이용했으며 어떠한 결론을 내리게 되었는지 그 과정을 표명해야 한다. 학생들이 활용하려는 증거를 다시 검토하게 하는 것이다. 그리고 학생들은 다른 학생의 궁리 과정에도 질문을 해보면서, 하나의 담론 공동체(discursive community)에 발을 들이게 된다. 공통된 언어 규범, 가치, 신념, 실천을 공유하는 담론 공동체에는 독특한 인식론, 가치 있다고 여겨지는 텍스트, 읽기와 쓰기, 의사소통의 목적 등이 있다. 역사가들이 나름의 담론 공동체를 구성하고 있는 것처럼, 역사 텍스트를 다루는 역사 교실은 학생들이 그러한 방식을 이해해나가는 담론 공동체로 발전할 수 있다. 역사가들이 서로의 작업을 검토하는 방식으로 동료와 지속적으로 대화하듯, 학생들도 자신의 해석을 다른 학생들과 나누고 또 그 해석을 변호하고 평가하면서 담론 공동체를 형성할 수 있다.[75] 반성적 사고와 표명의 작업이 원활하게 이루어지려면 문제를 해결하는 과정에서 다양한 시도를 하고 그 결과를 함께 관찰할 수 있는 탐구적 학습 환경이 뒷받침되어야 한다.

6. 맺음말

역사에서 맥락의 이해는 필수적이다. 그러나 맥락화는 간단히 정의할 수 있는 문제가 아니다. 이 글에서는 역사 텍스트를 맥락화하는 과제를 좀 더 선명하게 보기 위해 역사이론에서 맥락화와 관련하여 제기되는 텍스트 이해의 이슈들을 다루고 역사교육 연구에서 맥락화의 의미를 검토했다. 이에 따라 역사 텍스트 독해 교수학습에서 맥락화의 과제는 맥락화의 대상과 층위가 명료하게 제시되어야 한다고 주장했다.

　과거에 쓰인 텍스트를 맥락화하는 작업에는 어떤 텍스트의 맥락을 구성하려면 그 텍스트에 관련된 풍부한 내용을 미리 알아야 하거나 또 다른 텍스트를 참조해야 한다는 문제가 내포되어 있다. 결국 역사 텍스트 독해에서 맥락화를 가르치려는 교사는 배경이 되는 지식을 제공하고 다양한 자료를 선정하고 다듬어 제시할 필요가 있다. 이렇게 교사가 주도하는 학습 상황의 맥락화는 제공되는 텍스트의 수와 범위가 제한되어 있다는 점에서 한계가 있다. 그러나 전문 역사가가 아닌 학생들은 어떤 주제에 관한 지식을 충분히 알고 있지도 않을뿐더러 직접 관련 텍스트를 찾아보기도 어렵다. 따라서 맥락화 수업을 가능하게 하는 조건은 구체적으로 자료를 선정하고 조직하는 것이라 할 수 있다. 교사의 시범과 도움을 통해 학생들은 과거의 텍스트를 읽을 때 저자가 의사소통 행위에 참여하는 일에 관심을 두고 맥락지식을 동원하며 역사적인 질문에 대해 적절한 답을 찾아가는 과정을 경험하도록 안내받을 수 있다.

　완벽하게 적절한 맥락화는 역사가에게도 학생에게도 불가능하다. 이러한 맥락화의 특징은 역사학(습)의 치명적인 결점만은 아니다. 이러한 불완전성이 역사가가 자료를 해석하고 역사를 서술할 때 수행하는 재구성의 모습이라면 교사의 개입을 통해서라도 이것을 학습하는 것은 학생들에게도 역사가의 사고를 제대로 체험할 수 있는 좋은 기회가 된다.

　맥락화는 현재주의와 역사주의의 긴장 속에서 역사 텍스트를 읽어가는 방법으로 역사 영역 특유의 문해력으로 언급되며, 역사적 문해력은 과거에 관한 이야기들을 포함한 다양한 정보가 범람하는 현대 사회에서 학생들에게 필요한 능력으로 중시되고 있다. 텍스트 자체의 맥락화를 요구하는 과제를 신중하게 배운 학생들은 텍스트를 읽으면서 기존의 가정에 맞는 어구를 수집하는 대신에 텍스트의 언어를 둘러싼 사회적 관습과 상황을 탐색하는 능력을 갖출 수 있다.[76]

또한 맥락화는 한편으로는 자신의 맥락은 잠시 제쳐두려는 것이면서 다른 한편으로는 과거의 맥락을 이해하려는 것이라는 점에서 현재와 과거를 연결한다. 그리고 탐구자가 완전히 자신의 맥락에서 벗어날 수는 없기 때문에, 맥락화는 자신의 입장, 관점, 언어를 성찰하는 문제가 되기도 한다. 학생들은 현재 자신들의 위치성과 과거에 존재한 이들이 지닌 위치성을 비교하며 자신의 맥락과 신념, 성향을 인식할 수 있다.[77] 즉 맥락화는 과거와 현재의 대화에 참여하며 텍스트에 담긴 진술의 경합하는 의미를 이해해나가는 과정으로 볼 수 있다.

교사들이 맥락화와 같은 역사적인 추론 능력을 기르는 데 필요한 지식을 충분히 갖고 있지 못할 수 있다는 점, 타당하고 믿을 만한 과제와 평가 도구가 빈약한 점 등의 문제는 효과적인 맥락화 교수학습의 무시할 수 없는 걸림돌이다. 학생들이 맥락적인 이해를 통해 더 발전된 역사 해석을 만들어갈 수 있는가, 그러한 과정을 어떻게 평가할 것인가 등에 관한 연구가 더 정교하게 이루어지길 기대한다.

3장

변화개념의 특징과 역사학습에서의 의의

1. 머리말[1]

변화는 일상뿐 아니라 역사학과 역사서술에서도 흔히 쓰이는 용어이다. 역사학은 시간에 따른 변화를 다루는 학문이라는 주장에 이의를 제기하는 사람은 거의 없을 것이다. 하지만 실제로 변화가 무엇을 의미하는지, 또 변화라는 용어 또는 개념이 포함하고 있는 특징과 구성요소는 무엇인지에 대해서는 불분명하거나 모호한 부분이 적지 않다. 많은 사람이 변화란 무언가 바뀌는 것이라고 간단하게 생각하면서, 실제로 바뀌는 것의 내용, 양상, 과정, 패턴, 진행의 속도, 방향, 그리고 이에 대한 사람들의 인식에 관해서는 주의를 기울이지 않는다. 변화를, 무언가 바뀐다는 것을 표현하는 여러 용어, 예를 들면 전개, 변경, 변동, 변천, 변모, 변용, 발전, 진화, 추이 등과 구별하지 않거나,

진보 혹은 진전과 같은 단어와 혼용하기도 한다.

역사교육에서도 사정은 크게 다르지 않다. 변화라는 단어는 교과서 서술과 교사의 설명에 자주 등장하지만, 그 용법상의 특징이나 역사학습에서 강조하거나 주의해야 할 부분에 대한 언급은 찾아보기 어렵다. 일상적인 용어로서 변화와 역사학의 개념으로서 변화의 차이도 구별되지 않는다. 일상에서 흔히 쓰이는 변화의 맥락적 의미와 가치는 사회의 역사적 배경, 시대적 분위기와 밀접하게 관련되어 있다. 따라서 학생들이 주변에서 흔히 듣는 변화라는 단어에 대한 감각과 인식을 역사학습에 그대로 적용할 때 어떤 선입견과 오해가 발생할 가능성도 있다. 이러한 변화의 관행적인 용법을 분별하고 선입견을 경계하기 위해서 학생들에게 변화를 역사적인 개념으로 가르칠 필요가 있다. 사전적인 정의로 변화의 의미를 파악하는 것으로는 충분하지 않다. 그렇다면 역사학습에서 어떤 것을 변화라고 불러야 하는지, 실제 변화가 인간과 세상사에 의미하는 바가 무엇인지, 변화를 어떻게 인식해야 하는지, 과거의 변화가 현재와 어떻게 관련되는지를 검토할 기회를 제공해야 한다.

이러한 문제의식 아래, 이 글은 과거와 단절된 것으로서 현재를 이해하는 시간성이 등장한 것과 변화에 대한 인식이 어떻게 관련되는지를 소개한 후, 변화개념의 특징과 속성을 연구 쟁점별로 정리한다. 그중에서도 특히 변화를 이해하는 데 필수적인 시간개념이라 할 수 있는 연표와 연대기, 시대구분을 활용하는 데 따르는 문제점을 지적한다. 또한 과거에 있었던 일을 변화로 인식하는 도구 또는 통로로서 내러티브 프레임워크(narrative framework)를 통해, 과거에 대한 이해가

현재의 상태와 미래에 펼쳐질 상황에 대한 판단과 전망으로 이어져야
한다는 점을 강조한다.

2. 변화에 대한 인식과 과거와 현재의 단절

나는 박정희 대통령 집권 시대에 국민학교(지금의 초등학교)와 중·고등
학교를 다녔다. 그리고 대학 생활 마지막 학기에 그의 죽음으로 유신
시대가 힘겹게 마감되었다. '개발독재'라고 흔히 표현되는 그 시대의
지상과제는 근대화·산업화였다. 그 당시 학교는 시대의 이데올로기
를 가장 충실하게 전달하는 역할을 했고, 대다수 학생들과 마찬가지
로 나는 그 시대의 약속을 믿었다. 그것은 한 마디로 '보다 나은 내일'
이라는 것이었다. '대망의 70년대'라는 구호가 말해주듯, 국민학교 시
절 나는 정말 70년대가 되면 국민 대부분이 자가용을 소유하는 시대
가 올 것으로 생각했다. '한강의 기적' 속에서 수출 100억 불 달성을
모든 국민이 축하했다. 새마을운동의 기세로 농촌에서는 초가지붕이
사라졌고, 나는 비록 도시에 살고 있었지만 '새벽종이 울렸네'로 시작
되는 노래에 맞춰 아침 일찍 학교에 나가 부근 지역에서 새벽 청소를
하기도 했다. 의식주의 여러 부문에서 전통은 '조국 근대화'의 장애가
되는 것으로 여겨졌으며, 근대화는 물질과 정신의 양 측면에서 우리
가 생존할 수 있는 유일한 방도로 강조되었다. 근대화는 무언가를 바
꾸는 것, 변화의 환유이기도 했다.

변화와 개혁에 대한 요구는 그 후로도 계속되었다. 때로는 충격적

인 정치 변화의 연속, 급속한 경제 외형의 확장, 사회의식과 가치관의 변전(變轉) 속에서, 거의 모든 사람은 바뀌지 않는 것이 있다면 오히려 그것이 이상하다는 생각을 하게 되었다. 우리는 '의식을 개혁하라'는 요구를 받기도 했고, '아내와 자식 말고는 다 바꿔라'는 주문을 듣기도 했다. 새로워지지 않으면 도태되고 말 것이라는 관념은 지금도 팽배하다.

이처럼 개인적인 경험을 통해 말하고자 하는 바는, 우리 사회가 매우 급속한 변화를 추구하는 가운데 어느덧 진보와 개혁을 일종의 종교처럼 여기는, 미래 지향적인 속성에 치우치게 되었다는 것이다. 정도의 차이는 있지만 이러한 속성은 세계적인 현상이기도 하다. 특히 산업자본주의의 발달 및 과학기술의 진보와 연결된 합리성을 다른 가치들보다 우선하게 됨에 따라, 과거를 돌아보는 일은 가치를 잃게 된 측면이 있다. 과거의 파괴, 더 정확히 말해 한 사람의 당대 경험을 이전 세대들의 경험과 연결하는 사회적 메커니즘의 파괴는, 20세기 말 이후의 가장 특징적인 현상 중의 하나이다. 대부분의 사람들, 특히 청소년들은 그들이 사는 시대의 공적(公的)인 과거와 유기적 관계가 결여된 일종의 '영구적인 현재' 속에서 성장했다.[2] 이것을 '순간적인 현재(instantaneous present)'라고 부르기도 한다. '영구적인 현재'와 반대되는 의미로 들리지만, 사실은 이 말도 현재를 과거와 분리된 당장의 중요성으로 강조한다는 의미에서, 현재만이 존재한다고 여기는 영구적인 현재와 일맥상통한다.[3] 현재라는 순간만이 연속적으로 나타난다고 여겨 과거의 중요성을 제대로 보지 못한다는 말이다.

이런 의미에서 혹자는, 자본주의의 역사적 역할은 역사를 파괴하여 과거와 단절하고, 앞으로 일어날 일에 관해 모든 노력과 상상을 동원하는 것이라고 말한다.[4] 이것은 일종의 이데올로기이며 사회 통제의 특별한 형태이다. 더 나은 내일이 있으니 오늘은 참고 견디라는 식의 진보에 대한 믿음은 현실 순응적인 태도를 기르기 마련이다. 무언가 더 빠르게 바뀔 것이고 이것이 과거와의 단절을 의미한다는 생각은, 급속한 산업화를 거친 우리 사회에서 매우 익숙하다. 1970년대 이후 산업화에 국가의 미래 운명이 달려 있다고 선전하고 국민의 헌신과 노력을 요구하는 사회 분위기에서, 미래에 대한 기대와 전망은 바로 변화의 필요성과 당위로 이어졌다. '바꿔야 한다. 그러면 내일은 더 나아질 것이다.' 변화는 미래를 담보하는 조건이 된 것이다.

이러한 현상을 코젤렉(Koselleck)은 역사 혹은 시간의 급격한 가속화라는 개념으로 설명하고 있다. 그는 세계사를 세 단계로 구별하면서,[5] 세 번째 단계인 약 200년 전부터 과학기술의 발달과 함께 산업적 '근대성'이 대두된 시기 이후로 모든 삶의 영역에서의 가속화가 제도화된 특징이 되었다고 주장한다. 특히 서구인들은 이른바 시간의 가속화 현상 속에서 현재를 과거와 단절된 것으로 보고 다가올 미래에는 '새로운 것'들이 빠르게 펼쳐질 것이라는 믿음을 가지게 되었다. 이것은 역사의 학문화 현상과 동일한 시대 배경에서 등장했다. 근대 역사학은 근대와 진보의 아이디어와 잘 들어맞는 것이었다. 소위 '과학적 역사'는 보다 새로운 것의 끊임없는 등장을 중시하고 과거를 보다 진전된 미래로 교체하는 것을 강조하는 지적 분위기에서 성장했다. 근대의 역사의식과 학문으로서 역사는 모두 1750년에서 1850년 사이—소위 '근대의 안착기(Sattelzeit)'—에 나타난 것으로, 사회 및 기술 혁신과 미래의 참신함에 대한 믿음이 과거에 대한 전통적인 의식과 결별하고 새로운 '기대지평(horizon of expectation)'을 만들었다. 근대의 관점에서 과거와 미래는 점차 현재와 다른 것으로 간주되기 시작했다. 근대 역사학은 과거와 현재를 시간적으로 구분하여 과거를 다른 것, 낯선 것으로 현재와 단절시켜 연구 대상화함으로써 역사 지식의 공정성과 객관성을 확보했다. 마치 시간상의 거리 혹은 격리가 그것을 보증하는 것처럼.[6] 이렇게 단절된 과거와 현재의 간격을 연결하기 위해, 진보와 발전의 역사적 내러티브가 만들어졌다. 이러한 내러티브는 지나가버린 과거와 알 수 없는 미래를 하나의 설명 틀로 이어준다.[7]

이렇게 과거와 단절된 것으로서 현재를 생각하는 것은 역사학습에서도 나타나는 현상이다. 역사는 직선적인 발전의 과정이고 변화는 곧 진보이며, 현재는 이러한 과정의 유일하고도 필연적인 결과라는 인식은 역사 교과서 서술과 학생들의 역사 감각에도 널리 퍼져 있다.

3. 변화개념의 특징과 관련 연구의 주요 쟁점

시간에 대한 감각과 인식, 시간 속에서 펼쳐진 인간 행위와 제도, 관습, 사상 등을 이해하기 위해 반드시 필요한 개념이 변화이다. 이런 이유로 우리나라를 포함한 각국의 교육과정에서는, 변화를 학생들이 반드시 습득해야 할 주요 개념으로 설정하고 있다. 예를 들어 영국의 2014 교육과정은 주요 단계 3(Key Stage 3)의 목적에서 '변화와 계속성'의 개념이 '원인과 결과', '유사성, 차이와 중요성' 등과 함께, '연결과 대조, 추세의 분석, 역사적으로 타당한 질문의 형성 그리고 내러티브와 분석적 글쓰기를 포함한 학생 스스로의 짜임새 있는 서술을 위해 활용되어야 한다'라고 밝히고 있다.[8] 우리나라 2015 교육과정 중학교 역사에서는 '한국 전근대사와 세계 역사를 연속성과 변화의 개념을 중심으로 이해한다'[9]라는 목표를 제시하고 있다.

그러나 변화가 역사인식에서 필수불가결한 개념이라고 하지만, 실제로 그것을 어떻게 학생들에게 가르칠 것인가에 대해서는 국내외적으로 아직 연구가 미약하다. 그 이유 중 하나는 변화라는 개념의 모호성이다. 변화는 중요한 사건의 발생 및 결과와 관련이 있지만, 사건 그 자체는 아니다. 즉 과거에 있었던 변화의 실제 내용과 형태가 무엇인가를 이해하는 문제일 경우, 변화는 실질적인(substantive) 개념이다. 하지만 변화를 사건 그 자체로만 간주하는 오류를 피하기 위해서는 메타개념―그것을 활용하여 역사적 현상의 의미를 파악할 수 있는 절차적인 도구개념―으로서 변화를 가르쳐야 한다. '과거에 무언가 변화했다'는 것과 '역사에서 변화의 의미'는 무엇인가를 구분할 필요가 있다. '프랑스혁명은 역사상의 거대한 변화였다'라는 것이 전자의 사례라면, '프랑스혁명이 거대한 변화였다면 그 과정에 있었던 모든 일은 작은 변화라고 할 수 있는가? 프랑스혁명은 다른 나라에도 거대한 변화였는가?'라는 질문은 후자에서의 의미를 구하는 작업이다. 그러나 이 두 개념의 차이는 간과되어, 메타개념적 이해를 요구하는 것이 실제로는 변화의 내용으로 뒤바뀌는 경우가 많다. 이를테면 '산업혁명'을 가르칠 때 '혁명'과 '변화' 개념의 관계를 다루지 않고 단지 산업 혹은 사회조직의 변화들만 언급하는 것이다.[10] 학생들이 '무엇을 산업혁명의 시작과 종결이라고 할 수 있는가? 제니방적기의 발명이라는 변화가 산업혁명의 시작이라면, 증기기관차의 발명이라는 변화가 마무리인가?'라는 질문을 생각할 기회는 거의 없다.

또 다른 문제는 다른 2차 개념과 달리 변화라는 개념을 학습활동으로 구체화하는 것이 쉽지 않다는 것이다. 역사학습에서 주로 관심을 받아온 것은 인과 설명 혹은 인과적 추론이었다. 이것과 관련된 활동이 왜라는 질문에 대한 분석—원인의 파악, 선택, 분류, 위계적 관련성 판단 등—을 요구하는 것이 비교적 명확한 반면, 변화를 이해하기 위한 구체적인 추론이나 사고 과정의 범주와 종류는 아직 충분히 밝혀지지 않았다.[11] 이런 이유로 변화개념은 흔히 인과관계와 혼동되기도 한다. 그러나 변화와 인과관계가 서로 중복되거나 밀접하게 관련된 유사 개념이라면 변화를 별도의 2차 개념으로 설정할 이유가 없다. 이러한 모호성이 변화개념의 특징이자 연구 과제이기도 하다.

우선 변화 인식의 특징과 학습상의 문제점을 제시하고 있는 주요 연구를 살펴보면서 논점을 좁혀보기로 하자. 먼저 소개할 것은 낡은 배를 교체하는 것을 유추하여 변화와 지속의 문제를 분석한 블럼 (Blum)의 논문이다.

어떤 사람이 자신이 설계하여 제작한 시포트(Seaport)라는 이름의 배 한 척을 가지고 있었다. 시간이 흘러 배의 각 부품이 낡게 되자 그 사람은 낡은 부품을 새것으로 교체해나갔다. 얼마 후 배의 낡은 부품을 모두 모아 붙여 다른 배를 제작했다. 새 부품으로 교환된 수선된 배와 원래의 낡은 부품으로 새로 건조된 배 중 어느 것이 진짜 시포트인가?[12]

이 수수께끼는 연속(continuity)과 단절(discontinuity), 변화(change)와 지속(duration)에 관한 중등학생의 인식을 조사하기 위해 제기한 것이다. 사실 이것은 《리바이어던》의 저자인 홉스(Hobbes)가, 왕당파와 의회파 간의 갈등이 깊어져 내전으로 치닫게 된 17세기 중반 영국 사회에서 변화에 대한 인식의 문제를 다루면서 자신의 견해를 피력하기 위해 제시한 것으로, 고대 그리스의 테세우스의 배라는 수수께끼를 이용한 것이다.

홉스는 변화와 지속의 문제에 관한 이 수수께끼에 세 가지 대답이 있을 수 있다고 보았다. 만약 배의 형식이 문제라면 수선한 배는 과거에서 지속된 것으로 원래의 배이며, 반대로 물질(내용)을 판단의 기준으로 삼는다면 새로운 배로 변화한 것이다. 재건조된 배는 내용으로 보면 과거로부터의 지속이고, 형식으로 보면 변화이다. 내용이나 형식을 떠나 생각해보면 시공의 흐름 속에서는 어느 것이든 예전과 같지는 않다. 즉 세 번째 선택은 과거와의 급격한 단절을 의미하는 것이라 할 수 있다.

조사 결과에 따르면, 학생들은 변화와 지속에 대한 나름대로의 감각을 가지고 있으며, 이를 정당화하기 위한 인식 기반과 논리를 발전시키는 경향이 있었다. 즉 어느 학생은 연속성에 입각해서 이 문제에 응답하는가 하면, 다른 학생은 변화의 관점에서, 또 다른 학생은 변증법적인 입장에서 자신의 견해를 피력했다. 예를 들어 변화가 과정이 아니라 결과와 사건에 관한 것이라고 생각하는 학생들은, 현재는 과거와 단절된 것이며 과거는 지나간 것이라 현재의 일과는 무관하다고

인식하는 경향이 있다.[13]

이 연구 결과에 따르면, 변화는 인식의 문제로서, 개인이 가지고 있는 역사적 논리, 즉 역사의 흐름을 어떻게 바라보는가에 달려 있다는 점에서 일종의 메타 인식이라고 할 수도 있다. 변화는 하나의 사건 그 자체가 아니라 사건과 사건 간의 관계, 그리고 사건과 전체적인 구조와의 관계에 관련된 것이다. 따라서 동일한 현상도 관점의 차이에 따라 변화 또는 지속으로 이해될 수 있다.

이 논문은 미국의 변화 관련 연구 사례이지만, 이러한 연구주제를 보다 이론적 · 실증적으로 심화한 곳은 영국이다. 영국에서는 학교위원회역사프로젝트(School Council History Project)의 후속 작업으로, 학생들 사이에서 역사서술, 인과 설명 등 2차 개념 이해가 진전되는 양상에 관한 연구가 이어지고 있는데 변화개념에 관한 것도 그 일부이다. 그 바탕이 된 것은 쉬밀트(Shemilt)의 작업으로, 그는 변화의 성격과 특징을 다음과 같이 설명하고 있다.

① 변화는 기존의 사태에서 비롯될 수도 있고(계속적인 혹은 진화적인 변화) 직접적인 선행 사례와는 크게 관련이 없을 수도 있다(불연속적인 변화 혹은 혁명적 변화).

② 변화는 보통 상황의 점진적인 변형(transformation)을 포함한다(주어진 상황에서는 단지 소수의 상태만이 동시에 변화한다).

③ 역사에서 변화의 속도는 고르지 않다.

④ 단지 하나만의 발전선(line of development)이 있는 경우는 없다(다수의 전통이 상호작용한다).

⑤ 진보 없는 변화, 발전, 그리고 계속성이 있을 수 있다(변화는 나쁜 방향으로 흐를 수 있다).

⑥ 변화에 대한 설명이 진보에 대한 충분한 설명이 되는 것은 아니다.

⑦ 변화에는 여러 가지 원인과 이유가 있다.

⑧ 왜 변화했는지를 설명하는 것만큼 왜 변화하지 않았는가에 대해서도 설명하는 것이 필요하다.[14]

이를 이어서 블로우(Blow)는 학생들의 변화개념 진전 양상을 대략 여섯 수준으로 나누어 제시하고 있다. 가장 낮은 수준에서는 변화를 단순히 사건과 동일시한다. 수준 2에서는 사건이나 시점 간의 차이로 인식한다. 즉 변화는 여러 사건 간의 차이이며, 시점상 뒤의 사건은 앞선 사건에서 무언가가 바뀐 것이다. 수준 3에서는 변화를 시점상의 '의미 있는(significant)' 차이로 파악할 수 있다. 변화에 대한 역사적 인식의 결정적인 문턱이라 할 수 있는 네 번째 수준에서는, 우리가 변화라고 간주하는, 당시 진행되고 있던 일을, 당대인들은 눈치채지 못했을 수 있다는 것을 이해할 수 있으며, 국지적 변화를 장기적인 시각에서 역사적 맥락으로 파악할 수 있다. 개별적인 변화의 모음보다는 변화의 연쇄성을, 그리고 사건이나 행위보다는 그것으로 구성된 내러티브의 의미를 더 중요시하는 것도 이 수준 이해 양상의 특징이다. 더 나아가 변화란 과거에서 현재로 이어지는 계속성과의 상호 과정임을 이해하는 것이 수준 5이고, 여섯 번째인 최고 수준에서는 변화, 계속 그리고 발전이라는 것은 모두 역사적인 해석이 개입한 이론적 구성물이라는 것을 음미할 수 있다. 이 수준에서는 시점을 전후로 오가며,

과거에 있었던 여러 가지 가능성 중 어떤 것이 어떻게 현재로 현실화 되었는가를 판단하는 가능성 사고(possibility thinking)가 나타나기도 한다.[15] 변화개념의 진전 양상에 관한 이러한 연구의 계통에서는 학생들이 활용할 수 있는 개념 이해의 프레임워크에 관심을 두고 있다. 이 프레임워크는 단지 새로운 지식을 획득하는 것만이 아니라 개념적 이해의 진전에 따라 수정될 수 있는 것으로, 주로 내러티브 구성 능력으로 확인될 수 있다.

영국에서의 다른 연구 방향은, 역사적 변화에 관한 아이디어보다는 학생들이 변화 관련 질문을 다룰 때 어떤 분석을 수행해야 하는지를 규명하는 데 중점을 두고 있다. 역사적 변화에 대해 분석적으로 사고한다는 것의 의미를 이론화하고 있는 두 번째 연구 계통은 주로 현장교사의 수업사례 연구를 통해 진척되고 있는데, 변화의 속성을 범위, 속도, 성격, 방향으로 정리하면서 이러한 속성을 학생들이 깨달을 수 있도록 연표나 리빙그래프,[16] 비유와 유추, 변화 관련 어휘의 활용 방안을 소개하고 학습의 성과를 분석하고 있다.

예를 들면 미국의 민권운동(Civil Rights Movement)을 가르치면서, 우선 학생들이 글쓰기에 참조할 수 있는 관련 학자의 연구성과를 바탕으로 변화의 범위와 성격 그리고 전체적인 방향을 생각해보게 하는 탐구 질문을 제시한다. 다음으로, 이에 대한 분석을 촉진하기 위해 이 운동의 진행을 '이정표'(여정의 거리, 향후의 방향)로 비유하고, 브로델(Braudel)의 개념인 바다 표면의 파도거품(사건)과 심해의 조류(구조)를 활용하여 쉽게 감지할 수 있는 사법적·정치적 사건과 보다 장기적인 사회·경제·문화적 추세 간의 관계를 분석하게 한다. 학습의 후반부에서는 지질학적인 비유―화산의 폭발(volcanic explosion)과 빙하의 침식(glacial erosion)―를 동원하여 이 운동의 과정과 결과를 검토하도록 하고, 변화 관련 어휘 목록을 제공하여 학생들이 글쓰기에 활용하게 한 후 학습의 효과를 분석한 연구[17]가 대표적인 사례이다.

국내에서 이 주제와 관련해서는 김한종의 연구를 주목할 만하다.[18] 그는 역사학습에서 개념의 종류와 기능에 대해 설명하면서 변화를 사료, 변화, 탐험, 민주주의와 같은 핵심개념 또는 조직개념으로 파악한다. 핵심개념은 역사학습의 내용이라고 할 수 있는 양반, 시민혁명, 제국주의 같은 '실제적' 개념(substantive concept)과는 다른 것으로, 수업에서 직접 배우는 것이 아니라 학생들이 '주요 개념을 알거나 역사적 사실을 학습해서 얻은' 것이다.[19] 그는 역사적 사실의 변화가 주로 인과관계로 제시된다고 주장한다. '배경-원인-전개 과정-결과 또는 영향이라는 내용 전개 방식은 역사서술뿐 아니라 역사수업에서도 흔히 찾아볼 수 있다. (…) 역사적 사실을 단계별로 제시하는 것이 역사변화를 설명하는 대표적인 방법'이라는 것이다.[20] 이것이 인과관계에 따른 '설명'의 방법인가에 대해서는 논쟁의 여지가 있다. 또한 변화는 인과 설명과는 다르며 그것을 제시하는 방법은 묘사라는 주장과는 상당히 다른 견해이다. 따라서 인과관계 파악이 변화개념을 인식하는 학습 방안으로 적절한가에 대해서는 좀 더 따져보아야 한다. 아울러 시간개념을 시간 표현 개념, 연대개념, 시대개념으로 나누어 연대개념이 변화 인식의 토대이며 변화의 전개 과정을 이해하는 데 중심이 된다고 한 것이나,[21] '주제나 토픽 중심의 내용 조직보다 역사적 사실을 일어난 순서에 따라 배우게 되는 통사나 연대기적 방법이 역사

변화를 이해하는 데 용이하다'[22]라고 한 것에 대해서도 추가적인 논의가 필요하다. 시간개념과 연대기개념은 동일한 것이 아니며, 학생들이 연대기적 방법으로 과거 사건을 순서대로 이해하도록 하는 것에는 결함이 있기 때문이다.

위의 연구를 중심으로 변화 학습의 쟁점을 정리하자면, 변화와 계속성의 관계, 변화와 인과 설명과의 관계, 그리고 변화 이해의 도구로서 연대기와 시대구분을 활용하는 문제라 할 수 있다.

1) 변화와 계속성의 상관성

이미 말한 대로, 변화는 사건 그 자체가 아니다. 그러나 많은 학생에게 변화는 사건과 동의어이다. 학생들을 대상으로 한 변화개념의 진전 양상에 관한 조사연구에서 밝혀진, 변화에 관한 가장 단순한 이해 상태이기도 하다. 이것은 역사학습에서 흔히 변화를 극적인 것으로 표현하여 학생의 호기심과 관심을 끌어들인 것의 결과이자 부작용이기도 하다.[23] 이러한 수준에서는 '산업혁명이 있었는가'라는 질문과 '제니방적기가 있었는가'라는 질문의 차이를 이해할 수 없다. 왜냐하면 무엇이 일어났는가(what happened)와 무엇이 진행되고 있었는가(what was going on)라는 질문의 차이를 구별하지 못하기 때문이다. 역사가가 사건 발생의 시점에 유의하면서도 이런 사건들을 포함하는 총괄적 패턴, 경향과 전환점의 분석, 의도와 인과에 대한 설명을 통해 사건들에 중요성을 부여해서 의미 있는 서술을 만드는 반면, 연표상의 사건을 변화 그 자체로 생각하는 학생들에게 표시된 사건 사이는 아무것도 일어나지 않은 것(nothing happened), 아무 일도 없었던 것

2부 역사 텍스트 독해와 역사개념의 이해

으로 인식된다.[24]

변화개념 학습의 출발점은 '변화＝사건'이라거나, 변화 이전과 이후는 단절이라는 생각의 문턱을 넘어서는 것이다. 이를 위해서는 계속성이 아무 일도 없었던 상태가 아니라는 것, 특히 변화와 계속성이 서로 반대가 아닌 상호작용적인 개념이라는 것을 깨달아야 한다. 단절 혹은 계속성을 변화의 속성 중 일부로 파악해야 한다는 의미이다. 변화는 순간적으로 그리고 결정적으로만 일어나는 것이 아니다. 위에서 쉐밀트가 '계속적인 변화'도 있을 수 있으며 '불연속적인 변화'도 있을 수 있다고 말한 것은 이 점을 지적한 것이다. 혁명이라고 부른 것도 몇십 년에 걸쳐 진행되는 경우가 있으며, 당대인들은 당시 벌어지고 있는 일들을 변화라고 인식하지 못했을 수도 있다.

따라서 변화를 2차 개념적으로 이해하기 위해서는 변화의 속성을 검토할 필요가 있다. 변화의 범위, 속도, 성격, 방향이 그것이다. 신분제를 사례로 이러한 변화의 속성을 생각해보기로 하자. 한국사 교과서와 개설서에서는 신분제의 변화, 동요, 또는 붕괴라는 제목과 용어로 조선 후기 사회 변화를 서술하고 있다. 대체로 그 시기는 양란 이후부터 19세기까지로 설정되며, 지주제의 발전과 상품화폐경제의 발달, 노비 감소와 해방, 양반층의 분화, 상민의 신분(계급) 상승, 서얼에 대한 차별 완화 등이 변화의 내용으로 제시되고 있다.

이러한 신분제의 동요, 붕괴가 일종의 추세였다면 그것을 결정지은 전환점(turning point)은 무엇인가? 어떤 패턴이 있는가? 중인 서얼층의 사실상의 청요직(淸要職) 진출 불가는 어떻게 이해해야 하는가? 이전부터 반복된 공명첩의 발행은 어느 정도의 효과를 가지고 있었나? 결국 신분제의 변화를 가져온 것은 지주제 혹은 상품화폐경제의 발전인가, 양란 이후 사회 질서의 해이인가? 이것이 일종의 깊은 바다의 조류였다면 공명첩의 발행은 표면적인 파도의 거품인가? 당시 사람들은 이러한 변화를 어떻게 인식하고 있었는가? 행위의 주체는 누구인가? 이것은 제도적 개혁인가? 생산양식의 변화에 따른 결과인가? 평등을 지향한 당대인들의 의식인가? 국가재정 확보를 위한 통치정책의 변경인가? 양반의 지위를 획득하려 한 상민들의 이해관계인가? 이렇게 다양한 질문을 제기함으로써 일관된 방향으로 진행된 것처럼 보이는 조선 후기 신분제의 변화를 다각적으로, 여러 차원과 속도에서, 그리고 인권과 평등의 측면에서 현재까지 이어지는 문제로 생각할 기회를 제공해야 한다.

변화를 무언가 바뀐 것 혹은 시간상의 차이로만 이해하는 것이 부적절한 경우의 사례를 하나 더 들어보기로 하자. 학생들에게 고려시대와 조선시대의 차이점이 무엇인가를 물으면 고려시대에는 여성의 지위가 높았으나 조선시대에는 하락했다고 답하고, 그 이유를 물으면 성리학적 사회 인식의 영향이라고 대답하는 경우가 많다. 고려시대 여성의 지위가 다른 시대보다 높은 특별한 배경과 이유가 있는가 하는 문제는 별도로 검토가 필요한 부분이다. 하지만 변화에 관한 학습의 관점에서 본다면, 고려시대 여성의 지위가 조선을 거쳐 오늘에 이르기까지 어떻게 바뀌었나 하는 추세의 측면에서 여성의 지위가 오히려 퇴보한 것이라, 현재에 가까울수록 역사가 진보한다는 학생들의 상식적인 이해에 반하는 것이기도 하다. 그리고 이런 역전된 현상을 그대로 학습하는 것이 적절한가의 문제도 남아 있다.

6차 교육과정 시행 이후 고등학교 국사에서, 고려와 조선의 가족 제도 및 여성의 지위에 관한 내용을 별도의 주제로 다루기 시작했다. 여성의 지위는 2009 교육과정 개정 시기 고등학교 한국사에서도 고려 사회의 개방성과 다양성을 부각하기 위한 학습 요소로 지정되었다.[25] 이에 비해 조선 후기 여성은 고려시대와 비교하여 그 지위가 낮았음을 보여주는 데 초점이 맞추어져 있다. 마치 고려시대에는 여성들이 평등한 대우를 받았는데, 조선 후기에 성리학적 생활 규범이 자리 잡으면서 여성들이 차별을 받았다는 내용으로 학생들은 이해할 것이다.[26] 그렇다면 여성 지위의 향상과 성평등 진전에서 조선시대의 성리학적 규범이 매우 중요한 전환점이 되는 셈인데, 성리학이 어떤 방식으로 당시 여성의 지위를 규제했는지는 구체적으로 언급되어 있지 않다.

여성의 지위 향상이라는 주제는 장기간의 역사적 추세에서 파악해야 할 대상이다. 가족이나 친족제도—자녀 균분 상속이나 처가살이 혼속, 여성 호주의 존재—면에서 고려시대에 여성의 지위가 높았다는 것을 한 시대의 특징적인 현상으로 간주하는 것은, 이러한 추세 파악에 도움이 되지 않는다.[27] 가족이나 친족제도가 여성의 지위를 나타내는 유일하고도 적절한 범주는 아니다. 이것은 오히려 공적 영역에서 여성에 대한 제도적·구조적 차별을 은폐하는 효과를 불러올 수도 있다. 즉 사회·경제적 분야에서 여성이 어떠한 처우를 받았는지 살펴볼 기회를 배제하는 것이다. 가족·친족제도에 국한한다 하더라도 이 주제는 당연히 전후(前後) 시대의 관련 속에서 고찰되어야 하며 오늘날의 여성 인권 및 성평등 문제와 연관 지어 이해되어야 한다. 고려시대 여성의 지위에 대한 이러한 언급은, 시간의 연속성 위에서 변화의 속성에 따라 검토해야 하는 주제를 별개의 에피소드 혹은 현상으로 처리한 사례로서 학생들의 변화개념에 대한 이해를 방해하거나 혼란스럽게 할 수 있다.

2) 변화와 인과관계 설명

인과관계와의 관련성도 변화개념의 특징을 드러내는 부분이다. 위에서 언급한 대로 인과관계에 따른 역사적 사실의 단계적 제시가 역사 변화를 설명하는 대표적인 방법이라거나[28] 역사적 변화는 '왜?'라는 질문에 답하는 것이라고 보는 견해가 당연한 것으로 여겨지기도 한다. 그러나 인과관계 설명이 변화를 표현하는 유일한 그리고 가장 적절한 수단은 아니다. 메길(Megill)은 역사서술의 네 가지 역할(묘사, 설명, 정당화, 해석) 중 정도와 방식의 차이는 있지만, 묘사 또한 설명의 기능을 가진다고 주장한다. 즉 무슨 일이 벌어지고 있었는가에 대한 묘사가 설명보다 저급한 것은 아니며, 묘사는 설명과는 다른 과거 사건 전개의 양상을 제시하는 특성을 가진다는 것이다.[29]

콜링우드(Collingwood)가 역사가의 과업은 원인을 밝히는 것이 아니라 무슨 일이 일어났는가를 증거에 입각해서 그리고 과거 행위자의 생각에 따라 재연하는 것이라 한 것[30]도 법칙적 설명에 의존하는 역사 서술의 문제점을 지적한 것이다. 콜링우드에 따르면, 사건에 나타나 있는 행위자의 사고를 발견하는 것이 그 사건을 이해하는 것이고, 그런 식으로 사실을 확인하게 되면 원인을 찾으려는 더 이상의 과정을 거칠 필요가 없다. 왜냐하면 '무엇이 일어났는가를 안다는 것은 왜 그

2부 역사 텍스트 독해와 역사개념의 이해

것이 일어났는가를 이미 알고 있는 것'이기 때문이다. 역사서술에서의 설명이란 무엇이 일어났고 그다음에 또, 그리고 그다음에 또 무엇이 일어났는가를 이야기하는 것으로부터 도출되는 것이다.[31]

인과관계 설명은 당연히 법칙성을 추구하므로 논리적으로 정연하고 간명하다. 숭고함과 기괴함을 포함하고 있는 과거에 벌어진 일들이 그렇게 명확하게 정리될 수 있을까 하는 의문이 드는 것은 당연하다. 역사에는 (인과적으로) 설명할 수 없는 것들도 있다. 설혹 어떤 것에 대해 설명할 수 있다 해도, 그 설명이 어떤 것에 관한 모든 것을 알려주지는 않는다. 인과 설명이 과거를 이해하는 유일한 혹은 가장 적절한 방식이 아닐 수 있다. 더구나 학생들을 대상으로 한 조사연구에 따르면, 인과 설명은 학생들에게 난해한 2차 개념이다. 인과관계 설명으로만 과거 사건을 이해할 때, 이른바 과잉결정(overdetermination)의 현상도 나타난다. 일어난 일은 필연적으로 일어날 수밖에 없었다고 여기는 것이다.[32] 역사적 사건과 현상은 법칙적·논리적 필연성에 따르는 것이 아니라 여러 가지 요인이 복합적으로 그리고 상황적인 변수에 따라 '실제' 일어난 것이며, 인과적 설명과 논리적 설명은 다르다는 것을 이해하기란 쉬운 과업이 아니다. 어떤 조건이나 변수가 바뀌면 실제 다른 일이 벌어질 수도 있었다는 것을 생각하는 반사실적 추론(counter-factual reasoning)을 활용할 수 있어야 원인 간의 위계적 비중(결정적 원인과 간접적 원인 등)을 가늠하는 일이나 원인을 분류(정치적 원인, 경제적 원인 등)하는 것이 가능하다는 연구 결과는 '안 하느니만 못한' 설명의 효과를 경고하고 있다.[33]

스콧(Scott)은 변화가 어떻게 일어나는지에 대해 단일한 기원이나 명백한 원인을 찾는 대신, '풀어헤칠 수 없을 만큼 서로 엉클어진 여러 과정'을 생각하지 않으면 안 된다고 주장한다. 어떤 일이 왜 일어났는지를 발견하기 위해서는 그것이 어떻게 일어났는지를 더욱 빈번히 물어야 한다는 것이다.[34] 이는 변화에 대한 이해에서 원인보다는 과정, 그리고 설명보다는 묘사가 중요하다는 것에 관한 적절한 지적이다.

3) 변화에 대한 이해와 연대기, 시간개념과 시대구분

연대기는 실용적으로 시간을 측정하는 관행으로, 시계와 역법(曆法)을 활용하여 시간의 단위와 참고할 수 있는 시점을 표현한 것이다. 이러한 관행은 본래 문화적으로 다양했으나, 지구화 시대가 도래하면서 서구의 기원전/후(AD, BC 혹은 BCE, CE), 그레고리력에 따른 연도와 월 같은 단위·표현으로 일원화되었다. 시간개념이란 어떤 사건이나 현상의 전후 또는 신구(新舊)를 가리키는 데 활용하는 것으로, 역사학에서는 보다 특별한 의미의 용법을 나타내는 경우가 있는데 시대(period)가 대표적인 사례이다. 고대, 중세, 근대는 시대구분의 용어로 역사학에서 가장 전형적인 시간개념이다.[35]

연대기와 시간개념은 역사학습에서 상호관련성과 보완성이 클 것으로 짐작된다. 그러나 영국의 조사 결과에 따르면, 학생들은 이 두 개념을 활용하는 데 혼란을 겪는 경우가 많다고 한다. 윤이 나게 잘 손질한 로마시대 마차 사진과 지저분한 상태의 자동차 사진을 보고, 연대기상으로 전자가 앞선다는 것을 알면서도 어느 것이 새것인가를 묻는 질문에는 후자라고 답하는 저학령 학생들이 적지 않다는 것이다. 또한 학생들은 변화를 연대기에 표시된 사건 시점의 차이로 간주하고 '모든 것이 그대로 머물렀던' 그 사이의 시간을 계속이라고 생각한다. 이들에게는 계속이란 위에서 말한 '아무 일도 벌어지지 않은' 상황이다.[36]

　중등학생에게도 시간개념과 연대기의 혼란은 사라지지 않는다. 어떤 사건이 동시에 발생한다고 하는 것(concurrence)과 어떤 순서로 일어난다(sequence)고 하는 것에 대한 혼동이 대표적이다. 역사적 현상은 다양한 지속성(duration)을 가지고 있다. 어떤 사건은 몇 시간 혹은 며칠 사이에 벌어진다. 전쟁이나 혁명은 수년간 지속된다. 르네상스 혹은 유럽의 상업적 팽창과 같은 현상은 몇십 년간 또는 몇 세기에 걸쳐 진행되었다. 이러한 역사적 사건과 현상은 별도로 차례차례로 벌어지는 것이 아니라 시간상으로 중첩되기 마련이다. 이러한 지속성의 특성에 대한 이해가 부족한 학생들은 X라는 사건이 일어나고 Y라는 사건이 일어났을 때 이 두 사건이 동시에 일어난 것인지 아니면 순서에 따라 일어난 것인지 제대로 구별하지 못한다. 즉 두 사건이 별개의 것인가 아니면 전후로 관련된 것인가, 그리고 관련성이라는 것을 파악할 수 있는 시간의 범위를 어느 정도로 둘 것인가? 길게 보면 관련성이 있다고 할 때 그 긴 정도는 얼마나 되어야 하는가? 두 사건을 관련 있다고 여겨 순서화하기 위해 설정해야 할 요소들—사건에 관한 정보가 전파되는 데 걸린 시간, 사람들이 이것에 대해 반응하는 데 걸린 시간, 사건의 결과가 명백하게 드러나는 데 걸린 시간 등—은 무엇인가? 이러한 질문에 주의를 기울이지 않는 학생들에게 사건의 동시성과 순서성은 구별 없이 뭉뚱그려져, 사건 간의 관계는 연대기상의 시간 표시로 단순화된다. 이럴 경우 학생들은 연도가 표시된 일련의 사건의 전후관계를 연대기상으로는 인식하고 있더라도, 이 사건들을 선택하고 조직하여 내러티브로 구성할 때 연대기상의 전후관계를 뒤바꾸거나 줄거리에 포함될 사건을 제대로 구별하지 못해 사건 전개의 일관성을 갖추지 못하거나 왜곡한다.[37] 시간개념을 적절하게 활용하기 위해서는 연대기의 표현과 단위를 이해하는 것이 필요하다. 하지만 후자가 전자의 충분조건이 되는 것은 아니다.

연대기의 보다 단순화된 형태인 연표(time line)도 변화 관련 개념의 기초적인 이해를 증진하는 데 도움이 되지만 어느 단계에 이르면 오히려 부작용이 발생한다. 종종 연표와 발전선을 활용할 때 나타나는 혼동이 그것이다. 연표는 주요한 현상만 표시된 일종의 시간경관지도(temporal landscape map)이다. 측량지도에 비유할 수 있는 것으로서 과거에(in the past) 무엇이 있었는지를 보여주는 것이다. 이에 비해 발전선(line of development)은 특정 주제의 시간 경로를 탐색하기 위한 기능을 가지고 있다. 예를 들면 의술의 발전, 주거 조건의 변화, 인간 조직 생활의 변화 등 특정 주제의 역사적 여정을 묘사하기 위한 것이다.[38] 변화를 이해하는 데 발전선은 유용한 도구이다. 그러나 발전선에는 단 하나의 선이 아니라 다른 성격과 기능을 가진 복수의 선이 있을 수 있다. 발전선은 일종의 총괄(colligation)이기 때문에 그것을 설정하는 근거와 해석이 다를 수 있으며, 발전의 최종 단계에 이르는 경로는 시간상의 전후만 지켜진다면 다양하게 파악될 수 있다. 따라서 하나의 발전선을 다른 것과 연결하는 것, 또는 발전의 주제와 현상을 시대적 맥락과 분리하지 않도록 하는 것에 유의해야 한다.[39] 연표는

2부 역사 텍스트 독해와 역사개념의 이해

일차원적이지만 발전선은 2개의 축, 즉 시간의 흐름을 표시하는 X축과 그것을 준거로 하여 발전이 이루어지는 현상을 나타내는 Y축을 둘 수 있고, Y축 상에 2개 이상의 주제(예를 들면, 교통수단의 발달과 인간 조직 생활의 변화)를 설정할 수도 있다.

시간상의 전후관계를 근거로 변화에 관한 초등학생의 '인지 양상'을 조사한 국내 연구도 발전선 방식을 활용하고 있다.[40] 초등 3학년을 대상으로 BC 5000년경의 썰매에서부터 미래형 태양열 자동차까지 모두 8개의 교통수단을 시대 순으로 배열하는 과제를 제시하여 분석한 이 논문은, 학생들의 변화개념에 관한 인지 양상을 시간개념에 대한 이해 정도에 따라 일곱 가지 유형으로 구분한다. 낮은 유형에 속하는 학생(유형1~3)들은 시간개념에 대한 이해 부족으로 변화의 양상을 제대로 파악하고 있지 못한 반면, 높은 유형에 속하는 학생들은 시간개념을 바탕으로 유사점과 차이점, 인과관계, 맥락적 이해, 미래 통찰 등의 요소를 활용하는 모습을 보여준다는 것이다.[41]

그러나 이 연구에서 유형 구분의 이론적 준거는 상세한 반면, 인용하고 있는 학생의 응답 내용은 단편적이어서 유형의 차별성이나 구분의 유효성에는 의문이 남는다. 게다가 교통수단의 발달과 같은 주제는 저자가 지적하듯이 '변화를 발전하는 것으로만 인식'하게 할 가능성이 높다.[42] 이것은 발전선 방식 자체의 문제이기도 하다. 예를 들어 논문에서 제시한 교통수단 중 증기엔진 자동차의 등장을, 새로운 동력원의 발명·사용과 같은 산업화의 중요한 계기와 관련시키지 않고 교통수단 발달의 단계별 국면으로만 이해하는 것은 적절하지 않다. 또한 인간의 이동, 전쟁, 환경과 같은 요소가 교통수단의 발달에 복합적으로 작용한다는 것이 변화개념을 이해하는 데 더 중요한 사항이기도 하다. 이러한 고려가 없다면, 교통수단을 시대 순으로 배열하는 것은 변화의 과정과 계기, 전환점 등을 인식하는 것이 아니라, 특정 사건을 연표상에 바르게 위치시키는 정도의 능력에 대한 평가로 그칠 수 있다.

김부경은 김한종의 분류와 구분을 활용하여 초등학생의 시간개념을 분석했다. 그에 따르면, 다른 시간 하위개념보다 연대개념 영역, 특히 '역사적 사실의 순서 파악'에서 맥락적 파악 여부에 따라 학생들 간 응답 수준의 차이가 크고, 많은 학생이 연표에 표시된 연도 간의 시간적 거리를 잘 이해하지 못하는 등 연표 사용에서 미숙한 점이 발견된다고 한다.[43] 그가 연대개념으로 제시한 문항은 시대, 사건, 인물을 순서대로 나열하는 것이다. 예를 들면 조선시대, 신라시대, 고려시대, 일제강점기, 신석기시대, 대한민국을 순서대로 나열하는 것인데 이것이 연대개념의 이해에 해당하는 것인지 의문이다. 이러한 '시대'의 구분과 선후는 연대개념을 이용해 파악해야 하는 역사적 용어와 개념이지, 순서대로 나열할 역사적 사실은 아니다. 물론 신석기시대가 신라시대에 앞서고, 대한민국의 수립과 건국이 일제강점기 이후라는 것을 아는 것이 역사학습에 도움이 될 수 있다. 그러나 이것은 연대개념으로 파악할 대상이라기보다는 학습의 결과로 학생들이 총체적으로 이해해야 할 역사가의 시간 구획 혹은 시대 명칭이다. 이런 학습의 과정이 없다면 학생들은 시대의 순서를 외울 수밖에 없다. 아니면 누군가가 우리 역사의 흐름을, 왕조와 일제강점 이후 국가 수립에서 현재에 이르기까지 넓고 크게 먼저 정리해주어야 한다. 이것은 연

2부 역사 텍스트 독해와 역사개념의 이해

대개념 혹은 연대기적 이해와 다르다.

연대기의 문제는 나열된 사건이 어떻게든 관련될 것이라는 전제하에, 시간의 흐름에 따라 사건을 구성하여 이야기를 단순화한다는 점이다. 시간의 흐름은 피할 수 없는 이야기 구성의 조건이긴 하지만 과거를 의미 있는 이야기로 구성할 때의 유일한 그리고 절대의 조건은 아니다. 사건은 여러 방면으로 진행될 수 있고 단순한 시간 흐름에 따른 구성으로는 그러한 다면성을 담아내기 어렵다. 시대 순으로 가르친다고 해서 연대기적 이해가 가장 효과적으로 이루어지는 것은 아니다.

보다 근본적인 문제는 연대기로 표현되는 시간개념과 그것에 의한 시기 혹은 시대의 구분이, '서구' 고유의 근대적 시간성을 기준으로 다른 지역의 역사와 문화를 왜곡하거나 차별하는 구실을 한다는 점이다. 연대기는 시간의 흐름을 전과 후라는 공간적 이미지로 수없이 쪼개, 복잡한 여러 현상에 명백한 시간의 구분이 있는 것 같은 질서를 부여한 것이다. 즉 연대기는 시간성에 관한 근본적인 성찰 없이 시간을 활용하는 특정한 방식이다.[44] 연대기의 특징인 선형성(linearity)은 불가역적인 시간의 흐름으로 역사가 진행된다는 것의 가장 추상적이면서도 적극적인 표현이다. 자연스럽고 중립적인 것으로 보이지만 연대기의 선형성은 새로운 것이 오래된 것보다 좋고, 현재에 가까울수록 과거보다 우월하며 미래는 더 나아질 것이라는 가치 판단을 전제로 구성된 것이라 할 수 있다. 연대기의 끝은 가장 최근의 현재이기 때문에 현재의 상태(status quo)를 정당화할 뿐 진정한 의미의 변화를 담아낼 수 없다. 사실상 이러한 정당화를 위해 과거의 사건은 의도적으로, 시간적으로 배열되어 있다. 더구나 연대기는 본질적으로 근대역사학의 대표적인 집합단수(collective singular)인 국민국가(nation state)를 단위로 역사를 서술하기 위한 근대역사학의 산물이기 때문에, 이러한 표기 방식으로는 국가를 벗어난 역사 현상을 가름할 수 있는 단서가 별로 없다.[45]

연대기의 이러한 특징은 이를 근거로 한 시대구분의 문제로도 이어진다. 단적으로 말하면, 서구식의 시간개념과 표현으로 구성된 연대기가 시대구분의 정당하고도 유일한 근거가 될 수 있는가의 문제이다. 일례로 역법의 보편적인 단위인 세기(century)는 1700년 이후에 소개된 것이고, 당시 대부분의 기독교도들은 신의 창조에서 시작하여 심판의 날에 끝나는 이 지구상의 시간에서 마지막 시기에 살고 있다고 생각했으며, 따라서 그들은 달력상에 무한으로 전후로 확장하는 현재의 시간개념을 이해할 수 없었다.[46] 연대기의 선형성은 비교적 최근의, 다분히 서구적인 의도의 시간성 표현이다. 이러한 새로운 시간질서는 동아시아에서 60진법의 연도 표기인 간지(干支)의 반복성과 순환성, 그리고 아직도 일본에서 사용하고 있는 (상징적) 통치자의 교체에 따라 바뀌는 연호(年號)의 의미 상징성을 일직선의 시간성으로 대체했다.[47]

실제로 역사가들은 연대기의 선형적 시간성과는 다른 시대구분을 역사서술에 활용하고 있다. 예를 들어 르네상스('재탄생'), 전체주의의 시대('전체적인 통제')와 같은 비유적(metaphorical) 시대나, 세기를 가로질러 대규모의 장기적인 제도와 추세의 발전을 시간적으로 표현하는 내러티브에서 등장하는 '절대주의의 흥기', '노동계급의 형성', 산업화, 민주화, 지구화 같은 '실질적(substantial)' 시대는 연대기적 시대 구분과 다른 기능과 의미를 가지고 있다. 또한 시대구분의 차이와 모순을 잘 보여주는 사례로 프랑스혁명(1789)에서 1차 세계대전의 발발(1914)까지의 시기를 일컫는 '긴 19세기'라는 명명(命名)을 들 수도 있다. 이는 동일한 역법상의 기간이라고 해도 기점(1801)과 종점(1900) 자체는 의미가 없는, 즉 연대기적 구분으로는 의미가 없는 역사적 추세와 전환에 대한 감각과 인식의 필요성을 가리키는 것이다. 같은 100년이라 하더라도 19세기와 20세기에 대한 역사적 의미와 시간감각은 다르다.

잘 알려진 대로 근대 역사학의 보편적인 역사서술은 국민국가와 시대구분을 중심으로 한다는 점에서 서구중심적이다. 왜냐하면 이렇게 역사 진행의 주체와 시간을 상정한 것 자체가 모두 서구의 인식이기 때문이다. 시대구분의 근거인 연대기적 선형성에서, 비서구는 서구가 불완전한(incomplete) 것 혹은 '덜 된(not yet)' 것으로 세계사 속에 배열된다. 이른바 '비동시적인 것의 동시화(contemporaneity of the noncontemporaneous)'이다.[48] 이것은 그대로 지구상 모든 지역의 역사서술의 기본 방식이 되었다. 비서구 지역도 기꺼이 이것을 받아들여 서구의 근대에 견주어 자신들의 역사발전의 패턴을 조망하고 평가했다. 서구의 근대를 도달점으로 삼는 역사인식에서 '역사 없는 민족'과 '정체된(arrested)' 역사도 '창안'되었다. 인간의 과거는, 지질학적으로 비유하자면, 다양한 시간상의 기원에 상응하는 지질층의 복합적인 전체로 구성된 것이다. 서구의 시간이 가장 진전된 것으로 비서구 시간의 척도가 되었다는 점에서, 유럽중심주의는 바로 연대기중심주의 혹

은 시대구분중심주의이다.[49]

　서구의 경험을 기준으로 다른 문명이나 사회를 배열한다는 점에서, 시대구분은 곧 시간의 공간화(spatialization of time)이다. 이에 따라 자체의 시대구분을 할 수 있는 공간단위와 타자의 역사 경로를 따라가야 하는 공간단위가 결정된다. 이런 의미에서 시대구분은 행위주체성(agency)의 문제이기도 하다.[50] 어떤 공간적 단위들이 자체의 시기 구분을 가질 가치가 있는가를 결정함으로써 그러하다. 예를 들어 아프리카 역사의 시기 구분은 '내부적' 발전이 아니라 유럽과의 '외부적' 접촉에 따른 전환에 기반을 두어왔다. 아프리카 역사를 외부적인 서구 관점에서 시기를 구획하는 것은, 아프리카에서 다른 시기 구분을 부정하는 것으로 귀결된다. 따라서 비서구에 대해 서구의 시대구분을 적용한다는 것은 비서구 자체의 시대구분을 부인하는 것이기도 하다. 시대구분은 정의상 서구의 우위라는 현재에 복무하는 정치적 기능을 수행하고 있다. 일종의 개념적 식민화인 것이다.[51]

　국내 연구자들은 '역사변화의 전체적 상을 어떻게 인식하고 있는지 보여주는 것'으로 시대구분을 강조한다. 시대구분이 계속성과 변화를 전제로 하는 것이며 '시간적 계기성과 단절적 변화를 강하게 의식하면서 나오는 것이 시대구분이다'[52]라거나 '시대의 성격을 구조적으로 이해하고 각 시대의 성격이 어떻게 다른지를 인식할 때 학생들은 역사적 변화의 개념을 터득할 수 있으며 시대구분을 역사이해의 총체로 보아야 한다'[53]는 주장이 그 사례이다. 정선영도 시대구분이 역사교육 내용의 구조화에 기여할 수 있으며, 역사상의 관련된 사실들을 함께 묶는 그룹핑(grouping) 작업을 통해 학생들의 역사적 사고를 촉진할 수 있다고 하면서, 시대의식을 학생들이 적절한 학습방법을 통해서 도달해야 할 상위의 역사의식 수준으로 인정하고 있다.[54] 그러나 과연 변화에 대한 인식의 결과가 시대구분 능력으로 나타날 수 있는가, 그리고 한국사의 총체적 이해와 관련해서 학생들이 터득해야 할 시대구분의 양상이 무엇인가 하는 문제는 아직 규명되지 않은 부분이다.

만약 학생들에게 기대하는 것이 고대, 중세, 근대의 3분법적 구분이라면 문제는 더욱 심각하다. 특히 우리 학계에서 진행되어온 시대구분 논쟁을 살펴보면, 근대는 물론 중세 사회의 성격에 관해서도 견해가 분분하여 고대와 중세의 시대구분 준거가 일관적이지 못하다. '소유 관계, 신분계급 관계 및 이에 따른 권력 형태, 사유 관념이 일관된 기준이 되고 그 속에서 변화 및 그 계기로서 고대·중세를 구분하고 있지 못하고 생산활동, 지배 관계의 부수 형식인 공동체를 대종으로 강조하고'[55] 있으나 이것을 한국사에서 고대와 중세를 가르는 준거로 삼기엔 설득력이 부족하다. 그래서 더욱 '본질상 우리 중세 사회의 정리는 우리 스스로 근대 사회·근대국가를 건설하고 발전시키는 가운데서 가능한 일'[56]이라는 지적에 수긍하게 된다. 학계의 사정이 이렇다면, 학생들에게 요구하는 시대구분 의식이란 어떤 것이 될 수 있을까?

예를 들어 위에서 언급한 김부경의 연구는 시간개념의 한 부분으로 시대개념을 들고 있는데, 시대구분 이해와 시대별 특징의 이해를 분석 기준으로 삼고 있다.[57] 그런데 선사시대, 삼국시대, 고려시대, 조선시대 등 '각 시대에 대해 자유롭게 적는' 것이나 '선사시대와 역사

시대를 나누는 기준'을 말하는 것으로 초등학생의 시대개념을 파악할 수 있다거나, 이것을 시대구분을 포함하는 시대개념이라 할 수 있다는 견해에는 동의하기 어렵다.

　서구적인 시간개념과 연대기, 그것을 바탕으로 한 시대구분을 단번에 폐기하거나 대치하는 것은 불가능하다. 그렇다고 이러한 것들이 대안의 시간성·공간성과 이에 대한 주체적 인식을 억압함으로써 성립되고 전파되었다는 사실을 드러내지 않은 채, 변화 학습에 적절한 도구 혹은 방법으로 계속 활용하는 것은 정당하지 않다. 이것을 서구적인 현상으로 상대화하고 역사화할 수 있는 방안은, 우리 고유의 역사서술의 특성과 그것이 담고 있는 시간과 시대에 대한 인식이 무엇이고 어떻게 단절되어 서구화되었는지를 묻는 것으로부터 시작할 수밖에 없다.

4. 변화 인식과 현재에 대한 이해: 변화 인식 도구로서의 내러티브 프레임워크

변화를 가르치면서 중요한 것은, 현재 우리가 변화라고 여기는 것들을 당시 사람들은 어떻게 받아들이고 있었는가 하는 점이다. 기차를 타고 있는 사람과 먼 산 위에서 그 기차가 지나가는 것을 보고 있는 사람의 시각과 전망은 다를 수밖에 없다. 역사가가 사후적 판단과 해석에 따라 변화라고 인정하고 있는 과거의 현상에 대해 비판적으로 생각해야 하는 이유는, 그것을 통해 현재 우리가 살고 있는 상황에 대한 인식을 역사적으로 상대화할 수 있기 때문이다. 단지 현재의 상황만이 아니라 중요한 변화라고 간주되는 과거의 사건 또한 이러한 상대화의 시각에서 새롭게 이해할 수 있다. 학생들은 현재 우리가 당연하게 생각하는 현상들이 비롯된 과거의 사건, 예를 들면 참정권의 획득이라든가 신분적 평등이 과거의 특정한 사건과 계기에 따라 현재의 상태대로 순조롭게 진행된 것이라 생각할 수 있다. 현재에 이르기 위해 반드시 일어나야 할 사건이 정해진 순서에 따라 진행되었다고 생각하는 것이다. 이러한 방식으로 변화를 생각하는 것을 교정할 필요가 있다. 그리고 이러한 작업은, 과거 관련 지식의 성격과 위상에 관한 일상적인 견해를 역사적인 것으로 바꾸는 과제와 연결되어 있다.

학생들은 신분제가 폐지되어 법 앞에 모든 인간이 평등하다는 것을 알고 있다. 하지만 평등 혹은 인권에 대한 개념의 변화가 과거에 있었던 일이고 이러한 변화의 결과로 오늘날의 사회 인식, 법, 제도가 마련되었다고 생각하는 것에 비해, 경제적 불평등이 오히려 심화되는 최근의 상황에 대해서는 변화의 개념을 적용하지 못하는 경우가 많다. 경제적 불평등은 어쩔 수 없는 것이며 그것은 자본주의와 시장경제에서 개인의 역량과 노력에 따른 문제라고 생각하는 것이다. 평등에 대한 인식과 실천이 역사적으로 인권의 개념과 결부되어 확대된 것이라면, 재산권의 불평등에 관한 것도 역사적인 문제였다. 더욱이 재산에 따라 참정권이 제한되었고 그것이 당연시됐던 역사적 현상이 어떻게 당시 상황에서 받아들여질 수 있었는지, 이러한 참정권의 제한을 극복하면서 인간이 누려야 할 기본 사항으로서 인권은, 신체에 관한 것뿐 아니라 재산에 관한 것일 수도 있다는 견해가 왜 받아들여지지 않았는지를 생각해볼 필요가 있다. 또한 신분의 세습이 인간의 평등에 기본적으로 위배되는 것으로서 개선하고 극복해야 할 대상이었다면, 재산의 대물림은 신분의 세습 문제와 어떻게 다른지도 따져 보아야 한다.

과거의 역사가 어떤 패턴으로 그리고 어떤 방향으로 진행되어 현재에 이르게 되었는가? 가능성으로서의 현재를 상정하는 것, 즉 현재의 상황을 당연한 것, 필연적인 것으로 받아들이는 대신 과거에 벌어진 어떤 일들이 오늘날의 상황으로 이어졌는지, 그리고 만약 그러한 결정적인 계기들이 다른 경로를 택했더라면 현재는 어떻게 달라졌을지, 역사학습의 중요한 취지 중 하나는 이런 질문을 통해 인간이 피할 수 없는 시간의 흐름 속에서 과거의 연장으로서의 현재, 그리고 이 현재에서 펼쳐질 미래를 생각하는 것이다. 일직선으로 그어진 연대기의 시점에서는 제대로 표현할 수 없는 변화의 다양성과 복합성을 이해하기 위해서는 큰 그림, 즉 저해상(low resolution)으로 강물의 흐름을 조망하는 것처럼 역사의 흐름을 파악할 필요가 있다. 학생들이 저해상으로 역사적인 감각을 형성하여 과거의 전체적인 규모에서 변화와 발전의 패턴을 탐구하는 것을 배우지 못하면, 과거가 현재 그리고 미래와 어떻게 연결되는지를 이해하기 위한 자원으로 또는 시간 속의 지향을 위한 도구로 역사를 활용할 수 없을 것이다.[58] 이러한 이해를 구체화하기 위해서 학생들은 변화를 드러내는 내러티브 프레임워크를 스스로 구성할 수 있어야 한다.

학생들은 개인, 집단, 왕조, 국가, 제도를 행위주체로 설정하여 과거의 사건, 행위, 시대, 화제(topic)를 서술하는 경향이 있다. 그러나 추세, 테마(theme), 전환점, 변화, 발전, 과정, 패턴과 같은 개념을 활

2부 역사 텍스트 독해와 역사개념의 이해

용하는 경우는 많지 않다. 관련 연구에 따르면 학생들의 영국 역사에 대한 서술은 '사건류(event like)'와 '과정류(process like)'의 두 가지 존재론적 범주로 구분할 수 있다. 전자에서는 어떤 일이 일어났다는 식의 내러티브가 우세하다. 후자는 개개의 사건을 별개로 취급하는 것이 아니라, 과거를 변화와 발전이 펼쳐지는 과정으로 파악하는 것이다. 조사 대상 15~17세 학생들 가운데 12퍼센트만이 과정류의 개념적 범주를 바탕으로 시간을 가로지르는 관련성 아래 영국 역사의 중요 테마, 추세, 과정을 제시했다고 한다.[59] 이러한 조사 결과는, 과거를 보다 긴 흐름과 큰 그림에서 조망할 수 있는 주제와 학습경험을 지속적으로 제공해야 할 필요성을 말해준다.

현재에 대한 판단이나 미래에 대한 전망과 관련하여 리(Lee)는 선거에서 투표할 정당을 결정하는 데에, 5년 후 직업시장의 향로를 판단하는 데에, 영국 내 인종관계를 다루는 데에 역사가 도움이 되는가라는 질문을 던져, 학생들이 활용하는 과거의 유형이 무엇이며 그 전제는 무엇인가를 밝히는 데 초점을 두었다. 그는 학생들이 역사를 아는 것이 도움이 된다고 했건 그렇지 않다고 했건 답변의 근거로 변화를 제시했다는 점을 주목한다. 도움이 되지 않는다고 답한 경우, 학생들은 역사는 지나간 것이고 모든 것이 변한다는 전제 아래 새로운 생각이나 기술이 등장하면서 과거의 사례는 더는 현재에 적용되지 않는다고 생각한다. 이들에게 변화는 예측 불가능한 것으로서 새로운 가능성이나 기회가 전개되는 것에 영향을 미칠 수 있다는 인식이 나타나지 않는다. 반대로 도움이 된다고 생각하는 학생들은 일반화를 통해서 또는 경향성으로 변화를 파악하면서, 역사가 변화한다는 사실 자체를 역사의 가치로 존중하고 현재까지 늘 변화가 있었기 때문에 변화의 성격을 이해하는 것이 중요하다고 여긴다.[60] 리의 이러한 견해는 변화에 대한 인식이 개인이 역사의 흐름을 조망하는 방식, 즉 역사적 감각에 달려 있다는 블럼의 주장과도 맞닿아 있다.[61]

유사한 맥락에서 쉬밀트는 내러티브 프레임워크를 (a) 과거에 의미를 부여하며, (b) 현재를 지속적인 과정의 부분으로서 나타내고, (c) 추후의 탐구를 통해 확장하고 정교화할 수 있는 사실, 일반화, 해석의 비계(scaffold)로 정의하면서, 이것을 갖추지 못한 학생들은 개별 사건에 대한 평면적인 이해에 머무를 수밖에 없다고 진단한다.[62] 그러나이 프레임워크는 고정된 것, 다른 대안을 배제하는 것이 되어서는 안되고, 학습의 과정에서 다른 개관이나 주제가 배치될 수 있고 그것으로부터 새롭게 의미를 추출할 수 있는 가변적이며 확장적인 것이 되어야 한다.[63] 요컨대 그는 학생들이 질서 있고 일관성이 있으면서도 복잡하고 다차원적일 뿐 아니라 다양한 요소에 입각한 대안적 내러티브를 구성할 수 있도록 하는 것이 역사학습의 핵심이라고 주장한다. 과거와 과거를 그리고 과거와 현재를 타당하고 의미 있게, 일관적이면서도 유연한 방식으로 연결하지 못한다면 역사의 용도는 오히려 해를 끼칠 수도 있다. 학생들이 흔히 과거와 현재의 평행성을 찾아 무리한 교훈을 끌어내거나 이미 알려진 결과를 이용하여 충분히 검토되지 않은 정책적 선택을 정당화하는 것이 그 사례이다.[64]

변화가 현재의 가능성과 미래의 전망에 필수적인 이해 요소라면, 그것은 당연히 행위주체성과도 관련된다. 다가올 미래는 직선적인 진보의 축복으로만 가득 차 있는 것은 아니다. 세상이 시작된 후로, 인류는 더 좋은 쪽으로, 더불어 더 나쁜 쪽으로 나아갔다. 인류는 전진했고, 퇴보했다. 앞으로 50년 동안 일어날 일을 지켜보기만 해도 이같은 동시성을 보여주는 예를 수천 개는 더 들 수 있을 것이다. 농업이 발달하더라도, 적어도 100억이 넘을 세계 인구의 3분의 1이 기아의 위험에 처할 것이다. 통신, 학습, 오락의 수단은 오늘날보다 더욱 발달하겠지만, 고독은 일가친척 없이 황량한 도시에 사는 수많은 유폐된 인간들을 강타할 것이다.[65] 기기와 네트워크의 발달로 소셜미디어는 더욱 활성화될 것이지만 아무나의 뉴스는 누구나의 정보로 유통되어 의사소통과 신뢰성의 혼란은 피할 수 없을 것이다. 인간 활동이 초래한 인류세(Anthropocene)에서 기후와 환경 문제는 돌이킬 수 없이 더욱 심각해질 것이다.

더구나 미지의 세계에서는 모두가 어느 정도는 무력할 것이다. 과학의 가시적인 승리가 크면 클수록, 불가해한 것을 추구하는 안타까움에 가까운 열망은 커질 수밖에 없다. '미확인 비행물체'의 대대적인 출현을 목격하는 데 열중하는 사람들이 이러한 현상의 좋은 사례라고 할 수 있다. UFO가 우리 문명보다 우월한 외계 문명에서 온 것으로 굳게 믿는 그들은, 이것에 대한 어떠한 회의도 자신들의 미세한 전문 분야를 넘어서는 현상을 설명하는 데 무력한 편협한 과학자들의 시샘 탓으로, 심지어 보통 사람들에게 자기들만의 특정적이고도 배타적인 지식을 숨기기 위해서 보통 사람의 알 권리를 억압하려는 과학자들의 음모로 돌리기도 한다. 미래에 대한 불확실함은 과학적 현상뿐 아니라, 주변에서 벌어지는 거의 모든 일이 소수의 모략에 의한 것이라는 음모론(conspiracy theory)의 걷잡을 수 없는 확산을 불러왔다. 많은 사람에게는 주변에서 알 수 없는 일이 벌어지는 것도, 그것에 대한 설명으로서의 음모론도 당혹스러운 것은 마찬가지다.

사라예보에서 총성이 울린 지 몇 주 지나지 않아서 유럽 전역은 전쟁에 빠져들게 되었다. 이전에는 경험하지 못한 엄청난 규모의 대량 살상과 파괴가 벌어진 이른바 세계대전이 시작된 것이다. 한 역사가는 극적인 전쟁의 발발을 다음과 같이 묘사했다.

(유럽인들은 전쟁이 터졌을 때) 순간적으로 놀라기는 하였지만 전쟁이라는 사실 자체에는 그렇지 않았다. 왜냐하면 그들은 폭풍우가 몰려오고 있는 것을 바라보는 사람처럼 그것에 익숙해 있었기 때문이다. 어떻게 보자면 전쟁이 터졌다는 것은 일종의 해방 또는 구원과도 같았다. (…) 뇌우처럼 그것은 기대의 막중한 갑갑함을 거두어버리고 대기를 맑게 하였다. 그것은 부르주아 사회의 피상성과 경박함, 19세기적 발전의 지겨운 점진성, 20세기의 자유주의적 이상향이었던 평온함과 평화로운 질서에 종말을 의미하는 것이었다. (…) 그것은 마치 오랫동안 객석에서 기다리다가 마침내 청중 그 자신이 배우가 될 대단하고도 흥미진진한 역사 드라마의 개막과도 같았다. 그것은 결단을 의미하는 것이었다.[66]

우리에게 다가오는 변화의 모습은 위 글에서 묘사하고 있는 전쟁의 발발만큼 분명하지 않을 수도 있다. 또 그것은 전쟁과 같은 재앙이 아닌 축복과 혜택일 수 있다. 그러나 그것은 누구의 결정에 의한 것이든 국외자를 만들지는 않을 것이다. 객석의 청중은 곧 나름의 배역으로 무대에 설 것이다. 맡아야 할 배역도 모르고 무작정 무대에 뛰어드

　　　　　　　　　　　2부 역사 텍스트 독해와 역사개념의 이해

는 청중이 있다면 불행이다. 그러나 그들에게 현실과 다가오는 변화를 이해하기 위해 과거를 돌아볼 수 있다는 것은 여전히 소중한 기회이자 행운이다.

5. 맺음말

보통 학생들은 변화란 단지 어떤 사건이 일어났다는 것이라고, 또 그것을 인식한다는 것은 곧 그 원인과 결과를 파악하는 것이라고 여긴다. 변화를 판단하는 기준이 되는 시간개념과 시대구분도 주어진 것으로 받아들일 뿐 문제시하지 않는다. 변화를 상식적인 용어로 받아들이고 있어 이에 대한 분석적인 명확함을 결여하고 있는 것이다. 이러한 변화 인식의 교정과 개선을 위해 역사학습에서는, 변화가 단지 계속성의 반대 개념이 아니라 진보와 퇴보, 그리고 지속과 단절을 함께 포함하고 있으며 인과관계와는 다른 것이라는 점을 이해할 수 있도록, 그것의 속성—범위, 속도, 성격, 방향—을 구별하고 구체화해서 학습내용으로 제시해야 한다.

연대기는 단순히 사건의 시간상 배열에 관한 것이 아니라, 시간의 경과 그리고 그것을 가늠하기 위한 언어에 대한 더 깊이 있는 감각을 포함하고 있으며, 따라서 역사학습에서 연대기의 용도를 역사적 시간에 대한 확장된 이해로 발전시켜야 한다. 변화의 의미와 중요성을 판단하기 위해서는 다양한 층위의 시간개념과 감각을 구분하고 역사의 더 긴 흐름을 참조해야 한다.[67] 변화와 관련 있는, 혹은 변화의 속성을 표현하는 용어와 그 의미를 규명하는 것도 역사학습에서 필요한 작업이다. 변화의 양상과 속성이 다양하다면 그것을 표현하는 용어를 이해하고 또한 활용할 수 있어야 하기 때문이다. 시간의 구획이나 시대 혹은 시기 구분은 해석적 성격을 가지고 있는 것이라 관점에 따라 달라질 수 있으며, 역사에 대한 관념의 일부로서 시간성에 대한 이해는 '역사문화'[68]의 한 요소이다. 서구의 개념을 유일하거나 보편적인 것으로 당연시하는 것은 문제가 있다.

현재를 만든 '결정적인' 과거와는 다른 방식으로 역사가 전개되었을 가능성을 생각하는 것도 변화에 대한 학습에서 중요하다. 현재라는 것이 당연하게 주어진 것이 아니라 누군가의 절실한 가치 판단과 선택에 의해 만들어진, 혹은 그런 노력이 좌절되어 만들어진 결과라는 것을 생각하면서 "우리가 과거에 의해 형성되었다는 것을 인식하는 일"[69]이야말로 생략할 수 없는 변화 학습의 취지이다. 이를 위해서 학생들은 현재를 과거와 단절된 것이 아니라 그것으로부터 이어진 과정으로 연관 지을 수 있는 프레임워크를 구성하여 계속 수정하고 보완해야 한다.

변화에 대한 학생들의 인식을 경험적으로 조사하는 연구가 필요함은 두말할 것도 없다. 영국에서 학생들의 변화개념 진전을 조사한 일련의 연구는, 수준별로 학생 이해의 특징을 보여주고 있으나 이로부터 우리 학생들에게 변화를 가르치는 방안을 바로 추출하거나 학습사례 연구의 제안을 그대로 적용하기는 어렵다. 우리 학생들이 그동안 학교와 주변에서 들어온 변화라는 말에 대한 일상적인 감각이 그대로 역사적 변화에 대한 인식에 스며들어 있을 가능성은 매우 크다. 변화의 용법이 일상적이고 광범위할 뿐 아니라 그 개념이 흐릿하기 때문에 변화 인식은 사회문화적 관행과 환경에 더 크게 좌우될 것이다. 그렇기에 우리나라의 실정에 적합한 연구주제와 방법이 더욱 필요하다.

학생들이 역사에 관해 어떤 이해를 하고 있는가? 그것을 알 수 있는 방법은 첫째, 역사적 사건과 현상 또는 시기 중 어떤 것에 관심을 가지고 있는가를 조사하는 것, 둘째, 학생들이 역사의 본질과 특성, 또는 주요 개념을 어떻게 이해하고 있는가를 파악하는 것이다. 특히 전자의 경우에는 학생들이 이미 습득하고 있는 어떤 인식의 틀이 작용할 것이다. 그런 의미에서 그들이 처한 사회문화적 맥락 혹은 위치성(positionality)을 확인하고 고려하는 것이 중요하다는 주장은 타당하다. 만약 학생들이 이미 과거에 대한 이해의 틀을 가지고 있다고 할 때 그것을 검증하고 보완·교정할 기회를 어떻게 제공할 수 있는가? 이를 위해서는 학생들의 역사적 사건에 대한 이해를 역사개념으로 검증하는 것이 필요하다. 즉 후자의 접근방식으로 전자의 문제를 보완하는 것이다. 두 방식의 역사이해는 학생들의 역사인식 형성 과정에서 상호작용할 것이다. 그러나 선후를 따지자면 후자에 대한 조사와 학습의 방향이 먼저 제시되는 것이 적절하다고 생각한다. 왜냐하면 역사개념에 대한 이해가 과거를 바라보고 해석하는 방식의 바탕이 되기 때문이다. 학생들이 스스로 '나는 왜 문제에 관심을 가지고 있는가? 이것에 관한 나의 생각은 무엇인가? 내 생각은 어떤 근거를 가지고 있으며 그것을 어떻게 정당화할 수 있는가?'라는 질문을 던지면서 성찰적으로 활용할 수 있는 수단이 역사개념에 대한 이해이다. 변화도 이러한 개념 중 하나이다.

주

머리말

1   양호환, 《역사교육의 입론과 구상》, 책과함께, 2012.

2   Mario Carretero, Stefan Berger and Maria Grever, editors, *Handbook of Research in Historical Culture and Education*, Palgrave Macmillan, 2017.

3   이경식, 〈한국에서 역사학과 역사교육의 疏隔사정과 소통懸案〉, 《歷史敎育》 138, 2016, pp.1–35.

1부 역사교육의 이론과 적용

1장 역사교육이론 적용의 공과

1   양호환 외, 《역사교육의 이론》, 책과함께, 2009, p.6.

2   임병철, 〈"이론화의 덫": 오늘날의 역사교육학에 대한 비판적 단상〉, 《역사교육연구》 12, 2010, p.256.

3   임병철, 〈"이론화의 덫": 오늘날의 역사교육학에 대한 비판적 단상〉, p.267.

4   교육이론의 의미의 두 가지 측면에 관해서는 Elliot W. Eisner, *The Educational Imagination: On the Design and Evaluation of School Programs*, 2nd

edition, Macmillan, 1985, p.166 참조.

5 Margaret Smith Crocco, "The Invisible Hand of Theory in Social Studies Education", *Social Studies: The Next Generation*, edited by Avner Segall, Elizabeth E. Heilman and Cleo H. Cherryholmes, Peter Lang, 2006, pp.233-234.

6 양호환, 〈역사교육의 담론: 지속과 변화〉, 윤세철교수정년기념역사학논총, 《역사교육의 방향과 국사교육》, 솔, 2001, pp.23-25.

7 양호환, 〈역사교육의 담론: 지속과 변화〉.

8 양호환, 〈역사교육의 담론: 지속과 변화〉.

9 양호환, 〈역사학습의 인식론적 모색〉, 《歷史敎育》 75, 2000, p.19.

10 정용택, 〈현장에서의 역사교육의 한계와 목소리〉, 《역사교육》 45, 1999, pp.45-46; 〈현장 역사교육의 한계〉, 《제42회 전국역사학대회 발표요지》, 1999, p.279.

11 전국역사교사모임, 《전국역사교사모임 20주년 백서》, p.134.

12 전국역사교사모임, 《전국역사교사모임 20주년 백서》, p.109.

13 김민정, 〈역사교사의 가르칠 궁리에 대한 반성과 공유: 역사수업에 대한 이론적 검토를 중심으로〉, 《歷史敎育》 117, 2011, pp.1-27.

14 Marilyn Johnston, "The Lamp and Mirror: Action Research and Self Studies in Social Studies", *Research Method in Social Studies Education*, edited by Keith C. Barton, Information Age Publishing, 2006, pp.57-83. 이 논문의 제목에서 드러나듯 행위연구는 등불에, 자기연구는 거울에 비유할 수 있다.

15 Ralph W. Tyler, *Basic Principles of Curriculum and Instruction*, Chicago University Press, 1949, pp.84-86.

16 계열성 적용의 문제와 개선 방안에 관해서는 양호환, 〈중등 역사 교육과정 개발의 현안과 역사교육 개선 방안〉, 《歷史敎育》 120, 2011, pp.293-319를 참고할 수 있다. 이러한 차별화의 방안은 크게 두 가지 방향, 즉 교육내용과 목표를 체계화하는 방향과 학생의 역사의식 또는 인지 수준의 발달에 근거하여 학습내용을 선택하고 조직하는 방향으로 추진되어왔다. 후자의 사례로는 우리나라에서 역사의식에 대한 초기 연구를 들 수 있는데, 이것은 아동의 성장에 따른 심리적 발달 및 사회성의 발달에 따라 역사의식을 계열화하고자 하는 것이었다. 이러한 연구의 일부는 실제로 1960~1970년대의 교육과정에서 역사학습내용을 계열화하는 근거가 되기

도 했다. 역사의식의 유형을 분류하고 위계성을 밝혀내려는 연구계통은 여전히 이어지고 있다. 그러나 학교급별로 학생들의 의식에 차이가 있다고 해도 그것을 근거로 교육 내용을 차별화하는 것은 쉽지 않다. 역사학습 소재의 선정이 결국 과거 사건의 해석과 중요성에 대한 판단에서 출발하는 것이라면, 역사의식에 관한 조사 결과는 역사학습 소재를 학생의 이해 수준에 적합하게 제시하는 방법의 차원에서 활용해야 할 것이다. 역사의식의 계열화에 관한 것도 중요한 문제이지만, 이 글은 전자의 연구 방향, 특히 학교급별 내용의 체계성에 관한 것을 논의 대상으로 삼았다.

17 양호환, 〈중등 역사 교육과정 개발의 현안과 역사교육 개선 방안〉, p.299.

18 고등학교 '역사'는 2009 개정 교육과정에서 한국사로 바뀌었다.

19 교육과정 구성이나 교과서 집필 과정에서 이러한 작업이 이루어지기는 어렵다. 결국 이것은 학계의 연구성과를 기다려야 하는 부분이다.

20 실제로 검정을 통과한 세계사 교과서의 오세아니아 관련 서술은 한 쪽 분량에 채 못 미친다(조한욱 외, 《고등학교 세계사》, 비상, 2013, p.124). 오세아니아 역사를 알자는 취지보다는 소외된 지역의 역사도 모두 포함했다는 구색을 갖추는 데 그쳤다고 보아야 한다. 더욱 중요한 것은 분량이 아니라 내용이다. 유럽인들이 내왕하기 시작한 당시만 하더라도 오세아니아는 대부분 신석기시대에 속해 있었고 멜라네시아 일부에서만 청동기를 사용했다는 내용이 오세아니아의 역사에 대한 적절한 서술이라고 보기는 어렵다. 과연 이러한 서술이 지역 역사의 특수성과 독자성을 존중하여 서구중심의 세계사 서술을 지양하고자 하는 취지에 부합하는 것일까?

21 2011년 개정에서 계열성에 변화가 있었다. 즉 중학교에서 이전에는 고등학교에서 다루게 되어 있던 문화사가 정치와 함께 포함되었는데, 이에 대한 이론적 근거는 없다. 교육과학기술부가 최종 고시한 사회과 교육과정에 따르면 중학교 역사는 정치사와 문화사를 중심으로 하고(고시 제2011-361호 별책 7, p.32), 고등학교 한국사에서는 사회·경제사, 사상사 및 대외관계사를 연계(고시 제2012-14호 별책 7, p.97)한다고 기술되어 있다. "우리나라와 세계의 역사와 문화현장을 견학하고 체험함으로써 문화 창조의 능력을 함양하기"(p.32) 위한 것이 그 근거라면 근거인데, 이렇게 바뀐 계열성의 원칙이 결국 교과서의 내용으로 서술될 때 문화가 왜 중학교 수준에 적절하고 적당한 것인지에 관한 변변한 토론도 없었다. 그토록 존중

하고 준수해야 할 계열성이라는 것이 이렇게 쉽게 논란 없이 변경될 수 있다는 사실 자체가 이미 그 이론적 타당성과 신뢰성이 빈약하다는 것을 입증한다고 할 수 있다.

22 혹자는 수능에서 역사과목의 선택률과 역사교육의 이론은 별 상관이 없는 것이 아닌가라고 지적할 수도 있겠다. 혹은 수능의 선택과목 문제는 그야말로 현실적인 사안이어서 이론 연구의 대상으로 '격'이 맞지 않는다고 간주할 수도 있다. 그러나 이미 지적한 대로 역사교육 연구자들의 학설과 이론이 적용되어 나타난 역사 교과 편제와 교과서 서술이 이러한 상황의 주요 요인이라면 이에 대한 원인 분석과 대책을 마련하는 것도 그들의 책임이다. 물론 수능에서 역사과목의 채택률을 높이는 것이 이론 연구의 최고 목표가 될 수는 없다. 또한 수능이라고 하는 체제와 시험 위주의 역사학습은 적절하지 않다고 주장할 수도 있다. 그렇지만 학교 교육에서 수능이 차지하는 비중과 영향력을 고려하지 않는다면, 역사교육에 관한 거의 모든 논의의 실질적인 성과는 실현될 기회를 얻지 못할 것이다.

23 Herbert M. Kliebard, "The Tyler Rationale", *Forging the American Curriculum*, Routledge, 1992, pp.153-167. 클리바드 비판의 요점은 교육 목표의 선정이 객관적 혹은 중립적일 수 없다는 것, 학습경험은 학생·교사·환경에 따라 독특하고 예측 불가능한 것이므로 사전에 선정·조직될 수 없다는 것 그리고 평가에서 어떤 행위의 목적을 달성하는 것이 언제나 가장 중요한 것은 아니며 부수적인 혹은 보조적인 결과가 더 중요할 수도 있다는 것이다.

2장 세계사 교육: 변화의 담론과 교과서 서술의 현실

1 김한종, 〈교육과정 구성 논리로 본 2015 개정역사교육과정의 쟁점〉,《역사교육연구》23, 2015, pp.36-41.

2 김한종, 〈교육과정 구성 논리로 본 2015 개정역사교육과정의 쟁점〉, p.36.

3 김한종, 〈교육과정 구성 논리로 본 2015 개정역사교육과정의 쟁점〉, pp.36-38.

4 조지형은 '새로운 세계사'는 다문화주의적, 문화상호적 접근과 탈중심화를 통해 서구중심주의, 자문화중심주의, 오리엔탈리즘 등을 탈피하고, 문화의 중층성을 주목하는 한편 기존의 역사담론에 대한 포스트모더니즘적 비판을 토대로 하는 새로

운 역사담론을 추구한다고 설명하고 있다. 새로운 세계사는 미국과 유럽의 이러한 연구 동향을 가리키는 용어이지만, 우리나라 연구자들도 이를 받아들이고 적용하면서 2007 세계사교육과정이 대폭 바뀌었다. 그러므로 이 글에서는 이러한 변화의 이론과 추세를 포괄하여 새로운 세계사로 칭했다. 조지형, 〈지구사란 무엇인가?〉, 조지형·강선주 외, 《지구화 시대의 새로운 세계사》, 혜안, 2008; 이선숙·정진경, 〈새로운 역사이론과 역사교육〉, 양호환 편, 《한국 역사교육의 연구동향》, 책과함께, 2011, pp.305-349.

5   2007 '세계역사의 이해 교육과정'은 내용의 변경 없이 2009 '세계사' 교육과정으로 적용되었다. 그리고 2011년에 세계사교육과정이 다시 개정되었는데 현재 양자 모두 공식적으로는 2009 개정 시기 사회과 교육과정에 포함되어 있다. 이 글에서는 논의의 편의상 특별한 이유가 없는 한 2007 교육과정은 2009 교육과정으로, 2011년에 새롭게 바뀐 교육과정은 2011 교육과정으로 칭했다. 다만 개정의 시기와 전후관계를 명확하게 할 필요가 있을 경우에는 문맥에 따라 2007 개정이라는 표현도 사용했다. 두 교육과정에 따라 출간된 세계사 교과서도 각각 2009 교과서 (2011 검정판), 2011 교과서(2014 검정판)로 구분했다.

6   이를 위한 작업은 2015년 1학기 대학원 수업(세계사교육특강)에서 시작되었다. 수강생들이 수업과 학기말 과제에서 분석의 주제를 분담했고 그 후 수정·보완 작업을 거쳐 역사교육연구회와 동북아역사재단이 공동 주최한 "'새로운 세계사'와 교과서 서술의 현실"이라는 학술대회(2016년 11월 26일)에서 이 글을 포함하여 총 6편의 논문으로 발표했다. 이 논문들은 《歷史敎育》 140집의 '새로운 세계사와 고등학교 세계사 교과서 서술의 현실―서양근대부분을 중심으로'라는 기획논문으로 아래의 제목으로 게재되었다. 정미란, 〈세계사 교과서의 르네상스 서술 변화와 근대 기점 문제〉, 《歷史敎育》 140, pp.39-82; 조혜진, 〈'교류와 교역' 중심 내용 조직의 시도와 서술상의 한계: 《세계사》 교과서 '신항로 개척' 전후 서술과 관련하여〉, 《歷史敎育》 140, pp.83-120; 장로사, 〈'새로운 세계사'의 등장과 정형화된 서술 구조의 변화: 《세계사》 교과서 신항로 '개척'과 '절대'주의를 중심으로〉, 《歷史敎育》 140, pp.121-157; 이소은, 〈'새로운 세계사'와 전통적 서술 사이에서: 산업혁명에 대한 《세계사》 교과서 서술을 중심으로〉, 《歷史敎育》 140, pp.159-196; 고한석, 〈세계사 교과의 '시민혁명' 서술과 정형화된 근대〉, 《歷史敎育》 140, pp.197-228.

7 박진동에 따르면 교수요목은 교수상의 주의를 통해서 가까운 시대를 자세히 다루고, 현재와 연관시켜 문제 해결 능력을 기른다는 것, 실물 교육에 중점을 두고 동양사, 서양사, 한국사와의 상호관련성을 강조했다는 점에서 현재에도 세계사 교육의 원칙을 제시했다고 평가했다(박진동, 〈교수요목에 의거한 '먼나라 역사' 교과서의 발간과 그 구성〉,《歷史敎育》137, 2016, pp.32-33).

8 김한식·권오현, 〈해방 후 세계사교육과정의 변천과 문제점〉,《歷史敎育》61, 1997, pp.170-171.

9 권오현, 〈일본 세계사의 지역 구분과 세계사 인식〉,《중등교육연구》56-1, 2008, p.166.

10 권오현, 〈일본 세계사의 지역 구분과 세계사 인식〉, pp.176-177; 有田嘉伸·小畑晃一, 〈上原專祿の世界史理論―世界史の認識方法を中心に〉,《長崎大学教育学部紀要 教科教育学》44, 2005, pp.1-13.

11 하종문, 〈전후 일본의 역사학과 세계사 연구 교육〉,《歷史敎育》110, 2009, p.43.

12 '지역세계'라는 용어는 일본의 1999년판 세계사B에 처음 등장한다(권오현, 〈일본 세계사의 지역 구분과 세계사 인식〉, pp.180-182).

13 최상훈 외 6인,《고등학교 세계사》, 교학사, 2014, p.14.

14 김형종 외 5인,《고등학교 세계사》, 금성출판사, 2014, p.18.

15 권오현, 〈일본 세계사의 지역 구분과 세계사 인식〉, p.185.

16 가장 대표적인 논저는 다음과 같다. 조지형·강선주 외,《지구화 시대의 새로운 세계사》, 혜안, 2008; 조지형·김용우 외,《지구사의 도전: 어떻게 유럽중심주의를 넘어설 것인가》, 서해문집, 2010.

17 김원수, 〈역사들의 전 지구적 전환과 세계사의 과제〉, 2016 하계 한국서양사학회 학술대회 '한국의 세계사 교육과 교과서', 2016, pp.3-12.

18 송요후, 〈2007년 개정 세계사교육과정에서 "서구중심주의" 극복론에 관하여〉,《역사교육논집》39, 2007, pp.111-118.

19 파멜라 카일 크로슬리, 강선주 옮김,《글로벌 히스토리란 무엇인가?》, 휴머니스트, 2010, pp.189-193.

20 강선주, 〈지구사와 세계사 교육〉,《역사교육 새로 보기》, 한울, 2015, p.61.

21 강선주, 〈지구사와 세계사 교육〉, p.65.

22 강선주, 〈문화적 접촉과 교류의 역사〉,《역사교육 새로 보기》, pp.100-101.

23 파멜라 카일 크로슬리, 《글로벌 히스토리란 무엇인가?》, pp.189-193.

24 강선주는 제리 벤틀리가 문화권 간의 상호의존성 심화라는 관점에서 시대구분을 했다고 소개하고 있다. 문화권 간의 상호의존성은 지역 간의 상호작용이라는 의미로도 사용되고 있다(강선주, 〈지구사와 세계사 교육〉, p.60). 남철호도 유사하게 벤틀리의 이론을 소개하고 있다(남철호, 〈'글로벌 히스토리(Global History)'와 세계사〉, 《역사교육논집》 49, 2012, p.451). 그렇다면 우리나라 세계사교육과정에 문화권 대신 지역세계를 도입한 것에 비추어 볼 때, 벤틀리의 문화권 개념은 어떻게 다르며 지역세계라는 개념과 어떻게 조응할 수 있는가에 대한 설명이 필요하다.

25 파멜라 카일 크로슬리, 한국어판 서문, 《글로벌 히스토리란 무엇인가?》, p.7.

26 로스 던, 〈두 개의 세계사〉, pp.101-111, 린다 심콕스·애리 윌셔트, 이길상·최정희 옮김, 《세계의 역사교육 논쟁》, 푸른역사, 2009/2012, pp.98-124.

27 로스 던, 〈두 개의 세계사〉.

28 이와 관련하여 지역 간의 상호작용이나 교류를 강조하는 것이 반드시 서구중심주의 극복에 도움이 되지 않을 수도 있으며, 이러한 방식은 상업과 무역을 주된 동력으로 삼아 발전했던 지역의 역사 발전을 부각하는 데 더 적합한 방식일 수 있다고 보는 견해도 있다. 교류의 확대를 중심으로 역사를 서술할 경우 농업을 토대로 발전을 이룩한 지역의 역사는 교류의 내용이 상대적으로 빈약할 수밖에 없고 세계사 발전에 끼친 영향이 부수적으로 비춰질 가능성이 있다는 것이다. 신유아, 〈고등학교 "세계사" 교과서 내용 구성의 문제점 및 개선 방안〉, 《역사교육논집》 54, 2015, p.97.

29 르네상스, 신항로 개척, 절대주의, 산업혁명, 시민혁명에 관한 교과서 서술의 변화 내용에 관해서는 주 6의 논문을 요약·참고했다.

30 민석홍, 《서양사개론》, 삼영사, 1997.

31 민석홍, 《서양사개론》, 삼영사, 1984.

32 5차 교육과정 민석홍·나종일·윤세철, 《세계사》, 교학사, 1990; 6차 교육과정 민석홍·나종일, 《세계사》, 교학사, 1996.

33 민석홍, 《서양사개론》, 1997.

34 강선주, 〈지구사와 세계사 교육〉, p.70.

35 가라타니 고진, 조영일 옮김, 《세계사의 구조》, 도서출판b, 2012, pp.31-66.

36 수전 벅모스, 김성호 옮김,《헤겔, 아이티, 보편사》, 문학동네, 2012, pp.183-184.

37 수전 벅모스,《헤겔, 아이티, 보편사》, pp.199-201.

38 수전 벅모스,《헤겔, 아이티, 보편사》, p.189.

39 로스 던, 〈두 개의 세계사〉, pp.115-116. 던은 보다 구체적으로 수업시간에 공간
    적으로나 시간적으로 범위가 넓은 주제를 다룰 만한 가치가 있다고 하면서 다음과
    같은 질문을 예시하고 있다. (1) 동양과 서양 사이의 식용작물의 교류는 세계 경
    제의 성장에 어떤 영향을 미쳤는가? (2) 서아프리카 국가들은 왜 아메리카의 농장
    으로 수출하기 위해 사람을 판매하는 것을 자신들의 이익이라고 생각했는가? (3)
    왜 18세기에 세계 인구가 급증하기 시작했는가? (4) 증기 기계 산업이 왜 중국이
    나 인도가 아니라 영국에서 처음으로 발전했는가? 던에 따르면 이러한 질문은 세
    계의 어느 특정 부분이 아니라 전 세계를 탐구의 핵심 영역으로 삼아야 접근할 수
    있다. 이러한 질문은 무대 A에서 전체로서 세계사를 지향하는 연구자로서 제시한
    질문이지만 우리의 입장에서는 여전히 서구중심적이라는 인상을 지우기 어려운
    부분이 있다. 두 번째 질문은 노예무역에서 유럽의 이해관계와 책임을 희석하거
    나 회피하는 의미를 가질 수 있다. 이것은 마치 19세기 후반에 우리나라 농민들이
    곡물을 일본인들에게 헐값에 매도했던 이유는 무엇일까라는 질문을 연상하게 한
    다. 전 지구적 차원에서 18세기 인구 증가의 원인을 찾는 것도 아마 산업혁명의 여
    파를 염두에 둔 것으로 보인다. 그렇다고 우리나라 세계사(교육) 연구자가 던에게
    이런 질문은 여전히 서구중심적이니 아시아적 시각이 담긴 다른 질문을 제안해보
    라고 요구할 수는 없다. 그는 미국의 세계사 교육이라는 환경에서 기존의 유럽 내
    부적 요인과 서구의 핵심 가치만으로는 답할 수 없는 질문을 제시한 것이었다. 따
    라서 우리의 시각에서 서구의 우세를 상대화하는 다양한 근대성에 관한 질문을 개
    발해야 한다. 왜 동아시아 국가들은 국가가 나서서 선진농법을 담은 농서를 제작
    하고 보급했는가? 조세를 공정하게 걷고 법률의 공정한 적용을 위한 노력은 어디
    에서 왜 최초로 실시되었는가? 이러한 질문이 사례가 될 수 있을 것이다.

40 Gaea Leinhardt, "Lessons on Teaching and Learning History from Paul's
    Pen", *Knowing, Teaching and Learning History: National and International
    Perspectives*, edited by P. N. Sterns, P. Seixas and S. Wineburg, New York
    University Press, 2000, pp.223-245.

41 노동자가 미리 대부받은 돈을 노동으로 갚아나가는 것으로 빚을 청산하기 전까지

는 이직하거나 일을 그만둘 수 없다.

42 Susan Mosborg, "Speaking of History: How Adolescents Use Their Knowledge of History in Reading the Daily News", *Cognition and Instruction*, vol. 20, no. 3, 2002, pp.323-358.

43 조한경, 〈중학교 세계사교육과정과 교과서〉, 2016년 하계 한국서양사학회 학술대회 '한국의 세계사교육과 교과서', 2016, p.84.

44 강선주, 〈초·중학교 세계사교육의 현황과 쟁점〉, 2016년 하계 한국서양사학회 학술대회 '한국의 세계사교육과 교과서', 2016, p.73.

45 강선주, 〈초·중학교 세계사교육의 현황과 쟁점〉, p.80.

3장 '계열성' 논의의 쟁점과 변질

1 최근 발표된 2015 교육과정 개정에서도 계열성 문제는 재차 내용 구성의 원리—학교급별 차별화의 원리—로 거론되었다. 2018년 7월 27일 고시된 2015 개정 역사교육과정 중학교 역사에서는 계열성(화)이라는 용어를 사용하고 있지 않지만, "한국사는 (…) 정치사를 중심으로 시대의 흐름을 파악하고 생활 문화의 연속과 변화를 탐구할 수 있게 하였"다는 부분은 명백히 고등학교 한국사와의 차별성을 염두에 둔 언급이다. 중학교 한국사 영역은 전근대 중심, 고등학교 한국사는 근현대사 중심으로 한 것도 같은 맥락이다.

2 강선주(〈역사교육의 내용 선정과 조직 연구의 현황과 문제〉, 《歷史敎育》 113, 2010, p.81)는 "내용 조직은 크게는 여러 학년들 또는 수준들에서 학생이 학습해야 할 내용의 범위와 순서를 정한다는 의미로 사용하며, 작게는 한 학년, 한 수준에서 가르쳐야 할 내용을 유기적으로 연결시켜 구성하는 방법을 정한다는 의미로 사용한다"라고 하면서 전자를 계열화, 후자를 내용 구성이라는 용어로 표현하기도 한다고 말한다. 그의 글에서 이러한 언급의 근거와 사례는 찾을 수 없지만, 계열화라는 용어는 우리 학계에서 널리 사용되고 있다. 이런 입장에 따르면 내용의 조직과 구성은 규모의 문제가 되는데, 과연 이러한 구분이 타일러(Tyler)가 제시한 계열성이라는 개념에 부합하는 것인지는 검토해야 한다. 위의 글에 따르면 내용의 구성은 내용의 조직에 뒤따르는 문제이나, 구성과 조직이 이러한 구분

에 적당한 용어인지에 대해서도 의문이 있다. 실제 강선주는 내용의 조직과 구성을 논의하면서 양자를 분명하게 구별하고 있지는 않다. 전자에서는 버스톤(W. H. Burston, "Syllabus in the Secondary School", *Handbook for History Teachers*, edited by W. H. Burston and C. W. Green, Methuen Educational Ltd., 1972a, pp.61-71), 후자에서는 교육과정 입문서(Allan C. Ornstein and Francis P. Hunkins, *Curriculum: Foundation, Principles, and Issues*, Pearson, 2004, pp.217-218)의 일반론적인 방법을 소개하고 있다. 그런데 버스톤이 여러 학년에 걸친 내용 조직을, 온스타인과 헌킨스가 한 학년의 내용 구성을 논의하고 있다고 보이지는 않는다. 우리나라에서 지속적으로 논의되어왔던 것은 타일러가 소개한 계열성이라기보다는 강선주 구분에 따른 '계열화'라 할 수 있다. 이 둘의 차이는 현격하지만 우리나라의 관련 논문들은 이를 간과하거나 혼동했다. 나는 이 글에서 계열성이라는 원래의 개념을 검토하면서 이를 계열화의 원리로 확대 적용하는 것에 따른 문제를 지적하려고 한다. 이러한 의도에 따라 계열성과 계열화를 문맥에 맞춰 사용했다.

3 양호환, 〈역사교육이론 적용의 공과〉, 《歷史教育》 127, 2013.

4 신유아, 〈역사교과에서 계열성 구현의 난점〉, 《歷史教育》 120, 2011; 신소연, 〈역사교육과정의 개정과 계열성 적용의 난맥〉, 《歷史教育》 124, 2012.

5 양호환, 〈역사교육이론 적용의 공과〉.

6 2009 개정 역사교육과정에서는 2007 개정 교육과정 8학년 《역사》 교과서의 내용 중 사회사, 그리고 문화사 가운데 사상사를 분리하여 10학년 〈한국사〉에 포함시켰다. 그러나 정치와 대외교류에 관한 내용 요소는 8학년 《역사》와 큰 차이가 없으며, 사회사 역시 2007 개정 교육과정 8학년 《역사》의 내용을 이전 서술한 것에 불과했다(신소연, 〈내용 요소 분석을 통해 본 역사 교육과정 개정의 계열성: 2007, 2009, 2015 개정 교육과정 사례를 중심으로〉, 《전북사학》 51, 2017).

7 김철, 〈국사교육과정의 계열성〉, 《사회과교육》 7, 1974. 이는 김철이 당시 국사의 필수과목화와 관련해 중·고등학교에서 동일 내용을 반복한다는 비판을 고려한 대책으로 제안한 것이었다. 계열성이라는 용어를 쓰지는 않았지만 이미 1971년 전국역사학대회에서 변태섭(〈國史教育의 問題와 方向〉, 《歷史教育》 14, 1971, p.161)은 국사의 반복학습의 문제점을 지적하면서 "**가령** 중학교에서는 정치사, 고등학교에서는 문화사 내지는 사회경제사 중심으로 개편한다던가, 어떤 시정이

있어야 하겠습니다"(강조 – 필자)라고 하면서 분야사별 차별화를 제안한 바 있다.

8 정선영, 〈사회과 역사내용의 계열성연구〉,《사회과교육》20, 1987, pp.173-176.

9 정선영(〈사회과 역사내용의 계열성연구〉, pp.164-165)은 내용의 계열성은 흔히 학생의 (인지)발달단계의 특징과 관련된 것으로 간주된다고 하면서 계열성의 인지적 기초를 설명하고 있다. 그러면서 그는 발달단계나 지역확대법의 원리가 지닌 한계점을 극복하기 위한 대안으로 나선형 교육과정에서 내세우는 계열성의 원리에 주목해야 한다고 지적한다. 학생들이 배워야 할 교육내용은 "그 종류에 있어서 동일"한 것이며 다만 발달단계에 따라 그 내용을 제시하는 수준이 다를 뿐이라는 것이다. 나아가 그는 역사학습의 주요 개념들을 '학년, 학교급별로 단계적으로가 아니라 초등학교 1학년부터 동시에, 그리고 누적적인 과정으로 발달시켜야 한다'고 주장한다(pp.172-173). 그러나 그가 제안하는 분류사 위주의 학교급별 계열화 방안은 주로 인지발달단계를 근거로 한 것으로 이러한 주장과는 거리가 있다.

10 계열화는 학교급별 교과목 편제를 위한 준거로 활용될 수도 있고 실제로 그 가능성을 제기한 경우도 있다. 한국사와 세계사를 통합한다는 것도 중학교와 고등학교의 학습내용을 차별화하는 방편으로서의 측면이 있다. 예를 들어 일부 논자는 세계사교육과정 개편에서 중학교가 세계사 교육의 중심이 되어야 한다고 주장하면서 그 이유로 중학교까지가 의무교육의 연한이라는 점을 들고 있는데, 이는 계열성의 문제와 전혀 상관이 없다. 한국사와 세계사의 통합 또는 연계의 시도는 필요성과 적절성에 상관없이 표류하고 있다. 최근 2018 개정 중학교 역사에서 다시 한국사와 세계사를 분리한 것은 그 예이다. 또한 최근 역사교육과정에서의 가장 큰 변화라 할 수 있는 고등학교에서 동아시아사의 도입도 당시 주변국과의 역사 갈등과 왜곡에 대한 정부 정책의 산물이지 역사학습내용의 학교급별 차별화를 위한 것은 아니었다(지모선, 〈동아시아사 과목의 신설과 교육과정 개발〉,《歷史敎育》 128, 2013).

11 이병희, 〈중·고등학교 국사교육내용의 계열화〉,《歷史敎育》76, 2000.

12 W. H. Burston, *Principles of History Teaching*, Methuen Educational Ltd., 1972c.

13 P. J. Lee, "History Teaching and Philosophy of History", *History and Theory*, vol. 22, no. 4, 1983, pp.20-21.

14 강선주, 〈역사교육의 내용 선정과 조직 연구의 현황과 문제〉 외에 최근 버스톤을

인용한 논문으로는 김창성, 〈역사학과 역사교육—W. H. Burston의 관점으로 다시 보기〉, 《역사와 역사교육》 19, 2009; 문경호, 〈발전선 학습의 이론적 토대와 가능성〉, 《歷史敎育》 131, 2014; 문경호, 〈발전선에 기반한 역사수업 계열화의 이론과 실제〉, 《역사와 역사교육》 35, 2017이 있다. 김창성과 문경호는 특히 버스톤이 언급한 Line of Development를 '발전계열' 대신 '발전선'으로 번역해야 한다고 하면서 이것을 활용한 학습 방안에 주목하고 있다.

15 Burston, *Principles of History Teaching*, pp.118-186.

16 Burston, *Principles of History Teaching*, pp.153-166.

17 G. Partington, *The Ideas of an Historical Education*, NFER Publishing Company Ltd., 1980, pp.140-152.

18 Burston, "Syllabus in the Secondary School"; 이 부분에 관한 버스톤의 견해는 강선주, 〈역사교육의 내용 선정과 조직 연구의 현황과 문제〉, pp.82-85에 요약· 소개되어 있다.

19 김한종, 〈국사교육 계열화의 원리와 방안〉, 전국역사교사모임 6월 월례강좌, 2000. 이 글은 〈국사교육의 내용구성 원리〉라는 제목으로 김한종, 《역사교육과정과 교과서 연구》, 선인, 2006, pp.133-165에 재수록되었으며, 해당 내용에서 큰 차이는 없다.

20 김한종, 〈국사교육 계열화의 원리와 방안〉, p.6.

21 방지원, 〈역사교육 계열화의 개념과 원리〉, 《역사교육연구》 3, 2006, p.16.

22 이에 관해 강선주(〈역사교육의 내용 선정과 조직 연구의 현황과 문제〉, p.82)는 김한종이나 방지원을 직접 인용하고 있지는 않지만, 논리적 방법의 어려움을 언급하는 부분에서는 김한종, 《역사교육과정과 교과서 연구》, pp.156-157을 인용하고 있다. 보다 정확히 말하면 김한종은 논리주의적 방법이 심리주의적 방법의 계열화보다 더 어렵다고 한 것은 아니다. 이와 관련해서는 주 43 참조.

23 Burston, "Syllabus in the Secondary School", p.60.

24 W. H. Burston, "The Place of History in Education", *Handbook for History Teachers*, edited by W. H. Burston and C. W. Green, Methuen Educational Ltd., 1972b, pp.7-15.

25 Burston, "Syllabus in the Secondary School", p.66.

26 그렇다고 버스톤이 특정한 단기간의 학습만을 중시한 것은 아니다. 단기간에 관

한 학습을 수평적(horizontal) 관점이라고 한다면 이것은 보다 긴 시기나 시대를 다루는 수직적(vertical) 관점으로 조화 혹은 보완될 수 있다고 본다. 단, 수평적 접근 이후에 수직적 접근을 시도하는 것이 적절하다. Burston, "The Place of History in Education", p.12.

27 Burston, "Syllabus in the Secondary School", p.60.

28 버스톤은 교과의 구조와 논리적 구조를 명확하게 구별하고 있지 않다. 그는 "교과의 구조를 논리적 구조라 부를 수 있으며 이것은 교과의 성격으로부터 도출된 학습의 순서"(Burston, "Syllabus in the Secondary School", p.60)라고 언급한다. 《핸드북》에서는 교과의 구조에 논리적 구조 외에 심리적 구조가 있다고 한 반면, 그의 다른 저서인 《역사 교수의 원리(Principles in History Teaching)》에서는 교수요목을 구성할 때 고려해야 할 두 가지 결정적인 요소(desiderata)로 ① 교과의 구조, ② 학생의 지적 성숙도를 들었다(Burston, *Principles of History Teaching*, pp.118-119). 학생의 지적 성숙도가 심리적 구조에 해당한다고 보면, 교과의 구조에 포함된 것이 아니다. 《원리》의 초판은 1963년, 재판은 1972년에 발행되었다. 1971년에 작성한 《원리》의 재판 발행 서언에서 버스톤은 2장과 별도의 부록을 추가하고 그 외의 부분에서 수정과 보완이 있었다고 밝혔던 반면, 1962년에 초판이 발행된 《핸드북》은 재판 발행(1972) 때 완전히(entirely) 재서술하거나 수정했다고 밝힌 것을 볼 때, 《핸드북》에 포함된 그의 견해가 보다 최근의 것이라고 추정할 수 있다. 하지만 구조에 관한 개념과 심리적 구조와 논리적 구조에 관한 개념상의 구분, 그의 생각의 변화를 별도로 밝히고 있지는 않다.

29 Burston, *Principles of History Teaching*, p.186.

30 Burston, *Principles of History Teaching*, p.120.

31 강선주, 〈역사교육의 내용 선정과 조직 연구의 현황과 문제〉, p.82; 김한종, 《역사교육과정과 교과서 연구》, p.154.

32 S. Wineburg, *Historical Thinking and Other Unnatural Acts*, Temple University Press, 2001.

33 1차 지식 혹은 실질 지식(Substantive Knowledge)이라는 것은 역사적 사건, 테마, 개념과 연대기에 관한 지식을 포함한다. 흔히 우리 학계에서 내용 지식(Content Knowledge)이라고 지칭되는 것이다. 2차 개념(Second-order Concept), 혹은 메타역사 개념과 구분하여 논의하는 경우가 많다.

34 Carla van Boxtel and Jannet van Drie, "Historical Reasoning: Concep-
    tualizations and Educational Applications", *The Wiley International
    Handbook of History Teaching and Learning*, edited by Scott Alan Metzger
    and Lauren McArthur Harris, Wiley-Blackwell, 2018.

35 윤종배·방지원·정미란, 〈계열성을 통해 본 초·중·고 역사교육〉, 《역사와 교육》
    11, 2015, pp.185-211.

36 이러한 경향에서 전국역사교사모임이 실시한 초·중·고등학생 역사 이해 조사
    는 주목할 만한 연구라 할 수 있다. 역사의식은 인지발달 문제와 관련이 있으므로
    초·중·고 역사교육의 내용 구성 계열화 논의의 준거가 될 수 있다는 취지에서 전
    국 86개 학교 5,638명의 학생을 대상으로 실시한 설문조사 연구였다. 역사교육연
    구소, 〈초·중·고등학생들의 역사교육 이해 조사 결과〉, 《역사와 교육》 4, 2011,
    pp.24-57.

37 역사교육연구소, 〈초·중·고등학생들의 역사교육 이해 조사 결과〉.

38 역사교육연구소, 《역사의식조사, 역사교육의 미래를 묻다》, 휴머니스트, 2020.

39 이해영, 〈중고등학생들은 역사를 어떻게 수용하는가?〉, 《역사의식조사, 역사교육
    의 미래를 묻다》, pp.73-74.

40 이해영, 〈중고등학생들은 역사를 어떻게 수용하는가?〉, p.84.

41 양호환, 〈역사학습에서 인지발달에 관한 몇 가지 문제〉, 《歷史敎育》 58, 1995.

42 D. Elkind, *Child Development and Education: A Piagetian Perspective*,
    Oxford University Press, 1976, p.196.

43 엘킨드가 말하는 나머지 한 가지는 개인 커리큘럼(개인차)으로, 학생의 재능, 능
    력, 취향의 차이이다.

44 김한종, 《역사교육과정과 교과서 연구》.

45 김한종, 《역사교육과정과 교과서 연구》, p.157. 이것이 과연 수학이나 자연과학에
    서의 논리적 절차를 역사학습에 제대로 적용한 것일까? 위에서 제시한 인식의 절
    차가 수학에서 '덧셈 → 곱셈 → 교환·결합법칙 → 배분법칙 → 인수분해 → 방정
    식'이라는 순서로 이루어지는 논리적 절차와 동일한 것인가?

46 김한종, 《역사교육과정과 교과서 연구》, pp.157-158.

47 대표적인 사례는 김한종·송상헌, 〈중·고등학교 국사교육목표의 설정 방안〉, 《歷
    史敎育》 63, 1997 참조.

48 R. Case, "Putting Bloom's Taxonomy to Rest", *Social Studies Today*, edited by Walter C. Parker, Routledge, 2015, pp.73-82; Lee S. Shulman, "Making Differences: A Table of Learning", *Change: The Magazine of Higher Learning*, vol. 34, no. 6, 2002, pp.36-44; David R. Krathwohl, "A Revision of Bloom's Taxonomy: An Overview", *Theory into Practice*, vol. 41, no. 4, 2002, pp.212-218; S. Wineburg, *Why Learn History (When It's Already on Your Phone)*, The University of Chicago Press, 2018, pp.81-92 참고.

49 Case, "Putting Bloom's Taxonomy to Rest", pp.73-82.

50 assessment와 evaluation은 모두 평가로 번역된다. 이 글에서는 양자를 구별하기 위해 evaluation은 평가(E)로 쓰기로 한다.

51 Case, "Putting Bloom's Taxonomy to Rest", pp.77-78.

52 카운셀은 이것을 실질 개념의 근접적 역할과 궁극적 역할로 나누어 설명한다. C. Counsell, "The Fertility of Substantive Knowledge: In Search of Its Hidden, Generative Power", *Debates in History Teaching*, 2nd edition, edited by Ian Davies, Routledge, 2017, pp.92-93.

53 Counsell, "The Fertility of Substantive Knowledge", pp.92-93.

54 양호환·천세빈, 〈역사 텍스트 독해에서 맥락화 교수학습의 문제〉, 《歷史教育》 146, 2018.

55 S. Lévesque and P. Clark, "Historical Thinking: Definitions and Educational Applications", *The Wiley International Handbook of History Teaching and Learning*, edited by Scott Alan Metzger and Lauren McArthur Harris, Wiley-Blackwell, 2018, p.123.

56 이홍우, 《지식의 구조와 교과》, 교육과학사, 1979, pp.72-73.

57 J. S. 브루너, 이홍우 옮김, 《교육의 과정》, 배영사, 1973, pp.59-60.

58 P. J. Lee, "Understanding History", *Theorizing Historical Consciousness*, edited by Peter Seixas, University of Toronto Press, 2004, p.138.

59 Lee, "Understanding History", pp.143-154.

60 J. S. 브루너, 《교육의 과정》, p.69.

61 S. Lévesque, *Thinking Historically: Educating Students for the Twenty-First Century*, University of Toronto Press, 2008, pp.56-60.

62 Lévesque, *Thinking Historically*, p.60.

63 Lévesque, *Thinking Historically*, p.61.

64 William H. Sewell Jr., *Logics of History*, University of Chicago Press, 2005, pp.182-183.

65 이것은 과거의 일정한 기간을 심화 학습하는 수평적 접근이 보다 긴 시기를 다루는 수직적 접근보다 우선해야 한다는 버스톤의 주장과 유사하다. 주 12 참조.

66 이 주제에 관해서는 D. Shemilt, ""Drinking an Ocean and Pissing a Cupful": How Adolescents Make Sense of History", *National History Standards: The Problem of the Canon and the Future of Teaching History*, edited by L. Symcox and A. Wilshut, Information Age Publishing, 2009를 참고하라.

67 최근 교사가 주도적으로 교육과정을 '구성'해야 한다는 주장이 등장하고 있는 것은 고무적인 현상이다. 다음의 논문 참고. 방지원, 〈교사가 '구성'하는 역사교육과정, 그 오랜 고민에서 찾는 쟁점과 전망〉,《역사와 교육》 19, 2020, pp.24-56; 윤종배, 〈역사교사가 구성하는 교육과정을 향하여〉,《역사와 교육》 19, 2020, pp.57-76; 손석영, 〈'교사' 없는 '역사교육'을 넘어—역사교육연구소 '역사 교사, 교육과정을 디자인하다' 프로젝트의 시작을 위하여〉,《역사와 교육》 19, 2020, pp.77-100; 손석영, 〈새 역사과 국가교육과정 구성 방향 모색을 위한 비판적 성찰〉,《歷史教育》 157, 2021, pp.113-154.

68 실제로 계열성은 교사의 수업 구성에 관한 것이었지만 우리나라에서는 교육과정의 조직 원리가 되었다.

2부 역사 텍스트 독해와 역사개념의 이해

1장 역사 텍스트 독해를 둘러싼 연구동향과 쟁점

1 이 글은 Ho Hwan Yang, "Trends and Issues Surrounding the Reading of Historical Texts in the Republic of Korea", *Palgrave Handbook of Research in Historical Culture and Education*, edited by M. Carretero et al., Palgrave Macmillan, 2017, pp.637-655를 우리말로 옮긴 것이다. 원문은 외국의 독자들에

게 최근 우리나라에서 큰 논란이 되었던 역사 교과서 국정화 논쟁을 소개하고, 이를 바탕으로 단일한 역사 해석에 비판적 입장을 견지한 한국 역사교육계의 노력을 특히 역사 텍스트 읽기와 관련하여 정리했다. 원문과 번역문의 작성 시기에 차이가 있어 현재 시점에 맞게 번역을 일부 조정했다.

2　2015년 11월 3일 교육부는 중등 역사 교과서의 국정화 결정을 고시했다. 2017년 5월 새롭게 문재인 정부가 들어서면서 대통령의 첫 교육 분야 업무 지시로 국정교과서 폐지가 결정되었다. 이에 따라 2018년부터 적용될 예정이었던 국·검인정 혼용체제는 다시 검인정제로 복귀했다─역주.

3　2002년에 시행된 제7차 교육과정 하에서 고등학교 선택과목으로 지정된 〈한국근·현대사〉와 〈세계사〉가 검정 교과서로 발행되고, 2010년부터 2009 개정 교육과정이 적용됨에 따라 중·고등학교의 역사 관련 전 과목이 검정 교과서로 변경된 것을 가리킨다─역주.

4　해방 이후 한국의 정치적 변화와 역사교육 정책에 대한 개략적인 윤곽은 원문의 pp.638-640 참조. 우리나라 독자들에게는 이 부분이 익숙한 내용으로 판단되어 번역을 생략했다─역주.

5　전국역사교사모임, 〈21세기를 여는 현장의 역사교육: 전국역사교사모임 10주년 기념 좌담회〉, 《歷史教育》 41, 1998.

6　양호환, 〈歷史教科書의 敍述樣式과 學生의 歷史理解〉, 《歷史教育》 59, 1996; S. Wineburg, "On the Reading of Historical Texts: Notes on the Breach Between School and Academy", *American Educational Research Journal*, vol. 28, 1991; R. Barthes, "Historical Discourse", *Introduction to Structuralism*, edited by M. Lane, Basic Books, 1970.

7　Barthes, "Historical Discourse", pp.148-149.

8　Barthes, "Historical Discourse", p.149.

9　A. Crismore, "The Rhetoric of Textbooks: Metadiscourse", *Journal of Curriculum Studies*, vol. 16, 1984.

10　W. Gibson, "Author, Speakers, Readers, and Mock Readers", *College English*, vol. 11, 1950 (S. Wineburg, "On the Reading of Historical Texts: Notes on the Breach Between School and Academy"에서 재인용).

11　S. Thornton, "Teacher as Curricular-instructional Gatekeeper in Social

Studies", *Handbook of Research on Social Studies Teaching and Learning*, edited by J. Shaver, Macmillan, 1991.

12 S. Wineburg, "The Psychology of Learning and Teaching History", *Handbook of Educational Psychology*, edited by D. C. Berliner and R. C. Calfe, Macmillan, 1996.

13 T. R. Tholfsen, *Historical Thinking: An Introduction*, Harper and Row, 1967.

14 강우철, 〈歷史教育과 歷史意識〉, 《歷史敎育》 24, 1978.

15 S. Wineburg, D. Martin and C. Monte-Sano, *Reading Like a Historian*, Teachers College Press, 2012.

16 National Center for History in Schools, *National Standards for United States History*, UCLA, 1994.

17 최상훈, 〈역사적 사고력의 하위범주와 역사학습목표의 설정방안〉, 《歷史敎育》 73, 2000.

18 P. Lee, "Introduction", *Contemporary Public Debates Over History Education*, edited by E. Nakou and I. Barca, Information Age Publishing, 2010, p.xiii.

19 R. Ashby and C. Edwards, "Challenges Facing the Disciplinary Tradition: Reflection on the History Curriculum in England", *Contemporary Public Debates Over History Education*, edited by E. Nakou and I. Barca, Information Age Publishing, 2010.

20 양호환, 〈역사적 사고의 한계와 역사화의 가능성〉, 《歷史敎育》 87, 2003.

21 J. W. Scott, "History in Crisis: the Others' Side of the Story", *The American Historical Review*, vol. 94, no. 3, 1989.

22 A. Segall, "What's the Purpose of Teaching a Discipline, Anyway? The Case of History", *Social Studies: The Next Generation*, edited by A. Segall, E. E. Heilman, and C. H. Cherryholmes, Peter Lang, 2006, pp.138-139.

23 Lee, "Introduction", p.30.

24 Barthes, "Historical Discourse", p.154.

25 이영효, 〈포스트모던 역사인식과 역사학습〉, 《歷史敎育》 74, 2000.

26 A. Segall, "Critical History: Implication for History/Social Studies Education",

Theory and Research in Social Education, vol. 27, no. 3, 1999, p.368.

27 김한종·이영효, 〈비판적 역사 읽기와 역사 쓰기〉, 《歷史敎育》81, 2002.

28 최상훈, 〈고등학생의 사료이해 양상〉, 《역사교육연구》3, 2006.

29 강선주, 〈고등학생과 역사가의 역사 텍스트 독해 양상과 텍스트 독해 교수학습 전략〉, 《歷史敎育》125, 2013.

30 김한종, 〈사료내용의 전달방식에 따른 고등학생의 역사이해〉, 《歷史敎育》125, 2013, p.210.

31 김한종, 〈사료내용의 전달방식에 따른 고등학생의 역사이해〉.

32 남정우, 〈비판적 역사교과서 읽기를 위한 수업모형 개발〉, 《역사교육연구》11, 2010.

33 양치구, 〈역사교육에서 비판적 읽기 및 글쓰기 학습 모형 개발—독도교육 사례를 중심으로〉, 《역사교육논집》52, 2014.

34 Wineburg, Martin and Monte-Sano, *Reading Like a Historian*.

35 역사교육연구소 역사수업연구분과, 〈역사가처럼 읽고 생각하는 3·1운동 수업〉, 《역사와 교육》9, 2014, pp.32-77.

36 역사교육연구소 역사수업연구분과, 〈역사가처럼 읽고 생각하는 3·1운동 수업〉.

37 박주현, 〈역사학습과 역사에 대한 관점 형성〉, 《역사와 교육》9, 2014.

38 김한종·이영효, 〈비판적 역사 읽기와 역사 쓰기〉.

39 양치구, 〈역사교육에서 비판적 읽기 및 글쓰기 학습 모형 개발〉.

40 B. Ziemann and M. Dobson, "Introduction", *Reading Primary Source*, edited by M. Dobson, and B. Ziemann, Routledge, 2009, p.13.

41 G. M. Spiegel, *The Past as Text*, The Johns Hopkins University Press, 1997, p.xix.

42 Q. Skinner, *Visions of Politics*, vol. 1, Cambridge University Press, 2002, p.113.

43 Ziemann and Dobson, "Introduction", p.6.

44 Skinner, *Visions of Politics*, vol. 1, p.102.

45 M. R. Trouillot, *Silencing the Past: Power and the Production of History*, Beacon Press, 1995.

1　C. Monte-Sano and A. Reisman, "Studying Historical Understanding" *Handbook of Educational Psychology*, 3rd edition, edited by L. Corno and E. Anderman, Routledge, 2016, p.281.

2　양호환 편,《한국 역사교육의 연구동향》, 책과함께, 2011, pp.272-281.

3　양호환, 박지원 옮김,〈역사 텍스트 독해를 둘러싼 동향과 쟁점〉,《歷史敎育》142, 2017.

4　역사 텍스트에는 많은 유형이 있지만, 이 글에서는 주로 과거에 쓰인 문자로 된 기록을 지칭한다. 문해력 역시 문자 텍스트를 비판적으로 읽고 쓰는 능력을 가리킨다.

5　와인버그는 그의 박사학위 논문에서 텍스트 독해의 발견법적 전략(heuristic) 으로 부재 증거의 고려(consideration of absent evidence)를 포함했지만(S. Wineburg, *Historical Problem Solving: A Study of the Cognitive Process Used in the Education of Documentary Evidence*, Ph.D. Dissertation, Stanford University, 1990, pp.145-160) 학위 논문을 수정하여 발표한 글에서 이것이 그가 채택한 '질적 확률(qualitative probability)' 기준에 따른 결정 규칙(decision rule)에 충족하지 못한다고 밝히고 제외했다. S. Wineburg, "Historical Problem Solving: A Study of the Cognitive Processes Used in the Evaluation of Documentary and Pictorial Evidence", *Journal of Educational Psychology*, vol. 83, no. 1, 1991, pp.73-87.

6　M. Dobson and B. Ziemann, editors, *Reading Primary Sources*, Routledge, 2009, p.13.

7　이 글에서 '콘텍스트'와 '맥락'을 혼용하고 있다. 주로 역사이론과 관련하여 언급되는 경우 텍스트와의 관계를 분명히 드러내고자 '콘텍스트'를 썼고, 그 외에는 모두 '맥락'이라고 했다.

8　이러한 분류는 텍스트-콘텍스트의 관계에 관한 모든 설명을 아우른다거나 각 다이어그램이 서로 완전히 독립적인 주장을 반영한다는 가정을 담고 있지 않다. 다이어그램들을 제시한 이유는 이 글에서 맥락에 대한 접근을 더 분명히 하기 위해서다. 따라서 각 입장에서 인용된 사람들이 반드시 (1)~(5)로 나뉜다기보다 그들

의 주장 중 어떤 부분이 이러한 분류의 예시가 된다는 것으로 이해할 수 있다.

9 David Harlan, "Intellectual History and the Return of Literature", *The American Historical Review*, vol. 94, no. 3, 1989, p.594.

10 Martin Jay, "Historical Explanation and the Event: Reflections on the Limits of Contextualization", *New Literary History*, vol. 42, no. 4, 2011, p.559.

11 롤랑 바르트, 김희영 옮김, 〈저자의 죽음〉, 《텍스트의 즐거움》, 동문선, 1997(원문 1968).

12 미셸 푸코, 김현 옮김, 〈저자란 무엇인가?〉, 김현 편, 《미셸 푸코의 문학 비평》, 문학과지성사, 1999(원문 1969).

13 퀜틴 스키너, 황정아·김용수 옮김, 《역사를 읽는 방법》, 돌베개, 2006(원서 출판 2002).

14 스키너는 오스틴(J. L. Austin)의 화행이론(speech-act theory)을 활용하여 '발화 수반 행위'를 설명했다. 특히 유명한 예는 스키너가 스트로손(P. E. Strawson)에 게서 빌려온, 경찰과 스케이터의 에피소드이다. 경찰관이 연못에서 스케이트 타는 사람을 보고 '그쪽의 얼음은 매우 얇습니다'라고 말한다. 이 에피소드를 이해하려 면 분명히 단어들의 의미를 알아야 하지만, 또한 경찰관이 자신이 말한 바를 말하 면서 무엇을 행하고 있었는지도 알 필요가 있다. 가령 경찰관은 그에게 경고하고 있었을 수 있다. 이 경우 발언은 경고의 (발화 수반) 효력을 가진 것이라 볼 수 있 다(《역사를 읽는 방법》, p.171).

15 퀜틴 스키너, 《역사를 읽는 방법》, p.193.

16 B. Mitrović, "Historical Understanding and Historical Interpretation as Contextualization", *History and Theory*, vol. 54, no. 3, 2015, pp.323-324, 329.

17 양호환, 〈역사 텍스트 독해를 둘러싼 동향과 쟁점〉, p.279.

18 R. F. Berkhofer, Jr., *Beyond the Great Story: History as Text and Discourse*, Harvard University Press, 1995, p.31. 버크호퍼는 이를 "규범적인 역사의 관행 (normal historical practice)"으로 지칭한다.

19 W. Sewell, Jr., *The Logics of History: Social Theory and Social Transformation*, University of Chicago Press, 2005, p.10.

20 Mitrović, "Historical Understanding and Historical Interpretation as

Contextualization", p.311.

21 B. A. VanSledright, "From Empathic Regard to Self-Understanding: Im/
    Positionality, Empathy, and Historical Contextualization", *Historical Empathy
    and Perspective Taking in Social Studies*, edited by O. L. Davis, E. A. Yeager
    and S. J. Foster, Rowman and Littlefield, 2001, pp.57-59.

22 S. Wineburg, "Historical Problem Solving"; S. Wineburg, "Reading Abraham
    Lincoln: An Expert/Expert Study in the Interpretation of Historical Texts",
    Cognitive Science, vol. 22, no. 3, 1998, pp.319-346.

23 C. van Boxtel and J. van Drie, "Historical Reasoning: A Comparison of How
    Experts and Novices Contextualise Historical Sources", *International Journal
    of Historical Learning, Teaching and Research*, vol. 4, no. 2, 2004, pp.89-
    97.

24 강선주, 〈고등학생과 역사가의 역사 텍스트 독해 양상과 텍스트 독해 교수학습 전
    략〉, 《歷史教育》 125, 2013, pp.129-182.

25 퀜틴 스키너, 《역사를 읽는 방법》. 스키너에 대한 비판의 여러 논지들은 E. A.
    Clark, "Texts and Contexts", *History, Theory, Text: Historians and the
    Linguistic Turn*, Harvard University Press, 2004, pp.138-145를 참조할 것.

26 가설적 추론의 논리는 법칙을 받아들이고 결과를 관찰하여 새로운 사례를 추측하
    는 것으로 다음의 삼단논법이 대표적인 예이다. (1) 법칙: 이 가방에서 나온 콩들
    은 모두 하얗다. (2) 결과: 이 콩들은 하얗다. (3) 사례: 따라서 이 콩들은 이 가방
    에서 나왔다. 가설적 추론은 우리가 직접 관찰한 것과 다른 종류의 무엇, 그리고
    우리가 직접 관찰할 수 없는 것을 추정하는 것이다. 이러한 관찰은 역사적인 궁리
    에 중요하다. 역사적인 궁리의 대상은 과거, 즉 우리가 직접 관찰할 수 없는 것이
    기 때문이다.

27 T. Shōgimen, "On the Elusiveness of Context", *History and Theory*, vol. 55,
    no. 2, 2016.

28 가설적 추론은 역사교육에서는 '인증적 사고(引證的 思考)'에 관한 논의와 관련
    된다. 이 용어는 피셔(Fischer)가 말한 '인응적 사고(Adductive Thinking)'을 번
    역한 것이며, 가설적 추론과 귀납적 추론을 조합한 것이라고 설명되었다(송상헌,
    〈역사적 사고〉, 양호환 외 4인, 《역사교육의 이론》, 책과함께, 2008). 그런데 피셔

의 설명을 옮기면 다음과 같다. "내가 말하는 인증(adduction)은 찰스 샌더스 퍼스가 가설적 추론(abduction)이라는 것으로 의도했다고 보이는 것을 뜻하지 않는다. (…) 퍼스가 가설적 추론과 귀납적 추론이라고 말한 과정들은 내가 인증이라고 하는 것에 혼합되어(combined) 있다 — 사실상 나는 그 두 가지가 역사적 사고에 불가분 결합(join)하여 있다고 믿는다(D. H. Fischer, *Historians' Fallacies: Toward a Logic of Historical Thought*, Harper and Row, 1970, p.xvi)." 엄밀히 말해 피셔는 인증적 사고를 가설적 추론과 귀납적 추론의 조합 그 자체로 정의했다기보다는, 인증적 사고에 두 가지 추론의 방식은 이미 들어 있는 것이라 보았다. 그리고 인증적 사고란 "특정한 질문에 답을 끌어와 충분한 '적합(fit)'을 획득하는 것(Fischer, *Historians' Fallacies: Toward a Logic of Historical Thought*, p. 212)"이다. 피셔의 인증적 사고에 관해 부스(Booth)는 다음과 같이 썼다. "역사가는 우리가 상실한 세계에 관해 가장 신뢰할 만한 설명을 그의 단어로 재창조하려는 목적이 있다. 그러한 사고를 피셔는 인증적이라 하였다. 그 용어는 (…) 어떤 공통적인 중심에 관련된 사건들을 함께 끌어온다는 것을 강조하는 점에서 만족스럽다(M. B. Booth, "Skills, Concepts, and Attitudes: The Development of Adolescent Children's Historical Thinking", *History and Theory*, vol. 22, no. 4, 1983, p.106)." 이렇게 볼 때 인증적 사고는 '(증거를) 끌어온다'는 뜻을 가진 'adduce' 자체로 이해하는 편이 더 정확할 것이다.

29 T. Givón, *Context as Other Minds*, John Benjamins, 2005, Shōgimen, "On the Elusiveness of Context", pp.241-242에서 재인용.

30 스키너의 방법은 과거의 텍스트를 연구하는 하나의 방식일 뿐, 가설은 이론적 가정에 따라 달리 형성될 수 있다. 스키너의 경우 오스틴의 화행이론이 발화 수반 행위라는 견지에서 저자의 의도에 대해 가설을 형성한 것이다(Shōgimen, "On the Elusiveness of Context", p.246).

31 Shōgimen, "On the Elusiveness of Context", p.234.

32 C. R. Hynd, "Teaching Students to Think Critically Using Multiple Texts in History", *Journal of Adolescent and Adult Literacy*, vol. 42, no. 6, 1999, pp.428-436; 김한종, 〈사료내용의 전달방식에 따른 고등학생의 역사이해〉, 《歷史教育》125, 2013, pp.183-226.

33 L. Maggioni, B. A. VanSledright and P. A. Alexander, "Walking on the

Borders: A Measure of Epistemic Cognition in History", *The Journal of Experimental Education*, vol. 77, no. 3, 2009, pp.187-214.

34 P. Burke, "Context in Context", *Common Knowledge*, vol. 8, no. 1, 2002, pp.152-171.

35 P. Rogers, "The Past as a Frame of Reference", *The History Curriculum for Teachers*, edited by C. Portal, Falmer, 1987, p.8.

36 송상헌, 〈역사교육에 있어서 역사적 맥락을 통한 '이해'의 문제〉, 양호환 외, 《歷史教育의 理論과 方法》, 三知院, 1997.

37 송상헌, 〈역사교육에 있어서 역사적 맥락을 통한 '이해'의 문제〉, p.256.

38 다음 논저들을 예로 들 수 있다. Jannet Van Drie and Carla Van Boxtel, "Historical Reasoning: Towards a Framework for Analyzing Students' Reasoning about the Past", *Educational Psychology Review*, vol. 20, no. 2, 2008; P. Seixas and T. Morton, *The Big Six Historical Thinking Concepts*, Nelson Canada, 2012.

39 Wineburg, "Historical Problem Solving".

40 양호환, 〈역사 텍스트 독해를 둘러싼 동향과 쟁점〉, p.278.

41 김한종·이영효, 〈비판적 역사 읽기와 역사 쓰기〉, 《歷史教育》 81, 2002.

42 R. Ashby and P. J. Lee, "Children's Concepts of Empathy and Understanding", *The History Curriculum for Teachers*, edited by C. Portal, Falmer, 1987; T. Hujigen, C. van Boxtel, W. van de Grift and P. Holthuis, "Toward Historical Perspective Taking: Students' Reasoning When Contextualizing the Actions of People in the Past", *Theory and Research in Social Education*, vol. 45, no. 1, 2017.

43 S. Wineburg, "The Psychological Study of Historical Consciousness", *Narration, Identity, and Historical Consciousness*, edited by J. Straub, Berghan Books, 2005, p.207.

44 강선주, 〈고등학생과 역사가의 역사 텍스트 독해 양상과 텍스트 독해 교수학습 전략〉, pp.168-173.

45 B. A. VanSledright, "What Does It Mean to Think Historically … and How Do You Teach It?", *Social Education*, vol. 68, no. 3, pp.230-231. 반슬레드라이트

가 제시한 사료 작업이 요구하는 네 가지 인지 활동은 과거의 텍스트를 맥락화하며 읽는 학습에서 서로 밀접하게 연관되어 나타난다. 하지만 이 글에서 중시하는 맥락화 학습에서 신뢰도의 확립이 주요한 목표는 아니라는 점을 언급할 필요가 있다. 맥락지식이 사료의 신뢰성을 평가하는 활동에 방점을 두고 이용되면, '이러한 단어들이 사료가 생산된 시기의 저자와 독자에게 무엇을 의미했을까?'라는 질문에 대해 학생들은 그 의미를 시간과 공간에 대해 변함없는 것으로 가정하곤 한다(D. Shemilt, "Adolescent Ideas about Evidence and Methodology in History", *The History Curriculum for Teachers*, edited by C. Portal, Falmer, 1987). 다시 말해, 텍스트가 믿을 만한가에 초점을 두게 되면 텍스트에서 말하는 바의 의미를 찾는 것은 부수적인 일이 된다. 또한 신뢰도 평가에 집중하면 저자의 편향 혹은 성향이 곧 왜곡이라는 믿음에 따라 사료 자체를 기각하려 할 수 있다. 이렇게 되면 편향이 있는 사료가 어떤 측면에서는 유용할 수 있다는 점을 놓치게 된다(Paula Worth, "Evidential Thinking: Language as Liberator and Gaoler", *MasterClass in History Education*, edited by C. Counsell, K. Burn and A. Chapman, Bloomsbury Academic, 2016).

46 S. Wineburg, D. Martin and C. Monte-Sano, *Reading Like a Historian*, Teacher's College Press, 2011, pp.32-39.

47 논지를 간명하게 보여주기 위해 한 가지 텍스트만을 놓고 든 거친 예이다. 이러한 예시는 물론 어떤 현상을 이해하기 위해 어떤 글에서 저자의 의도를 파악하는 것이 유의미한 경우에 학습으로서 의미가 있을 것이다.

48 Wineburg, "Reading Abraham Lincoln", p.325.

49 E. B. Moje, "Foregrounding the Disciplines in Secondary Literacy Teaching and Learning: A Call for Change", *Journal of Adolescent and Adult Literacy*, vol. 52, no. 2, 2008, pp.101-102.

50 B. A. VanSledright, *The Challenge of Rethinking History Education*, Routledge, 2011, p.165.

51 K. M. Young and G. Leinhardt, "Writing from Primary Documents: A Way of Knowing in History", *Written Communication*, vol. 15, 1998, pp.25-68.

52 J. D. Nokes, "Recognizing and Addressing the Barriers to Adolescents' 'Reading like Historians'", *History Teacher*, vol. 44, no. 3, 2011, pp.383-384.

53 E. Pickles, "English Students' Inferences About Motives from Historical Sources—How Far Do They Draw on Historical Knowledge?" *Joined-up History: New Directions in History Education Research*, edited by A. Chapman and A. Wilschut, Information Age Publishing, 2015, pp.351-370.

54 J. Nokes, J. Dole and D. Hacker, "Teaching High School Students to Use Heuristics While Reading Historical Texts", *Journal of Educational Psychology*, vol. 99, no. 3, 2007. 녹스와 그의 동료들이 독해 전략의 이용을 평가하기 위해 사전 및 사후 테스트에서 부여한 과제는, 몇몇 기록과 그림 하나를 주고 기록의 정보를 이용해 그림을 평가하는 것이었다. 학생들은 그림이 사건을 정확하게 묘사했다고 생각하는지 짧은 글을 쓴 다음, 가장 신뢰할 수 있는 기록과 그렇지 않은 기록을 고르고 이유를 말하라는 질문, 또 그림을 평가할 때 가장 유용했던 기록과 그렇지 않았던 기록은 무엇이고 왜 그렇게 생각했는지를 말하라는 질문에 답해야 했다.

55 이는 '출처 확인'이 저자가 누구인지 확인하는 행동에 그친다는 것을 의미하지 않는다. 와인버그가 말한 세 가지 독해 전략이 완전히 독립적인 활동으로 나타나지 않는다는 점을 강조하는 것이다. 저자의 관점과 기록이 만들어진 상황을 고려하고 자료의 신뢰성을 판단하는 출처 확인에서도 맥락적인 이해가 필요하다. 저자의 관점을 판단하기 위해서는 어떤 기록을 쓴 저자가 역사적 맥락에 영향을 받는다는 점을 인식하면서, 자료가 생성된 상황을 탐구하고 다양한 자료를 참조해야 하기 때문이다.

56 A. Reisman, "Reading Like a Historian: A Document-Based History Curriculum Intervention in Urban High Schools", *Cognition and Instruction*, vol. 30, no. 1, 2012a; A. Reisman, "The 'Document-Based Lesson': Bringing Disciplinary Inquiry into High School History Classrooms with Adolescent Struggling Readers", *Curriculum Studies*, vol. 44, no. 2, 2012b.

57 이 연구에서는 교사가 기존 미국 사회과 교실의 수업 형태들을 유지할 수 있었고 상당히 자율성을 발휘할 수 있었기 때문에, 맥락화에 대해 어떤 교수 전략이 효과적인지, 교사의 능숙함이 교수 방법의 변화나 자료보다 더 큰 요인이었는지 등은 아직 밝혀지지 않았다. 그러나 교사들이 '역사가처럼 읽기' 교육과정을 충실하게 이행한 정도(fidelity)가 제각기 달랐음에도 유의미한 성취가 있었음을 고려하면,

아주 혁신적인 수업 형태가 아닌 평소의 수업 방식(예: 강의, 소집단 활동, 전 교실 토론 등)을 응용하는 것으로도 텍스트를 활용한 탐구 학습을 효과적으로 실시할 수 있다.

58 C. Van Boxtel and J. Van Drie, ""That's in the Time of the Romans!" Knowledge and Strategies Students Use to Contextualize Historical Images and Documents", *Cognition and Instruction*, vol. 30, no. 2, 2012. 해당 연구에서 '지식 훈련'의 개입이란 별도의 수업을 제공하는 것이었고, '전략적 지원'의 개입은 실험 당일에 과제를 수행할 때 기록을 더 샅샅이 읽어 단서를 찾게끔 도움을 주는 것이었다. '지식 훈련'과 '전략적 지원'을 모두 받지 않은 학생들이 '통제 조건'에 속했다. '지식 훈련'을 받은 학생들은 별도의 교실에서 50분가량의 수업을 받았으며, '전략적 지원' 조건의 학생들은 '통제 조건'의 학생들과 마찬가지로 기존의 교실에서 실험과 상관없는 토픽에 관한 정규 수업을 들었다.

59 해당 연구는 역사적 기록이나 그림에서 내용의 맥락화에 초점을 두었고 기록 자체의 맥락화는 고려하지 않았다는 점을 주의할 필요가 있다.

60 C. Monte-Sano, S. De La Paz and M. Felton, "Implementing a Disciplinary-Literacy Curriculum for U.S. History: Learning from Expert Middle School Teachers in Diverse Classrooms", *Journal of Curriculum Studies*, vol. 46, no. 4, 2014a.

61 송상헌, 〈역사교육의 원리 논고〉, 《歷史敎育論集》 50, 2013, p.25.

62 A. Collins, J. S. Brown and S. E. Newman, "Cognitive Apprenticeship: Teaching the Craft of Reading, Writing, and Mathematics", *Knowing, Learning, and Instruction: Essays in Honor of Robert Glaser*, Lawrence Erlbaum Associates, 1989.

63 J. S. Brown, A. Collins and P. Duguid, "Situated Cognition and the Culture of Learning", *Educational Researcher*, vol. 18, no. 1, 1989.

64 Brown, Collins and Duguid, "Situated Cognition and the Culture of Learning".

65 M. A. Britt and C. Aglinskas, "Improving Students' Ability to Identify and Use Source Information", *Cognition and Instruction*, vol. 20, no. 4, 2002.

66 S. De La Paz et al., "Developing Historical Reading and Writing with Adolescent Readers: Effects on Student Learning", *Theory and Research in*

Social Education, vol. 42, no. 2, 2008.

67 C. Monte-Sano, S. De La Paz and M. Felton, *Reading, Thinking, and Writing About History*, Teachers College Press, 2014b.

68 〈표〉 인지적 도제를 활용한 역사 문해력 학습 단계(Monte-Sano et al., 2014b)

단계	내용
1단계 학습 준비 (시작)	역사적으로 읽고 쓰기에 대한 배경지식을 구축한다. 매 수업을 시작할 때 역사 탐구 과정 속에 교수학습 활동을 위치시키기 위해 학생의 학습을 준비시킨다.
2단계 역사가처럼 읽고 쓰는 방법의 모델링 (탐구 초반)	교사는 학문적 문해력 도구들로 학문적 사고를 가시화한다. 교사는 전략을 확인하고 생각을 큰 소리로 말하여, 학생들이 전략을 사용하는 의미를 보고 듣게 한다. 모델링을 할 때 교사는 학생들의 현재 수행 수준보다 다소 높지만 학생들이 가늠할 수 있는 범위 안에서 계획과 구성을 떠올려야 한다. 교사가 문제를 어떻게 정의하고, 각 전략 단계의 목적과 어떻게 씨름하는지를 보여주는 것이 중요하다. 의도적으로 실수를 하고 교정을 하는 식으로, 판단을 더 다듬거나 주장에 핵심적이지 않은 이유는 버리면서, 학생들이 똑같이 하기를 바란다는 점을 보여주어야 한다. 수사적인 의사 결정도 마찬가지다.
3단계 학생 연습 지원 (탐구 중반)	학습의 책임을 교사에서 학생으로 옮기기 '시작'한다. 3/4번째 탐구를 완수하기 전에 대부분의 학생들은 교사의 수행을 보는 것만으로는 독립적으로 작업할 수 없다. 그러나 도구나 교사의 지도와 함께 쌍 혹은 그룹으로 활동할 준비는 되어 있을 것이다. 교사는 학생의 협동 학습을 언제 할지 결정해야 한다. 모델링에서 협동 학습 지원으로 옮겨갔을 때 다시 미니-모델링 세션으로 돌아올 수 있게 교실을 정비한다. 교사들은 체계적으로 학문적 문해력 도구의 이용을 줄여간다.
4단계 도전적인 연습 추가 (탐구 후반)	학생들은 더 높은 자율성을 가지고서 한 쌍이나 소집단으로 읽고, 계획하며, 쓴다. 교사는 학생의 진전을 관찰하고, 역사적으로 읽고 쓰며 생각하는 능력을 어떻게 향상시킬 수 있는지 설명할 필요가 있다. 대부분의 학생들은 3번째 탐구를 마칠 때쯤 학문적으로 읽고 쓰는 감각을 보유하게 되지만, 실행에서는 교사의 지도가 계속 필요하다. 학생들은 자신의 판단을 공유하면서 다른 학생들과 서로 배울 수 있다.

5단계 독립 촉진 (탐구 말)	학생들은 스스로 읽고, 주를 달고, 기록을 판단할 수 있어야 한다. 그리고 주장을 뒷받침하는 증거를 어떻게 쓸 것인지 계획하고, 에세이를 작성할 수 있어야 한다. 교사는 학생들이 각자의 속도대로 추후 탐구를 완수하도록 요구한다. 지원을 체계적으로 줄여나가면서, 학생들에게 기록을 읽고 글을 쓸 시간을 충분히 주어야 한다. 커리큘럼에 유의미하고도 독립적으로 참여한 학생들은 학문적 문해력에서 더 큰 진전을 보인다. 이 커리큘럼을 성공적으로 적용한 교사들은 ① 학생들의 오개념으로 시작하고, 그들이 정확한 판단을 내리도록 지도한다. ② 학생들이 계속 학습에 집중하도록 교실을 관리한다. ③ 학생들이 아이디어를 정당화하도록 질문을 던진다("왜 이렇게 저자를 판단했나요?"). ④ 짝을 지은 학생들에게 서로 다른 관점을 부여하여 유의미한 성찰을 유도하고, 페이퍼와 노트를 교환하도록 한다.

69 Monte-Sano, De La Paz and Felton, "Implementing a Disciplinary-Literacy Curriculum for U.S. History".

70 Paula Worth, "Evidential Thinking".

71 조미헌·이용학, 〈인지적 도제 방법을 반영한 교수 설계의 기본 방향〉, 《교육공학연구》 9-1, 2009.

72 S. Wineburg, "On the Reading of Historical Texts: Notes on the Breach Between School and Academy", *American Educational Research Journal*, vol. 28, no. 3, 1991.

73 Paula Worth, "Evidential Thinking".

74 V. P. Dennen and K. J. Burnder, "The Cognitive Apprenticeship Model in Educational Practice", *Handbook of Research on Educational Communications and Technology*, edited by J. M. Spector, M. Merril, J. van Merriënder and M. Driscoll, Routledge, p.427.

75 J. D. Nokes, "Historical Reading and Writing in Secondary School Classrooms", *Palgrave Handbook of Research in Historical Culture and Education*, edited by M. Carretero, S. Berger and M. Grever, Palgrave MacMillan, 2017.

76 양호환, 〈역사 텍스트 독해를 둘러싼 동향과 쟁점〉, p.279.

77 VanSledright, *The Challenge of Rethinking History Education*, pp.158-159.

1 이 글은 양호환, 〈변화에 대한 인식과 사회과 교육의 역할〉,《사회과학교육》2, 1998, pp.191-200을 전면 개작한 것이다.

2 E. Hobsbawm, *The Age of Extremes*, Vintage, 1995, p.3.

3 이와 유사하게 아흐톡(Hartoc)은 20세기 후반 과거, 현재, 미래라는 시간의 구분, 즉 근대적 시간 개념이 해체되고, 현재지향이 지배적인 새로운 역사성의 체제(regimes of historicity), 즉 확장하는 현재(broadening present)가 들어섰다고 주장한다. 현재주의라고도 불리는 이 체제는 미래지향적인 근대적 역사성 체제(1789년 프랑스혁명에서 1989년 베를린 장벽 해체까지의 시기) 이후 등장한 것으로 불확실한 미래와 진보에 대한 회의라는 점에서 일종의 포스트모던적인 현상이기도 하다. F. Hartoc, *Regimes of Historicity. Presentism and Experience of Time*, Columbia University Press, 2015, C. Lorenz, "'The Times They Are a-Changin'. On Time, Space and Periodization in History", *Palgrave Handbook of Research in Historical Culture and Education*, edited by M. Carretero, S. Berger and M. Grever, Palgrave Macmillan, 2017, p.112에서 재인용.

4 H. J. Kaye, *The Powers of the Past*, University of Minnesota Press, 1991, p.16.

5 코젤렉은 세계사를 세 단계로 구별했다. 첫 번째, 유인원과 인류 조상이 활동했던 200만 년의 시기, 두 번째, 다른 인간을 살상하는 기술과 무기가 발명된 약 3만 년 전에 시작되어 약 200년 전까지 이어진 시기, 그리고 그 이후. R. Koselleck, *Zeitschichten: Studien zur Historik*, Suhrkamp, 2002, Lorenz, "On Time, Space and Periodization in History", p.113에서 재인용.

6 Lorenz, "On Time, Space and Periodization in History", p.115.

7 M. Grever and Robert-Jan Adriaansen, "Historical Culture: A Concept Revisited", *Palgrave Handbook of Research in Historical Culture and Education*, p.82.

8 https://www.gov.uk/government/publications/national-curriculum-in-england-history-programmes-of-study/national-curriculum-in-england-history-programmes-of-study (DfE 2013:1) (2020. 12. 17. 검색).

9 교육부 고시 제2018-162호,《별책 7. 사회과 교육과정》(중학교 역사 2018 개정), p.93.

10 F. Blow, "Everything Flows and Nothing Stays", *Teaching History*, vol. 145, 2011, pp.45-47.

11 C. Counsell, "Historical Change and Continuity: How History Teachers are Advancing the Field", *Debates in History Teaching*, 2nd edition, edited by I. Davis, Routledge, 2017, pp.113-114.

12 M. E. Blum, "Continuity and Discontinuity, Change and Duration: Hobbes' Riddle of the Theseus and the Diversity of Historical Logics", *Theory and Research in Social Education*, vol. 24, no. 4, 1996, pp.368-371.

13 Blum, "Continuity and Discontinuity, Change and Duration".

14 D. Shemilt, *School Council History 13-16 Project: History 13-16 Evaluation Study*, Holmes McDougall, 1980, p.80.

15 Blow, "Everything Flows and Nothing Stays", pp.50-55.

16 예를 들어 교권와 왕권의 대립을 시간의 변화에 따라 그래프 형식으로 나타낸 것.

17 R. Foster, "Historical Change: In Search of Argument", *MasterClass in History Education: Transforming Teaching and Learning*, edited by C. Counsell, K. Burn and A. Chapman, Bloomsbury, 2016, pp.5-22.

18 김한종, 〈역사변화의 인식과 역사교육의 역할〉,《시대전환과 역사인식》, 윤세철교수정년기념역사학논총, 솔, 2001, pp.13-29; 김한종, 〈변화 ― 역사개념의 이해와 학습방법〉,《역사교육연구》 12, 2010, pp.115-153.

19 김한종, 〈변화 ― 역사개념의 이해와 학습방법〉, pp.118-121.

20 김한종, 〈변화 ― 역사개념의 이해와 학습방법〉, p.125, 135.

21 김한종은 '시간개념(원문대로)을 토대로 연대개념을 가질 수 있으며, 연대개념의 학습이 시대개념으로 이어진다'고 주장한다. 연대개념은 일어난 사실이나 사건을 배열하는 것을 넘어서, 원인과 결과의 관계, 변화의 성격과 원동력을 아는 것으로 이것 자체가 변화의 이해를 전제로 한다고 지적한다. 즉 "한편으로는 연대개념이 변화를 이해하는 데 도움을 주며, 다른 한편으로는 변화를 이해해야 연대개념을 가질 수 있다"는 것이다. 이러한 순환성이 변화에 관한 학습에 시사하는 방향성은 무엇일까? 김한종, 〈변화 ― 역사개념의 이해와 학습방법〉, pp.138-139.

22 김한종, 〈변화 — 역사개념의 이해와 학습방법〉, p.142.

23 Blow, "Everything Flows and Nothing Stays", p.50.

24 D. Shemilt, "Caliph's Coin: The Currency of Narrative Framework in Teaching History", *Knowing, Teaching, and Learning History: National and International Perspectives*, edited by P. Stearn, P. Seixas and S. Wineburg, New York University Press, 2000, p.95; 천세빈, 〈총괄 개념의 특징과 역사 학습에서의 그 역할〉,《歷史敎育》155, 2020, p.23.

25 교육과학기술부 고시 제2012-14호,《별책 7. 사회과 교육과정》(고등학교 한국사 2012 개정) p.99. "신분제도를 바탕으로 친족제도, 혼인, 풍속, 여성의 지위 등을 파악하고 이를 통해 고려시대 사회 모습을 파악한다." 2018 개정으로 고등학교 한국사가 근현대 위주로 구성되면서 전근대는 하나의 단원으로 축소되었다. 그중 "고려의 사회와 사상"이라는 소주제에는 가족제도나 여성의 지위가 학습 요소에 포함되어 있지 않다. 그럼에도 불구하고 2019년에 새로 발행된 대부분의 한국사 교과서는 여전히 이전과 유사한 내용을 포함하고 있다. 중학교 역사교육과정에는 "고려의 성립과 변천"이 별도의 대주제로 편성되어 있고 그중 소주제인 "고려의 생활과 문화"에는 가족제도가 학습 요소로 포함되어 있다. 2019년에 발행된 중학교 역사교과서는 모두 관련 내용을 서술하고 있다.

26 신유아, 〈고등학교 '한국사' 교과서의 여성사에 대한 인식과 새로운 여성사 서술 방향 모색〉,《대구사학》137, 2019, pp.14-15.

27 권순형, 〈한국사 교과서 고려시대 여성관련 서술에 대한 분석과 제안〉,《여성과 역사》24, 2016, p.33, 56.

28 주 18 참조.

29 A. Megill, *Historical Knowledge, Historical Error*, University of Chicago Press, 2007, pp.78-103.

30 R. G. Collingwood, *The Idea of History*, Oxford University Press, 1946, pp.214-215.

31 Collingwood, *The Idea of History*, pp.214-215.

32 P. Lee and D. Shemilt, "Is Any Explanation Better Than None?", *Teaching History*, vol. 137, 2009, p.43.

33 Lee and Shemilt, "Is Any Explanation Better Than None?", pp.47-48.

34 J. W. Scott, *Gender and the Politics of History*, revised edition, Columbia University Press, 1999, p.42.

35 F. Blow, P. Lee and D. Shemilt, "Time and Chronology: Conjoined Twins or Distant Cousins?", *Teaching History*, vol. 147, 2012, p.26.

36 Blow, Lee and Shemilt, "Time and Chronology", pp.26-28.

37 Blow, Lee and Shemilt, "Time and Chronology", pp.28-30.

38 Blow, "Everything Flows and Nothing Stays", p.53.

39 Blow, "Everything Flows and Nothing Stays", p.53.

40 권정은, 〈역사영역의 '변화' 개념에 대한 초등학교 3학년 학생의 인지 양상〉, 《역사교육연구》 4, 2006, pp.231-273.

41 이러한 요소를 모두 활용하여 변화를 '종합적'으로 파악하는 유형 7에 속하는 학생은 없다고 한다.

42 권정은, 〈역사영역의 '변화' 개념에 대한 초등학교 3학년 학생의 인지 양상〉, p.266.

43 김부경, 〈초등학교 5·6학년 학생의 시간개념분석〉, 《역사교육연구》 24, 2016, pp.7-49.

44 S. Tanaka, "History without Chronology", *Public Culture*, vol. 28, no. 1, 2016, p.161.

45 Tanaka, "History without Chronology", pp.167-168.

46 Lorenz, "On Time, Space and Periodization in History", pp.118-119.

47 Tanaka, "History without Chronology", pp.167-168.

48 Tanaka, "History without Chronology", p.168.

49 Lorenz, "On Time, Space and Periodization in History", p.113.

50 Lorenz, "On Time, Space and Periodization in History", p.121.

51 Lorenz, "On Time, Space and Periodization in History", p.121.

52 김한종, 〈변화 — 역사개념의 이해와 학습방법〉, pp.127-128.

53 김한종, 〈국사교과서의 시대구분과 역사학습〉, 《歷史敎育》 59, 1996, pp.206-207.

54 정선영, 〈역사교육에서 시대구분의 의미와 과제〉, 《歷史敎育》 59, 1996, pp.198-199.

55 이경식, 〈한국사연구와 시대구분론〉, 김용섭교수정년기념한국사학논총 1, 《한국

사 인식과 역사이론》, 지식산업사, 1997, pp.233-235.

56 이경식, 〈한국사연구와 시대구분론〉, pp.233-235.

57 김부경, 〈초등학교 5·6학년 학생의 시간개념분석〉, pp.20-22.

58 R. Rogers, "Frameworks for Big History: Teaching History at its Lower Resolutions", *MasterClass in History Education*, edited by C. Counsell, K. Burn and A. Chapman, Bloomsbury, 2016, p.60.

59 L. Cercadillo, A. Chapman and P. Lee, "Organizing the Past: Historical Account, Significance and Unknown Ontologies", *Palgrave Handbook of Research in Historical Culture and Education*, p.542.

60 박주현, 〈학생들의 역사개념에 대한 이해 양상과 역사의식〉, 《歷史敎育》 111, 2009, p.8; P. Lee, "'Walking Backwards into Tomorrow': Historical Consciousness and Understanding in History", *International Journal of History Learning Teaching and Research*, vol. 4, no. 1, 2004, pp.25-28.

61 주 11 참조.

62 Shemilt, "Caliph's Coin", p.99; 천세빈, 〈총괄 개념의 특징과 역사 학습에서의 그 역할〉, p.22.

63 저해상(low resolution)으로 얻은 개관을 고해상의 구체적 현상과 사건에 대한 분석으로 보완하고 그렇게 수정한 저해상의 개관을 통해서 다시 다른 사례를 고해상(high resolution)으로 검토하는 순환 과정이 필요하다.

64 Shemilt, "Caliph's Coin", p.99.

65 자크 아탈리, 〈역사의 미로를 걷는 인간〉, 막스 갈로 외, 홍세화 옮김, 《진보는 죽은 사상인가》, 당대, 1997, p.29.

66 E. Hobsbawm, *The Age of Empire*, Pantheon, 1987, p.326.

67 S. Butler, "Chronological Understanding", *Debates in History Teaching*, p.159.

68 Grever and Adriaansen, "Historical Culture", pp.73-89.

69 테사 모리스-스즈키, 김경원 옮김, 《우리 안의 과거》, 휴머니스트, 2005, p.329.

참고문헌

국내 단행본(번역서 포함)

가라타니 고진, 조영일 옮김, 《세계사의 구조》, 도서출판 b, 2012.

강선주, 《역사교육 새로보기》, 한울, 2015.

김한종, 《역사교육과정과 교과서 연구》, 선인, 2006.

수전 벅모스, 김성호 옮김, 《헤겔, 아이티, 보편사》, 문학동네, 2012.

양호환 편, 《한국 역사교육의 연구동향》, 책과함께, 2011.

양호환, 《역사교육의 입론과 구상》, 책과함께, 2012.

양호환 외, 《역사교육의 이론》, 책과함께, 2009.

역사교육연구소, 《역사의식조사, 역사교육의 미래를 묻다》, 휴머니스트, 2020.

이홍우, 《지식의 구조와 교과》, 교육과학사, 1979.

J. S. 브루너, 이홍우 옮김, 《교육의 과정》, 배영사, 1973.

조지형·강선주 외, 《지구화 시대의 새로운 세계사》, 혜안, 2008.

조지형·김용우 외, 《지구사의 도전: 어떻게 유럽중심주의를 넘어설 것인가》, 서해문집, 2010.

퀜틴 스키너, 황정아·김용수 옮김, 《역사를 읽는 방법》, 돌베개, 2006.

테사 모리스-스즈키, 김경원 옮김, 《우리 안의 과거》, 휴머니스트, 2005.

파멜라 카일 크로슬리, 강선주 옮김, 《글로벌 히스토리란 무엇인가?》, 휴머니스트, 2010.

국내 글(연구논문, 단행본 내 챕터, 번역논문)

강선주, 〈역사교육의 내용 선정과 조직 연구의 현황과 문제〉, 《歷史敎育》 113, 2010.

강선주, 〈고등학생과 역사가의 역사 텍스트 독해 양상과 텍스트 독해 교수학습 전략〉, 《歷史敎育》 125, 2013.

강선주, 〈초·중학교 세계사교육의 현황과 쟁점〉, 2016년 하계 한국서양사학회 학술대회 '한국의 세계사교육과 교과서', 2016.

강우철, 〈歷史敎育과 歷史意識〉, 《歷史敎育》 24, 1978.

고한석, 〈세계사 교과의 '시민 혁명' 서술과 정형화된 근대〉, 《歷史敎育》 140, 2016.

권순형, 〈한국사 교과서 고려시대 여성관련 서술에 대한 분석과 제안〉, 《여성과 역사》 24, 2016.

권오현, 〈일본 세계사의 지역 구분과 세계사 인식〉, 《중등교육연구》 56-1, 2008.

권정은, 〈역사영역의 '변화' 개념에 대한 초등학교 3학년 학생의 인지 양상〉, 《역사교육연구》 4, 2006.

김민정, 〈역사교사의 가르칠 궁리에 대한 반성과 공유: 역사수업에 대한 이론적 검토를 중심으로〉 《歷史敎育》 117, 2011.

김부경, 〈초등학교 5·6학년 학생의 시간개념분석〉, 《역사교육연구》 24, 2016.

김원수, 〈역사들의 전지구적 전환과 세계사의 과제〉, 2016 하계 한국서양사학회 학술대회 '한국의 세계사 교육과 교과서', 2016.

김창성, 〈역사학과 역사교육 ― W. H. Burston의 관점으로 다시 보기〉, 《역사와 역사교육》 19, 2009.

김철, 〈국사교육과정의 계열성〉, 《사회과교육》 7, 1974.

김한식·권오현, 〈해방후 세계사교육과정의 변천과 문제점〉, 《歷史敎育》 61, 1997.

김한종, 〈국사교과서의 시대구분과 역사학습〉, 《歷史敎育》 59, 1996.

김한종, 〈국사교육 계열화의 원리와 방안〉, 전국역사교사모임 6월 월례강좌, 2000.

김한종, 〈역사변화의 인식과 역사교육의 역할〉, 《시대전환과 역사인식》, 윤세철교수정년기념역사학논총, 솔, 2001.

김한종, 〈변화 ― 역사개념의 이해와 학습방법〉, 《역사교육연구》 12, 2010.

김한종, 〈사료내용의 전달방식에 따른 고등학생의 역사이해〉, 《歷史敎育》 125, 2013.

김한종, 〈교육과정 구성 논리로 본 2015 개정역사교육과정의 쟁점〉, 《역사교육연구》

23, 2015.

김한종·송상헌, 〈중·고등학교 국사교육목표의 설정 방안〉, 《歷史敎育》 63, 1997.

김한종·이영효, 〈비판적 역사 읽기와 역사 쓰기〉, 《歷史敎育》 81, 2002.

남정우, 〈비판적 역사교과서 읽기를 위한 수업모형 개발〉, 《역사교육연구》 11, 2010.

남철호, 〈'글로벌 히스토리(Global History)'와 세계사〉, 《역사교육논집》 49, 2012.

로스 던, 〈두 개의 세계사〉, 린다 심콕스·애리 윌셔트, 이길상·최정희 옮김, 《세계의 역사교육 논쟁》, 푸른역사, 2009/2012.

롤랑 바르트, 김희영 옮김, 〈저자의 죽음〉, 《텍스트의 즐거움》, 동문선, 1997.

문경호, 〈발전선 학습의 이론적 토대와 가능성〉, 《歷史敎育》 131, 2014.

문경호, 〈발전선에 기반한 역사수업 계열화의 이론과 실제〉, 《역사와 역사교육》 35, 2017.

미셸 푸코, 김현 옮김, 〈저자란 무엇인가?〉, 김현 편, 《미셸 푸코의 문학 비평》, 문학과지성사, 1999.

박주현, 〈학생들의 역사개념에 대한 이해 양상과 역사의식〉, 《歷史敎育》 111, 2009.

박주현, 〈역사학습과 역사에 대한 관점 형성〉, 《역사와 교육》 9, 2014.

박진동, 〈교수요목에 의거한 '먼나라 역사' 교과서의 발간과 그 구성〉, 《歷史敎育》 137, 2016.

방지원, 〈교사가 '구성'하는 역사교육과정, 그 오랜 고민에서 찾는 쟁점과 전망〉, 《역사와 교육》 19, 2020.

변태섭, 〈國史敎育의 問題와 方向〉, 《歷史敎育》 14, 1971.

손석영, 〈'교사' 없는 '역사교육'을 넘어—역사교육연구소 '역사 교사, 교육과정을 디자인하다' 프로젝트의 시작을 위하여〉, 《역사와 교육》 19, 2020.

손석영, 〈새 역사과 국가교육과정 구성 방향 모색을 위한 비판적 성찰〉, 《歷史敎育》 157, 2021.

송상헌, 〈역사교육에 있어서 역사적 맥락을 통한 '이해'의 문제〉, 양호환 외, 《歷史敎育의 理論과 方法》, 三知院, 1997.

송상헌, 〈역사적 사고〉, 양호환 외 4인, 《역사교육의 이론》, 책과함께, 2008.

송상헌, 〈역사교육의 원리 논고〉, 《歷史敎育論集》 50, 2013.

송요후, 〈2007년 개정 세계사교육과정에서 "서구중심주의" 극복론에 관하여〉, 《역사교육논집》 39, 2007.

신소연, 〈역사교육과정의 개정과 계열성 적용의 난맥〉, 《歷史教育》 124, 2012.

신소연, 〈내용 요소 분석을 통해 본 역사 교육과정 개정의 계열성: 2007, 2009, 2015 개정 교육과정 사례를 중심으로〉, 《전북사학》 51, 2017.

신유아, 〈역사교과에서 계열성 구현의 난점〉, 《歷史教育》 120, 2011.

신유아, 〈고등학교 "세계사" 교과서 내용구성의 문제점 및 개선 방안〉 《역사교육논집》 54, 2015.

신유아, 〈고등학교 '한국사' 교과서의 여성사에 대한 인식과 새로운 여성사 서술 방향 모색〉, 《대구사학》 137, 2019.

양치구, 〈역사교육에서 비판적 읽기 및 글쓰기 학습 모형 개발 — 독도교육 사례를 중심으로〉, 《역사교육논집》 52, 2014.

양호환, 〈역사학습에서 인지발달에 관한 몇 가지 문제〉, 《歷史教育》 58, 1995.

양호환, 〈歷史教科書의 敍述樣式과 學生의 歷史理解〉, 《歷史教育》 59, 1996.

양호환, 〈역사학습의 인식론적 모색〉, 《歷史教育》 75, 2000.

양호환, 〈역사교육의 담론: 지속과 변화〉, 윤세철교수정년기념역사학논총, 《역사교육의 방향과 국사교육》, 솔, 2001.

양호환, 〈역사적 사고의 한계와 역사화의 가능성〉, 《歷史教育》 87, 2003.

양호환, 〈중등 역사 교육과정 개발의 현안과 역사교육 개선 방안〉, 《歷史教育》 120, 2011.

양호환, 〈역사교육이론 적용의 공과〉, 《歷史教育》 127, 2013.

양호환, 박지원 옮김, 〈역사 텍스트 독해를 둘러싼 동향과 쟁점〉, 《歷史教育》 142, 2017.

양호환·천세빈, 〈역사 텍스트 독해에서 맥락화 교수학습의 문제〉, 《歷史教育》 146, 2018.

역사교육연구소, 〈초·중·고등학생들의 역사교육 이해 조사 결과〉, 《역사와 교육》 4, 2011.

역사교육연구소 역사수업연구분과, 〈역사가처럼 읽고 생각하는 3·1운동 수업〉, 《역사와 교육》 9, 2014.

윤종배, 〈역사교사가 구성하는 교육과정을 향하여〉, 《역사와 교육》 19, 2020.

윤종배·방지원·정미란, 〈계열성을 통해 본 초·중·고 역사교육〉, 《역사와 교육》 11, 2015.

이경식, 〈한국사연구와 시대구분론〉, 김용섭교수정년기념한국사학논총 1, 《한국사 인식과 역사이론》, 지식산업사, 1997.

이경식, 〈한국에서의 역사학과 역사교육의 疏隔사정과 소통懸案〉, 《歷史敎育》 138, 2016.

이병희, 〈중·고등학교 국사교육 내용의 계열화〉, 《歷史敎育》 76, 2000.

이선숙·정진경, 〈새로운 역사이론과 역사교육〉, 양호환 편, 《한국 역사교육의 연구동향》, 책과함께, 2011.

이소은, 〈'새로운 세계사'와 전통적 서술 사이에서: 산업 혁명에 대한 《세계사》 교과서 서술을 중심으로〉, 《歷史敎育》 140, 2016.

이영효, 〈포스트모던 역사인식과 역사학습〉, 《歷史敎育》 74, 2000.

이해영, 〈중고등학생들은 역사를 어떻게 수용하는가?〉, 역사교육연구소, 《역사의식조사, 역사교육의 미래를 묻다》, 휴머니스트, 2020.

임병철, 〈"이론화의 덫": 오늘날의 역사교육학에 대한 비판적 단상〉, 《역사교육연구》 12, 2010.

자크 아탈리, 〈역사의 미로를 걷는 인간〉, 막스 갈로 외, 홍세화 옮김, 《진보는 죽은 사상인가》, 당대, 1997.

장로사, 〈'새로운 세계사'의 등장과 정형화된 서술 구조의 변화: 《세계사》 교과서 신항로 '개척'과 '절대'주의를 중심으로〉, 《歷史敎育》 140, 2016.

전국역사교사모임, 〈21세기를 여는 현장의 역사교육: 전국역사교사모임 10주년 기념 좌담회〉, 《歷史敎育》 41, 1998.

정미란, 〈세계사 교과서의 르네상스 서술 변화와 근대 기점 문제〉, 《歷史敎育》 140, 2016.

정선영, 〈사회과 역사내용의 계열성연구〉, 《사회과교육》 20, 1987.

정선영, 〈역사교육에서 시대구분의 의미와 과제〉, 《歷史敎育》 59, 1996.

정용택, 〈현장에서의 역사교육의 한계와 목소리〉, 《역사교육》 45, 1999.

조미헌·이용학, 〈인지적 도제 방법을 반영한 교수 설계의 기본 방향〉, 《교육공학연구》 9-1, 2009.

조한경, 〈중학교 세계사교육과정과 교과서〉, 2016년 하계 한국서양사학회 학술대회 '한국의 세계사교육과 교과서', 2016.

조혜진, 〈'교류와 교역' 중심 내용 조직의 시도와 서술 상의 한계: 《세계사》 교과서〉 '신항로 개척' 전후 서술과 관련하여〉, 《歷史敎育》 140, 2016.

지모선, 〈동아시아사 과목의 신설과 교육과정 개발〉, 《歷史敎育》 128, 2013.

천세빈, 〈총괄 개념의 특징과 역사 학습에서의 그 역할〉, 《歷史敎育》 155, 2020.

최상훈, 〈역사적 사고력의 하위범주와 역사학습목표의 설정방안〉, 《歷史敎育》 73, 2000.

최상훈, 〈고등학생의 사료이해 양상〉, 《역사교육연구》 3, 2006.

하종문, 〈전후 일본의 역사학과 세계사 연구 교육〉, 《歷史敎育》 110, 2009.

국외 단행본

Berkhofer, Jr., R. F., *Beyond the Great Story: History as Text and Discourse*, Harvard University Press, 1995.

Burston, W. H., *Principles of History Teaching*, Methuen Educational Ltd., 1972c.

Carretero, Mario, Stefan Berger and Maria Grever, editors, *Handbook of Research in Historical Culture and Education*, Palgrave Macmillan, 2017.

Collingwood, R. G., *The Idea of History*, Oxford University Press, 1946.

Dobson, M., and B. Ziemann, editors, *Reading Primary Sources*, Routledge, 2009

Eisner, Elliot W., *The Educational Imagination: On the Design and Evaluation of School Programs*, 2nd edition, Macmillan, 1985.

Elkind, D., *Child Development and Education: A Piagetian Perspective*, Oxford University Press, 1976.

Fischer, D. H., *Historians' Fallacies: Toward a Logic of Historical Thought*, Harper and Row, 1970.

Givón, T., *Context as Other Minds*, John Benjamins, 2005.

Hartog, F., *Regimes of Historicity. Presentism and Experience of Time*, Columbia University Press, 2015.

Hobsbawm, E., *The Age of Empire*, Pantheon, 1987.

Hobsbawm, E., *The Age of Extremes*, Vintage, 1995.

Kaye, H. J., *The Powers of the Past*, University of Minnesota Press, 1991.

Koselleck, R., *Zeitschichten: Studien zur Historik*, Suhrkamp, 2002.

Lévesque, S., *Thinking Historically: Educating Students for the Twenty-First Century*, University of Toronto Press, 2008.

Megill, A., *Historical Knowledge, Historical Error*, University of Chicago Press, 2007.

Monte-Sano, C., S. De La Paz and M. Felton, *Reading, Thinking, and Writing About History*, Teachers College Press, 2014.

National Center for History in Schools, *National Standards for United States History*, UCLA, 1994.

Ornstein, Allan C., and Francis P. Hunkins, *Curriculum: Foundation, Principles, and Issues*, Pearson, 2004.

Partington, G., *The Ideas of an Historical Education*, NFER Publishing Company Ltd., 1980.

Scott, J. W., *Gender and the Politics of History*, revised edition, Columbia University Press, 1999.

Shemilt, D., *School Council History 13-16 Project: History 13-16 Evaluation Study*, Holmes McDougall, 1980.

Seixas, P., and T. Morton, *The Big Six Historical Thinking Concepts*, Nelson Canada, 2012.

Sewell Jr., William H., *Logics of History*, University of Chicago Press, 2005.

Skinner, Q., *Visions of Politics*, vol. 1, Cambridge University Press, 2002.

Spiegel, G. M., *The Past as Text*, The Johns Hopkins University Press, 1997.

Tholfsen, T. R., *Historical Thinking: An Introduction*, Harper and Row, 1967.

Trouillot, M. R., *Silencing the Past: Power and the Production of History*, Beacon Press, 1995.

Tyler, Ralph W., *Basic Principles of Curriculum and Instruction*, Chicago University Press, 1949.

VanSledright, B. A., *The Challenge of Rethinking History Education*, Routledge, 2011.

Wineburg, S., *Historical Problem Solving: A Study of the Cognitive Process Used* in the Education of Documentary Evidence, Ph.D. Dissertation, Stanford University, 1990.

Wineburg, S., Historical Thinking and Other Unnatural Acts, Temple University Press, 2001.

Wineburg, S., Why Learn History (When It's Already on Your Phone), The University of Chicago Press, 2018.

Wineburg, S., D. Martin and C. Monte-Sano, Reading Like a Historian, Teachers College Press, 2012.

국외 글(연구논문, 단행본 내 챕터)

Ashby, R., and P. J. Lee, "Children's Concepts of Empathy and Understanding", The History Curriculum for Teachers, edited by C. Portal, Falmer, 1987.

Ashby, R., and C. Edwards, "Challenges Facing the Disciplinary Tradition: Reflection on the History Curriculum in England", Contemporary Public Debates Over History Education, edited by E. Nakou and I. Barca, Information Age Publishing, 2010.

Barthes, R., "Historical Discourse", Introduction to Structuralism, edited by M. Lane, Basic Books, 1970.

Blow, F., "Everything Flows and Nothing Stays", Teaching History, vol. 145, 2011.

Blow, F., P. Lee and D. Shemilt, "Time and Chronology: Conjoined Twins or Distant Cousins?", Teaching History, vol. 147, 2012.

Blum, M. E., "Continuity and Discontinuity, Change and Duration: Hobbes' Riddle of the Theseus and the Diversity of Historical Logics", Theory and Research in Social Education, vol. 24, no. 4, 1996.

Booth, M. B., "Skills, Concepts, and Attitudes: The Development of Adolescent Children's Historical Thinking", History and Theory, vol. 22, no. 4, 1983.

Britt, M. A., and C. Aglinskas, "Improving Students' Ability to Identify and Use Source Information", Cognition and Instruction, vol. 20, no. 4, 2002.

역사교육 논의의 진전과 명암

Brown, J. S., A. Collins and P. Duguid, "Situated Cognition and the Culture of Learning", *Educational Researcher*, vol. 18, no. 1, 1989.

Burke, P., "Context in Context", *Common Knowledge*, vol. 8, no. 1, 2002.

Burston, W. H., "Syllabus in the Secondary School", *Handbook for History Teachers*, edited by W. H. Burston and C. W. Green, Methuen Educational Ltd., 1972.

Burston, W. H., "The Place of History in Education", *Handbook for History Teachers*, edited by W. H. Burston and C. W. Green, Methuen Educational Ltd., 1972.

Butler, S., "Chronological Understanding", *Debates in History Teaching*, 2nd edition, edited by I. Davis, Routledge, 2017.

Case, R., Putting Bloom's Taxonomy to Rest", *Social Studies Today*, edited by Walter C. Parker, Routledge, 2015.

Cercadillo, L., A. Chapman and P. Lee, "Organizing the Past: Historical Account, Significance and Unknown Ontologies", *Palgrave Handbook of Research in Historical Culture and Education*, edited by M. Carretero, S. Berger and M. Grever, Palgrave Macmillan, 2017.

Clark, E. A., "Texts and Contexts", *History, Theory, Text: Historians and the Linguistic Turn*, Harvard University Press, 2004.

Collins, A., J. S. Brown and S. E. Newman, "Cognitive Apprenticeship: Teaching the Craft of Reading, Writing, and Mathematics", *Knowing, Learning, and Instruction: Essays in Honor of Robert Glaser*, Lawrence Erlbaum Associates, 1989.

Counsell, C., "Historical Change and Continuity: How History Teachers are Advancing the Field", *Debates in History Teaching*, 2nd edition, edited by I. Davis, Routledge, 2017.

Counsell, C., "The Fertility of Substantive Knowledge: In Search of Its Hidden, Generative Power", *Debates in History Teaching*, 2nd edition, edited by Ian Davies, Routledge, 2017.

Crismore, A., "The Rhetoric of Textbooks: Metadiscourse", *Journal of Curriculum*

Studies, vol. 16, 1984.

Crocco, Margaret Smith, "The Invisible Hand of Theory in Social Studies Education", *Social Studies: The Next Generation*, edited by Avner Segall, Elizabeth E. Heilman and Cleo H. Cherryholmes, Peter Lang, 2006.

De La Paz, S., et al., "Developing Historical Reading and Writing with Adolescent Readers: Effects on Student Learning", *Theory and Research in Social Education*, vol. 42, no. 2, 2008.

Dennen, V. P., and K. J. Burnder, "The Cognitive Apprenticeship Model in Educational Practice", *Handbook of Research on Educational Communications and Technology*, edited by J. M. Spector, M. Merril, J. van Merriënder and M. Driscoll, Routledge, 2008.

Foster, R., "Historical Change: In Search of Argument", *MasterClass in History Education: Transforming Teaching and Learning*, edited by C. Counsell, K. Burn and A. Chapman, Bloomsbury, 2016.

Gibson, W., "Author, Speakers, Readers, and Mock Readers", *College English*, vol. 11, 1950.

Grever, M., and Robert-Jan Adriaansen, "Historical Culture: A Concept Revisited", *Palgrave Handbook of Research in Historical Culture and Education*, edited by M. Carretero, S. Berger and M. Grever, Palgrave Macmillan, 2017.

Harlan, David., "Intellectual History and the Return of Literature", *The American Historical Review*, vol. 94, no. 3, 1989.

Hujigen, T., C. van Boxtel, W. van de Grift and P. Holthuis, "Toward Historical Perspective Taking: Students' Reasoning When Contextualizing the Actions of People in the Past", *Theory and Research in Social Education*, vol. 45, no. 1, 2017.

Hynd, C. R., "Teaching Students to Think Critically Using Multiple Texts in History", *Journal of Adolescent and Adult Literacy*, vol. 42, no. 6, 1999.

Jay, Martin, "Historical Explanation and the Event: Reflections on the Limits of Contextualization", *New Literary History*, vol. 42, no. 4, 2011.

Johnston, Marilyn, "The Lamp and Mirror: Action Research and Self Studies in

Social Studies", *Research Method in Social Studies Education*, edited by Keith C. Barton, Information Age Publishing, 2006.

Kliebard, Herbert M., "The Tyler Rationale", *Forging the American Curriculum*, Routledge, 1992.

Krathwohl, David R., "A Revision of Bloom's Taxonomy: An Overview", *Theory into Practice*, vol. 41, no. 4, 2002.

Lee, P. J., "History Teaching and Philosophy of History", *History and Theory*, vol. 22, no. 4, 1983.

Lee, P., "Introduction", *Contemporary Public Debates Over History Education*, edited by E. Nakou and I. Barca, Information Age Publishing, 2010.

Lee, P. J., "Understanding History", *Theorizing Historical Consciousness*, edited by Peter Seixas, University of Toronto Press, 2004.

Lee, P., "'Walking Backwards into Tomorrow': Historical Consciousness and Understanding in History", *International Journal of History Learning Teaching and Research*, vol. 4, no. 1, 2004.

Lee, P., and D. Shemilt, "Is Any Explanation Better Than None?", *Teaching History*, vol. 137, 2009.

Leinhardt, Gaea, "Lessons on Teaching and Learning History from Paul's Pen", *Knowing, Teaching and Learning History: National and International Perspectives*, edited by P. N. Sterns, P. Seixas, and S. Wineburg, New York University Press, 2000.

Lévesque, S., and P. Clark, "Historical Thinking: Definitions and Educational Applications", *The Wiley International Handbook of History Teaching and Learning*, edited by Scott Alan Metzger and Lauren McArthur Harris, Wiley-Blackwell, 2018.

Lorenz, C., "'The Times They Are a-Changin'. On Time, Space and Periodization in History", *Palgrave Handbook of Research in Historical Culture and Education*, edited by M. Carretero, S. Berger and M. Grever, Palgrave Macmillan, 2017.

Maggioni, L., B. A. VanSledright and P. A. Alexander, "Walking on the Borders:

A Measure of Epistemic Cognition in History", *The Journal of Experimental Education*, vol. 77, no. 3, 2009.

Mitrović, B., "Historical Understanding and Historical Interpretation as Contextualization", *History and Theory*, vol. 54, no. 3, 2015.

Moje, E. B., "Foregrounding the Disciplines in Secondary Literacy Teaching and Learning: A Call for Change", *Journal of Adolescent and Adult Literacy*, vol. 52, no. 2, 2008.

Monte-Sano, C., S. De La Paz and M. Felton, "Implementing a Disciplinary-Literacy Curriculum for U.S. History: Learning from Expert Middle School Teachers in Diverse Classrooms", *Journal of Curriculum Studies*, vol. 46, no. 4, 2014.

Monte-Sano, C., and A. Reisman, "Studying Historical Understanding" *Handbook of Educational Psychology*, 3rd edition, edited by L. Corno and E. Anderman, Routledge, 2016.

Mosborg, Susan, "Speaking of History: How Adolescents Use Their Knowledge of History in Reading the Daily News", *Cognition and Instruction*, vol. 20, no. 3, 2002.

Nokes, J. D., "Recognizing and Addressing the Barriers to Adolescents' 'Reading like Historians'", *History Teacher*, vol. 44, no. 3, 2011.

Nokes, J. D., "Historical Reading and Writing in Secondary School Classrooms", *Palgrave Handbook of Research in Historical Culture and Education*, edited by M. Carretero, S. Berger and M. Grever, Palgrave MacMillan, 2017.

Nokes, J., J. Dole and D. Hacker, "Teaching High School Students to Use Heuristics While Reading Historical Texts", *Journal of Educational Psychology*, vol. 99, no. 3, 2007.

Pickles, E., "English Students' Inferences About Motives from Historical Sources— How Far Do They Draw on Historical Knowledge?" *Joined-up History: New Directions in History Education Research*, edited by A. Chapman and A. Wilschut, Information Age Publishing, 2015.

Reisman, A., "Reading Like a Historian: A Document-Based History Curriculum

Intervention in Urban High Schools", *Cognition and Instruction*, vol. 30, no. 1, 2012a.

Reisman, A., "The 'Document-Based Lesson': Bringing Disciplinary Inquiry into High School History Classrooms with Adolescent Struggling Readers", *Curriculum Studies*, vol. 44, no. 2, 2012b.

Rogers, P., "The Past as a Frame of Reference", *The History Curriculum for Teachers*, edited by C. Portal, Falmer, 1987.

Rogers, R., "Frameworks for Big History: Teaching History at its Lower Resolutions", *MasterClass in History Education*, edited by C. Counsell, K. Burn and A. Chapman, Bloomsbury, 2016.

Scott, J. W., "History in Crisis: the Others' Side of the Story", *The American Historical Review*, vol. 94, no. 3, 1989.

Segall, A., "Critical History: Implication for History/Social Studies Education", *Theory and Research in Social Education*, vol. 27, no. 3, 1999.

Segall, A., "What's the Purpose of Teaching a Discipline, Anyway? The Case of History", *Social Studies: The Next Generation*, edited by A. Segall, E. E. Heilman, and C. H. Cherryholmes, Peter Lang, 2006.

Shemilt, D., "Adolescent Ideas about Evidence and Methodology in History", *The History Curriculum for Teachers*, edited by C. Portal, Falmer, 1987.

Shemilt, D., "Caliph's Coin: The Currency of Narrative Framework in Teaching History", *Knowing, Teaching, and Learning History: National and International Perspectives*, edited by P. Stearn, P. Seixas and S. Wineburg, New York University Press, 2000.

Shemilt, D., ""Drinking an Ocean and Pissing a Cupful": How Adolescents Make Sense of History", *National History Standards: The Problem of the Canon and the Future of Teaching History*, edited by L. Symcox and A. Wilshut, Information Age Publishing, 2009.

Shōgimen, T., "On the Elusiveness of Context", *History and Theory*, vol. 55, no. 2, 2016.

Shulman, Lee S., "Making Differences: A Table of Learning", *Change: The*

Magazine of Higher Learning, vol 34, no. 6, 2002.

Tanaka, S., "History without Chronology", *Public Culture*, vol. 28, no. 1, 2016.

Thornton, S., "Teacher as Curricular-instructional Gatekeeper in Social Studies", *Handbook of Research on Social Studies Teaching and Learning*, edited by J. Shaver, Macmillan, 1991.

van Boxtel, C., and J. van Drie, "Historical Reasoning: A Comparison of How Experts and Novices Contextualise Historical Sources", *International Journal of Historical Learning, Teaching and Research*, vol. 4, no. 2, 2004.

van Boxtel, Carla, and J. van Drie, ""That's in the Time of the Romans!" Knowledge and Strategies Students Use to Contextualize Historical Images and Documents", *Cognition and Instruction*, vol. 30, no. 2, 2012.

van Boxtel, Carla, and Jannet van Drie, "Historical Reasoning: Conceptualizations and Educational Applications", *The Wiley International Handbook of History Teaching and Learning*, edited by Scott Alan Metzger and Lauren McArthur Harris, Wiley-Blackwell, 2018.

van Drie, Jannet, and Carla van Boxtel, "Historical Reasoning: Towards a Framework for Analyzing Students' Reasoning about the Past", *Educational Psychology Review*, vol. 20, no. 2, 2008.

VanSledright, B. A., "From Empathic Regard to Self-Understanding: Im/ Positionality, Empathy, and Historical Contextualization", *Historical Empathy and Perspective Taking in Social Studies*, edited by O. L. Davis, E. A. Yeager and S. J. Foster, Rowman and Littlefield, 2001.

VanSledright, B. A., "What Does It Mean to Think Historically ··· and How Do You Teach It?", *Social Education*, vol. 68, no. 3, 2004.

Wineburg, S., "On the Reading of Historical Texts: Notes on the Breach Between School and Academy", *American Educational Research Journal*, vol. 28, no. 3, 1991.

Wineburg, S., "Historical Problem Solving: A Study of the Cognitive Processes Used in the Evaluation of Documentary and Pictorial Evidence", *Journal of Educational Psychology*, vol. 83, no. 1, 1991.

Wineburg, S., "The Psychology of Learning and Teaching History", *Handbook of Educational Psychology*, edited by D. C. Berliner and R. C. Calfe, Macmillan, 1996.

Wineburg, S., "Reading Abraham Lincoln: An Expert/Expert Study in the Interpretation of Historical Texts", *Cognitive Science*, vol. 22, no. 3, 1998.

Wineburg, S., "The Psychological Study of Historical Consciousness", *Narration, Identity, and Historical Consciousness*, edited by J. Straub, Berghan Books, 2005.

Worth, Paula, "Evidential Thinking: Language as Liberator and Gaoler", *MasterClass in History Education*, edited by C. Counsell, K. Burn and A. Chapman, Bloomsbury Academic, 2016.

Yang, Ho Hwan, "Trends and Issues Surrounding the Reading of Historical Texts in the Republic of Korea", *Palgrave Handbook of Research in Historical Culture and Education*, edited by M. Carretero et al., Palgrave Macmillan, 2017.

Young, K. M., and G. Leinhardt, "Writing from Primary Documents: A Way of Knowing in History", *Written Communication*, vol. 15, 1998.

Ziemann, B., and M. Dobson, "Introduction", *Reading Primary Source*, edited by M. Dobson, and B. Ziemann, Routledge, 2009.

有田嘉伸·小畑晃一, 〈上原專祿の世界史理論—世界史の認識方法を中心に〉, 《長崎大学教育学部紀要 教科教育学》44, 2005.

수록 논문 출처

1부 역사교육의 이론과 적용

1장 역사교육이론 적용의 공과

양호환, 〈역사교육 이론 적용의 공과〉, 《歷史敎育》 127, 2013.

2장 세계사 교육: 변화의 담론과 교과서 서술의 현실

양호환, 〈세계사 교육: 변화의 담론과 교과서 서술의 현실〉, 《歷史敎育》 140, 2016.

3장 '계열성' 논의의 쟁점과 변질

양호환, 〈'계열성' 논의의 쟁점과 변질〉, *The SNU Journal of Education Research*, vol. 28, no. 1, 2019.

2부 역사 텍스트 독해와 역사개념의 이해

1장 역사 텍스트 독해를 둘러싼 연구동향과 쟁점

Ho Hwan Yang, "Trends and Issues Surrounding the Reading of Historical Texts in the Republic of Korea", *Palgrave Handbook of Research in Historical Culture and Education*, edited by M. Carretero, Stefan Berger and Maria Grever, Palgrave Macmillan, 2017 (번역: 양호환, 박지원 옮김, 〈역사 텍스트 독해를 둘러싼 동향과 쟁점〉, 《歷史敎育》 142, 2017).

2장 역사 텍스트 독해에서 맥락화 교수학습의 문제

양호환·천세빈, 〈역사 텍스트 독해에서 맥락화 교수학습의 문제〉, 《歷史敎育》 146, 2018.

3장 변화개념의 특징과 역사학습에서의 의의

양호환, 〈변화개념의 특징과 역사학습에서의 의의〉, 《歷史敎育》 156, 2020.

찾아보기

역사교육 논의의 진전과 명암

1판 1쇄 2021년 10월 25일

지은이 | 양호환

펴낸이 | 류종필
편집 | 이정우, 이은진
마케팅 | 이건호
경영지원 | 김유리
표지·본문 디자인 | 박미정
교정교열 | 천세빈, 오효순

펴낸곳 | (주) 도서출판 책과함께
　　　　주소 (04022) 서울시 마포구 동교로 70 소와소빌딩 2층
　　　　전화 (02) 335-1982
　　　　팩스 (02) 335-1316
　　　　전자우편 prpub@hanmail.net
　　　　블로그 blog.naver.com/prpub
　　　　등록 2003년 4월 3일 제2003-000392호

ISBN 979-11-91432-26-8 93900